머리말

외견상 공인회계사 시험에서 경영학이 차지하는 비중은 크다고 볼 수는 없습니다. 하지만, 역설적으로 경영학에서 고득점을 하지 못한다면 회계, 세법과 같은 기본과목에서의 점수를 보완할 수 없다는 점에서 그 중요성은 여느 과목 못지않다고 할 수 있습니다.

이 책은 과거 10년 동안 공인회계사 1차 시험 경영학 과목에서 출제되었던 문제들을 연도순으로 정리한 기출문제집입니다. 시험 공부를 처음 시작하는 입장이라면 전체적인 출제경향을 파악하는 용도로, 어느 정도 공부가 마무리되어 시험이 임박한 상황이라면 최종 정리용으로 활용하면 좋을 것입니다.

본서의 특징은 다음과 같습니다.

도서의 특징

❶ 문제편에 수록된 문제들은 원본의 내용을 그대로 수록하는 것을 원칙으로 하였습니다.

❷ 2025년부터 경영학 과목의 출제범위가 「조직행동론」과 「인사관리론」, 「재무관리론」으로 축소됨에 따라 이에 해당하지 않는 문제들은 별도의 해설을 수록하지 않고 정답만 표기하였습니다.

❸ 주의해야 할 사항이나 별도로 정리해두면 좋은 내용들을 해당 문제의 해설 하단에 '더 살펴보기'로 추가하여 학습에 도움이 될 수 있도록 하였습니다.

아무쪼록 이 책으로 공부하는 수험생들에게 조금이나마 도움이 되었으면 합니다.

합격과 건승을 기원합니다.

대표 편저자 씀

구성 및 특징

STEP 1   문제편과 정답 및 해설편 분리 구성

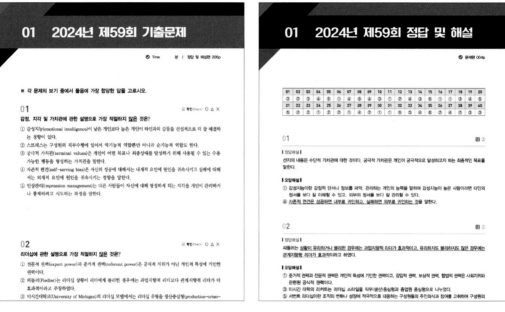

직접 문제를 풀어보며 해결할 수 있도록 문제편과 정답 및 해설편을 분리하여 구성하였습니다.

STEP 2   문제편

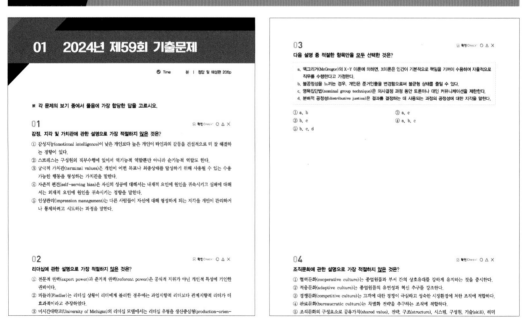

10개년 기출문제를 원본 그대로 수록함을 원칙으로 하여 실제 시험지를 접하는 느낌이 들도록 하였습니다.

STEP 3 정답 및 해설편

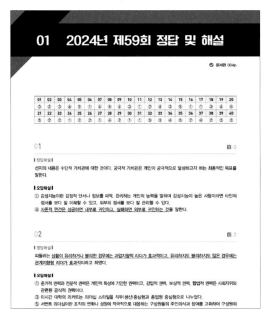

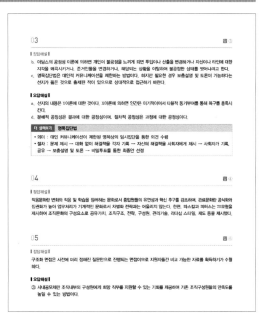

정답해설뿐 아니라 오답이 되는 해설까지 상세한 해설로 혼자서도 학습이 가능하도록 하였습니다.

STEP 4 더 살펴보기

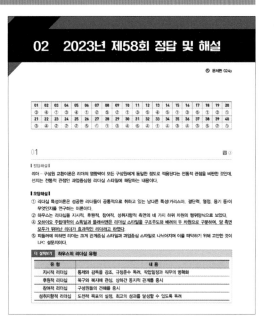

심화내용은 더 살펴보기를 통해 심도 있는 학습이 가능하도록 하였습니다.

공인회계사 제1차 시험 소개

⬠ 공인회계사 시험제도 개편

	현 행		개 선	
사전학점 이수제도	과목별 최소 이수학점(총 24학점) ❶ 회계학 : 12학점　❷ 경영학 : 9학점 ❸ 경제학 : 3학점		과목별 최소 이수학점(총 24학점) ❶ 회계학 : 12학점　❷ 경영학 : 6학점 ❸ 정보기술(IT) : 3학점　❹ 경제학 : 3학점	
출제범위 사전 예고제	별도의 사전안내 없음		시험 공고시 대강의 과목별 시험 출제범위 사전 안내	
1차 시험	5개 과목(상대평가) ❶ 회계학 : 150점(시험시간 : 80분) ❷ 경영학 : 100점 ❸ 경제원론 : 100점 ❹ 상법 : 100점 ❺ 세법개론 : 100점		5개 과목(상대평가) ❶ 회계학 : 150점(시험시간 : 90분) ❷ 경영학 : 80점(생산관리, 마케팅 제외) ❸ 경제원론 : 80점 ❹ 기업법 : 100점(상법에서 어음수표법 제외, 공인회계사법, 외부감사법 포함) ❺ 세법개론 : 100점	

⬠ 제1차 시험 경영학 출제범위 사전예고

구 분	내 용		비 중
분야 1	**재무관리의 기초 및 자본예산**		15%~25%
	1. 재무비율 분석	2. 화폐의 시간가치	
	3. 투자안의 평가방법	4. 불확실성하의 자본예산	
분야 2	**포트폴리오 이론**		15%~25%
	1. 기대효용이론	2. 포트폴리오와 위험분산	
	3. 자산가격결정모형	4. 주식의 가치평가	
	5. 효율적 시장과 행동재무		
분야 3	**기업재무**		10%~20%
	1. 자본구조와 배당정책	2. 부채 및 자기자본 조달	
	3. 인수 및 합병(M&A)	4. 기업가치 평가	
	5. 리스, 운전자본관리		
분야 4	**채권투자**		10%~20%
	1. 이자율의 기간구조	2. 채권의 가치평가	
	3. 채권 포트폴리오 관리	4. 이자율 위험관리와 면역전략	
	5. 특수채권		
분야 5	**파생상품과 위험관리**		5%~15%
	1. 선물, 옵션, 스왑거래	2. 선물, 옵션, 스왑의 가격결정 및 투자전략	
	3. 위험의 측정과 관리	4. 외환시장과 환위험관리	
분야 6	**인사 · 조직**		15%~25%
	1. 인적자원관리	2. 조직행동	

제1차 시험 면제 해당자

❶ 5급 이상 공무원 또는 고위공무원단에 속하는 일반직공무원으로서 3년 이상 기업회계 · 회계감사 또는 직접세 세무회계에 관한 사무를 담당한 경력이 있는 자

❷ 대학 · 전문대학(이에 준하는 학교를 포함한다)의 조교수 이상의 직에서 3년 이상 회계학을 교수한 경력이 있는 자

❸ 은행법 제2조의 규정에 의한 은행 또는 「공공기관의 운영에 관한 법률」에 따른 공기업, 「신용보증기금법」에 의한 신용보증기금과 「기술보증기금법」에 따른 기술보증기금의 대리급 이상의 직에서 5년 이상 재무제표의 작성을 주된 업무로 하는 회계에 관한 사무를 담당한 경력이 있는 자

❹ 유가증권시장 또는 코스닥시장에 상장된 주권을 발행한 법인의 과장급 또는 이에 준하는 직급이상의 직에서 5년 이상 재무제표의 작성을 주된 업무로 하는 회계에 관한 사무를 담당한 경력이 있는 자

❺ 대위 이상의 경리병과장교로서 5년 이상 군의 경리 또는 회계감사에 관한 사무를 담당한 경력이 있는 자

❻ 금융감독원의 대리급이상의 직에서 5년 이상 「주식회사의 외부감사에 관한 법률」에 의한 외부감사 관련 업무 또는 「자본시장과 금융투자업에 관한 법률」에 의한 주권상장법인의 재무관리에 관한 업무를 담당한 경력이 있는 자

공인회계사 제1차 시험 통계자료

제1차 시험 과목별 평균점수

구 분		경영학	경제원론	상 법	세법개론	회계학	전과목	최저 합격점수
2024년	전 체	54.10	45.60	56.60	42.60	50.60	49.90	384.5
	합격자	78.20	64.90	85.50	68.00	79.00	75.50	
2023년	전 체	47.90	42.50	54.90	46.50	38.90	45.50	351.0
	합격자	73.50	60.90	83.60	75.50	59.80	69.70	
2022년	전 체	62.00	47.30	57.90	46.20	48.10	51.90	396.0
	합격자	85.70	69.40	80.90	76.00	75.10	77.20	
2021년	전 체	51.37	41.15	60.86	44.06	47.13	48.75	368.5
	합격자	71.95	58.09	88.85	71.08	73.23	72.69	
2020년	전 체	58.50	46.30	62.52	50.89	50.16	53.35	383.5
	합격자	79.35	61.16	86.70	77.55	74.39	75.69	
2019년	전 체	55.63	53.40	58.83	46.93	47.23	81.93	368.5
	합격자	75.07	72.95	81.85	70.80	67.20	73.00	

※ 회계학(150점 만점)은 100점 만점으로 환산한 점수

연도별 합격자 현황

연 도	2024년	2023년	2022년	2021년	2020년	2019년
접 수	16,910	15,940	15,413	13,458	10,874	9,677
응 시	14,472	13,733	13,123	11,654	9,054	8,512
합 격	3,022	2,624	2,217	2,213	2,201	2,008

차례

공인회계사 1차

경영학

10개년 기출문제해설

2025 SD에듀 공인회계사 1차 경영학 10개년 기출문제해설

문제편

⏱ Time 분 | 정답 및 해설편 206p

※ 각 문제의 보기 중에서 물음에 가장 합당한 답을 고르시오.

01

☑ 확인 Check! ○ △ ✕

감정, 지각 및 가치관에 관한 설명으로 가장 적절하지 <u>않은</u> 것은?

① 감성지능(emotional intelligence)이 낮은 개인보다 높은 개인이 타인과의 갈등을 건설적으로 더 잘 해결하는 경향이 있다.

② 스트레스는 구성원의 직무수행에 있어서 역기능적 역할뿐만 아니라 순기능적 역할도 한다.

③ 궁극적 가치관(terminal values)은 개인이 어떤 목표나 최종상태를 달성하기 위해 사용될 수 있는 수용 가능한 행동을 형성하는 가치관을 말한다.

④ 자존적 편견(self-serving bias)은 자신의 성공에 대해서는 내재적 요인에 원인을 귀속시키고 실패에 대해서는 외재적 요인에 원인을 귀속시키는 경향을 말한다.

⑤ 인상관리(impression management)는 다른 사람들이 자신에 대해 형성하게 되는 지각을 개인이 관리하거나 통제하려고 시도하는 과정을 말한다.

02

☑ 확인 Check! ○ △ ✕

리더십에 관한 설명으로 가장 적절하지 <u>않은</u> 것은?

① 전문적 권력(expert power)과 준거적 권력(referent power)은 공식적 지위가 아닌 개인적 특성에 기인한 권력이다.

② 피들러(Fiedler)는 리더십 상황이 리더에게 불리한 경우에는 과업지향적 리더보다 관계지향적 리더가 더 효과적이라고 주장하였다.

③ 미시간대학교(University of Michigan)의 리더십 모델에서는 리더십 유형을 생산중심형(production-oriented)과 종업원중심형(employee-oriented)의 두 가지로 구분한다.

④ 사회화된 카리스마적 리더(socialized charismatic leader)는 조직의 비전 및 사명과 일치하는 행동을 강화하기 위해 보상을 사용한다.

⑤ 서번트 리더(servant leader)는 자신의 이해관계를 넘어 구성원의 성장과 계발에 초점을 맞춘다.

03

다음 설명 중 적절한 항목만을 <u>모두</u> 선택한 것은?

> a. 맥그리거(McGregor)의 X-Y 이론에 의하면, X이론은 인간이 기본적으로 책임을 기꺼이 수용하며 자율적으로 직무를 수행한다고 가정한다.
> b. 불공정성을 느끼는 경우, 개인은 준거인물을 변경함으로써 불균형 상태를 줄일 수 있다.
> c. 명목집단법(nominal group technique)은 의사결정 과정 동안 토론이나 대인 커뮤니케이션을 제한한다.
> d. 분배적 공정성(distributive justice)은 결과를 결정하는 데 사용되는 과정의 공정성에 대한 지각을 말한다.

① a, b

② a, c

③ b, c

④ a, b, c

⑤ b, c, d

04

조직문화에 관한 설명으로 가장 적절하지 <u>않은</u> 것은?

① 협력문화(cooperative culture)는 종업원들과 부서 간의 상호유대를 강하게 유지하는 것을 중시한다.

② 적응문화(adaptive culture)는 종업원들의 유연성과 혁신 추구를 강조한다.

③ 경쟁문화(competitive culture)는 고객에 대한 경쟁이 극심하고 성숙한 시장환경에 처한 조직에 적합하다.

④ 관료문화(bureaucratic culture)는 차별화 전략을 추구하는 조직에 적합하다.

⑤ 조직문화의 구성요소로 공유가치(shared value), 전략, 구조(structure), 시스템, 구성원, 기술(skill), 리더십 스타일 등을 들 수 있다.

05

☑ 확인 Check! ○ △ ✕

인적자원의 모집 및 선발에 관한 설명으로 가장 적절하지 <u>않은</u> 것은?

① 직무 관련성(job relatedness)은 선발 자격이나 요건이 직무상 의무(duty)의 성공적인 수행과 관련되는 것을 의미한다.

② 모집(recruiting)은 조직의 직무에 적합한 지원자의 풀(pool)을 생성하는 과정을 말한다.

③ 사내공모제(job posting)는 조직 내 다른 직무들에 대해 현직 종업원들을 대상으로 모집할 수 있는 주요 방법의 하나이다.

④ 인지능력검사(cognitive ability test)는 언어 이해력, 수리 능력, 추론 능력 등을 측정한다.

⑤ 구조화 면접(structured interview)은 비구조화 면접(unstructured interview)보다 지원자들에 대한 비교 가능한 자료를 획득하기가 더 어렵다.

06

☑ 확인 Check! ○ △ ✕

성과의 관리 및 평가에 관한 설명으로 가장 적절하지 <u>않은</u> 것은?

① 서열법(ranking)은 성과평가에 있어서 집단의 규모가 작을 때보다 클 때 더 적합하다.

② 성과평가(performance appraisal)는 종업원들의 직무를 기준과 비교하여 얼마나 잘 이행하고 있는지를 결정하고 그 정보를 종업원과 의사소통하는 과정을 말한다.

③ 성과관리(performance management)는 조직이 종업원들로부터 필요로 하는 성과를 획득하기 위해 설계하는 일련의 활동을 말한다.

④ 도식평정척도(graphic rating scale)는 평가자가 특정한 특성에 대해 낮은 수준에서 높은 수준을 나타내는 연속체에 종업원의 성과를 표시할 수 있게 하는 척도를 말한다.

⑤ 초두효과(primacy effect)는 평가자가 개인의 성과를 평가하면서 맨 처음에 접한 정보에 더 많은 가중치를 부여하는 경우에 발생한다.

07

☑ 확인 Check! ○ △ ×

교육훈련 및 노사관계에 관한 설명으로 가장 적절하지 <u>않은</u> 것은?

① 노동조합(union)은 조직이 작업장 공정성을 지키도록 견제하고 종업원들이 공정하게 대우받도록 보장하는 기능을 한다.
② 기업이 교육훈련을 효과적으로 설계하기 위해서는 학습능력, 동기부여, 자기효능감과 같은 학습자 특성을 고려해야 한다.
③ 교차훈련(cross training)은 종업원들의 미래 직무 이동이나 승진에 도움을 준다.
④ 직무상 교육훈련(on-the-job training)은 사내 및 외부의 전문화된 교육훈련을 포함한다.
⑤ 단체교섭(collective bargaining)은 경영진과 근로자들의 대표가 임금, 근로시간 및 기타 고용 조건 등에 대해 협상하는 과정을 말한다.

08

☑ 확인 Check! ○ △ ×

보상에 관한 설명으로 가장 적절하지 <u>않은</u> 것은?

① 임금조사(pay survey)는 다른 조직들에서 유사한 직무를 수행하는 종업원들의 보상 데이터를 수집하는 것으로 외적 급여공정성을 확립하는 데 중요한 요소이다.
② 성과급제(piece-rate system)는 널리 사용되는 개인 인센티브 제도 중 하나이다.
③ 스톡옵션제도(stock option plan)는 종업원에게 정해진 기간에 정해진 행사 가격으로 정해진 수량의 회사 주식을 구입할 수 있는 권리를 부여하는 것을 말한다.
④ 임금(pay) 인상은 성과 또는 연공(seniority) 기반 인상, 생계비 조정(cost-of-living adjustment)의 사용, 일시금 인상(lump-sum increase) 등의 방법에 의해 결정된다.
⑤ 이윤분배제(profit sharing plan)는 조직의 이윤에 근거하여 책정된 보상을 종업원들의 기본급의 일부로 지급하는 보상제도이다.

09

마케팅조사에 관한 설명으로 가장 적절한 것은?

① 문헌조사와 사례조사는 탐색적 조사이고, 전문가면접법과 표적집단면접법은 기술적 조사이다.

② 비확률표본추출방법은 표본프레임을 이용하여 표본을 추출하는 방법이다.

③ 설문지에서 사용되는 개방형 질문(open-ended questions)은 응답이 쉽고, 자료 분석이 용이하다.

④ 유사실험설계에서는 대상선정의 무작위화가 실행되지 않으며, 시계열실험설계가 이에 해당된다.

⑤ 타당성이 없는 측정도구에서 신뢰성은 의미가 없으며, 내적 타당성이 높아지면 외적 타당성도 높아지는 경향이 있다.

10

소비자 정보처리과정에 관한 설명으로 적절한 항목만을 <u>모두</u> 선택한 것은?

> a. 지각적 경계(perceptual vigilance)는 자신의 태도와 불일치하는 정보에 노출되면 그 정보를 회피하거나 왜곡시킴으로써 기존 태도를 보호하려는 심리적 경향을 가리킨다.
> b. 절대적 식역(absolute threshold)은 초기자극의 변화를 감지하는 것과 관련된 개념으로, 두 개의 자극이 지각적으로 구분될 수 있는 최소한의 차이를 말한다.
> c. 재인(recognition)보다 회상(recall)이 상대적으로 어렵기 때문에 더 많은 리허설이 요구된다.

① a

② b

③ c

④ a, c

⑤ b, c

11

소비자행동에 관한 설명으로 가장 적절하지 않은 것은?

① 자기감시성(self-monitoring)이 낮을수록 소비자 행동에 미치는 태도의 영향력은 감소하고 주관적 규범의 영향력은 증가한다.
② 사회판단이론에서 거부영역에 해당되는 메시지를 실제보다 더 부정적으로 해석하는 것을 대조효과라 한다.
③ 유인효과(attraction effect)와 타협효과(compromise effect)는 맥락효과(context effect)에 해당된다.
④ 정교화가능성 모델(elaboration likelihood model)은 고관여 상황과 저관여 상황의 태도 차이를 통합하여 설명하고 있다.
⑤ 고려상표군(consideration set)은 상기상표군(evoked set)을 포함하고 있다.

12

마케팅 전략에 관한 설명으로 가장 적절한 것은?

① 사용빈도를 높이는 것은 시장침투전략과 관련이 있고, 1회 사용량을 높이는 것은 시장개발전략에 포함된다.
② 경쟁자 파악에서 상품제거는 고객 지각에 기초한 방법이다.
③ 시장세분화에서 라이프스타일과 고객생애가치는 고객행동변수이고, 사회계층과 가족생활주기는 인구통계변수에 속한다.
④ 본원적 편익 수준의 경쟁이란 상품형태는 다르지만 같은 범주에 속하는 상품 간의 경쟁을 가리킨다.
⑤ 집중적 마케팅은 세분시장을 대상으로 큰 점유율을 추구하기보다는 전체 시장에서 작은 점유율을 추구하는 것으로, 세분시장 간의 차이를 무시하는 문제점을 갖고 있다.

13

브랜드관리에 관한 설명으로 가장 적절하지 <u>않은</u> 것은?

① 수직적 라인 확장이란 신상품이 기존상품보다 가격이 낮거나 높은 경우를 가리킨다.

② 수평적 라인 확장은 신상품이 기존상품과 가격대는 비슷하지만 다른 세분시장을 표적으로 삼는 경우를 가리킨다.

③ 라인 확장과 카테고리 확장은 신상품에 기존 브랜드를 이용한다는 공통점이 있다.

④ 희석효과(dilution effect)는 브랜드 확장으로 인하여 신상품에 대한 태도가 바뀌는 것이다.

⑤ 기존 브랜드가 특정 상품 범주와 밀접하게 연결되어 있는 경우에 카테고리 확장의 성공 가능성은 낮다.

14

가격관리에 관한 설명으로 가장 적절한 것은?

① 스키밍 가격전략은 가격 민감도가 높은 집단에서는 적절하나, 진입장벽이 높은 상황에서는 효과적이지 않다.

② 웨버의 법칙(Weber's Law)은 가격변화를 느끼게 만드는 최소의 가격변화 폭을 가리킨다.

③ 혼합 묶음가격(mixed bundling) 전략은 제품을 개별적으로도 팔고 묶음으로도 판매하는 것이다.

④ 이중요율(two-part tariff)은 품질의 차이에 따라 가격대를 설정하여, 가격대 내에서 개별제품의 가격을 결정하는 것이다.

⑤ 비싼 제품은 가격 - 품질 연상이 강할수록 잘 팔리는 반면, 싼 제품은 최저수용가격 이하로 내려갈수록 잘 판매된다.

15

유통관리에 관한 설명으로 가장 적절하지 <u>않은</u> 것은?

① 상인 도매상(merchant wholesaler)과 대리점(agent)의 차이는 상품의 소유 유무이며, 대리점과 브로커(broker)는 상품을 소유하지 않는다는 공통점을 가지고 있으나 대리점은 장기적 관계이고 브로커는 단기적 관계라는 차이가 있다.

② 하이브리드 마케팅 시스템은 유통경로 기능들 중의 일부는 제조업자가 수행하고 나머지는 다른 사업자가 수행하는 유통경로이다.

③ 집약적 유통(intensive distribution)에 비해 적극적 판매노력을 유도할 수 있는 전속적 유통(exclusive distribution)은 고가품에 적합한 경로 커버리지이다.

④ 상품판매에 요구되는 서비스 수준이 높거나 일관된 경험을 제공하는 것이 중요한 경우에는 통합적 유통경로를 갖게 될 가능성이 높다.

⑤ 유통경로 갈등의 원인 중 영역 불일치는 동일한 사안을 놓고도 경로구성원들이 인식을 다르게 하는 경우를 가리킨다.

16

촉진관리에 관한 설명으로 가장 적절하지 <u>않은</u> 것은?

① 중간상 판매촉진(trade promotion)은 중간상이 소비자를 대상으로 인센티브를 제공하는 것이다.

② 보너스 팩(bonus packs)은 다량구매나 조기구매를 유도할 수 있다는 장점이 있는 반면, 유통업자의 협조가 없이는 사용하기 어렵다는 단점이 있다.

③ 광고모델의 매력성은 일체화(identification) 과정을, 광고모델의 신뢰성은 내면화(internalization) 과정을 통해 소비자의 메시지 수용도를 증가시킨다.

④ 표적청중을 명확히 정의하기 어려운 경우에는 빈도(frequency)보다는 도달률(reach)을 높이는 것이 바람직하다.

⑤ 광고예산 결정방법에서 매출액 비율법은 광고비를 매출액의 결과라고 간주하는 논리적인 문제가 있다.

17

테일러(Taylor)의 과학적 관리법과 포드(Ford)의 컨베이어 시스템 및 대량생산방식에 관한 설명으로 가장 적절하지 <u>않은</u> 것은?

① 테일러는 과업관리의 방법으로 작업 및 작업환경의 표준화, 공정분석을 통한 분업을 제시하였다.

② 테일러는 작업의 과학화를 통한 생산성 향상을 기반으로 고임금 저노무비를 실현하고자 하였다.

③ 포드는 장비의 전문화, 작업의 단순화, 부품의 표준화 등을 제시하였다.

④ 포드의 생산방식은 전문화된 장비를 활용하여 표준화된 제품을 대량으로 생산하는 데 활용된다.

⑤ 과학적 관리법은 개별 작업자의 능률향상에 공헌하였으며, 컨베이어 시스템은 전체 조직의 능률향상에 공헌하였다.

18

수요예측에 관한 설명으로 가장 적절한 것은?

① 개별 품목의 수요를 예측하는 것이 제품군의 총괄 수요를 예측하는 것보다 수요예측치의 정확도가 높다.

② 누적예측오차(CFE), 평균절대오차(MAD), 추적지표(TS)는 수요예측치의 편의(bias)를 측정하는 데 유용하다.

③ 단순지수평활법(simple exponential smoothing)의 수요예측치는 직전 시점의 수요예측치와 실제수요를 가중평균하여 얻을 수 있다.

④ 결합예측(combination forecast)은 공급사슬에 참여하는 주체들의 개별적인 수요예측치를 결합하여 수요를 예측하는 방법이고, 초점예측(focus forecast)은 공급사슬 상에서 고객과 가장 가까운 주체의 수요예측치를 사용하는 방법이다.

⑤ 수요예측은 생산계획 수립에 있어서 리드타임 감축이 핵심요소인 재고생산(MTS)공정보다 정시납품이 핵심요소인 주문생산(MTO)공정에서 상대적으로 중요하다.

19

☑ 확인 Check! ○ △ ✕

다음 표는 7개의 활동(A~G)으로 이루어진 프로젝트의 각 활동에 대한 활동시간, 직전 선행활동, 단축비용을 나타낸 것이다. 이 프로젝트에 관한 설명으로 가장 적절하지 <u>않은</u> 것은?(단, 활동 A와 G는 활동시간 단축이 불가능하고, 활동 B~F 각각은 주어진 단축비용으로 최대 1일의 활동시간 단축이 가능하다)

활 동	활동시간(일)	직전 선행활동	단축비용(백만원)
A	3	–	–
B	4	–	1
C	5	A	3
D	2	A, B	2
E	4	C, D	5
F	5	D	4
G	6	E, F	–

① 활동시간을 단축하지 않는 경우 프로젝트의 최단 완료시간은 18일이다.

② 활동시간을 단축하지 않는 경우 각 활동의 여유시간을 모두 합하면 3일이 된다.

③ 프로젝트의 최단 완료시간을 1일 단축하기 위한 최소의 비용은 3백만원이다.

④ 프로젝트의 최단 완료시간을 2일 단축하기 위한 최소의 비용은 5백만원이다.

⑤ 활동시간의 단축이 가능한 모든 활동(B~F)을 1일씩 단축하면 프로젝트의 최단 완료시간은 16일이 된다.

20

☑ 확인 Check! ○ △ ✕

품질경영 및 품질관리에 관한 설명으로 가장 적절한 것은?

① 전사적품질경영(TQM)의 주요 원칙은 고객 만족, 통계적 방법을 활용한 프로세스 혁신, 전 직원 대표의 경영 참여이다.

② 식스시그마(Six Sigma)의 DMAIC 방법론에서 중점적으로 관리해야 할 핵심인자(vital few)를 찾는 단계는 M(측정) 단계이다.

③ 품질관리분임조(quality circle)는 품질관리기법을 학습하기 위해 구성된 그린벨트(green belt) 종업원의 모임이다.

④ 공정의 평균과 규격 상한과 하한의 중앙이 일치하는 경우 공정능력지수 C_p값이 C_{pk}값보다 작게 된다.

⑤ $\bar{X}$관리도의 관리한계선을 작성할 때 공정의 산포가 클수록 관리한계선의 폭도 증가하는 경향이 있다.

☑ 확인Check! ○ △ ✕

재고관리에 관한 설명으로 가장 적절한 것은?

① 주기재고(cycle inventory)는 수요의 계절성(seasonality)에 대응하기 위해 주문량을 주기적으로 변화시킴에 따라 발생한다.

② 정량발주시스템(Q 시스템)은 사전에 정해진 특정 시점마다 일정한 양을 주문하는 것으로 주문량뿐만 아니라 주문 간격도 일정하게 된다.

③ 경제적발주량(EOQ)은 연간 수요가 확정적으로 알려져 있으나 단위시간당 수요는 확률적으로 변화하고 주문비용은 주문량에 관계없이 일정하다는 가정 등을 전제로 도출된다.

④ 긴 공급일수(days-of-supply)와 높은 재고회전율(inventory turns)은 재고수준이 높다는 것을 의미한다.

⑤ 전통적으로 재고는 수요변동을 흡수하여 생산계획의 안정성을 높인다고 인식되고 있으나, 린 생산시스템(Lean system)에서는 재고를 낭비이자 다른 문제들을 감추는 역할을 하는 것으로 인식한다.

☑ 확인Check! ○ △ ✕

어느 소매점에서는 명절에 판매할 과일 선물세트를 도매상으로부터 세트당 10만원에 구입하여 15만원에 판매하며, 판매되지 않은 선물세트는 세트당 2만원에 처분하고자 한다. 선물세트 수요의 확률분포가 다음 표와 같을 때, 단일기간 재고모형을 활용한 소매점의 최적 주문량은?

선물세트 수요(세트)	확 률
20	0.3
21	0.2
22	0.1
23	0.2
24	0.2

① 20세트   ② 21세트
③ 22세트   ④ 23세트
⑤ 24세트

23

어느 제철소에서는 특수 철강제품을 생산하기 위해 매주 500kg의 철광석을 구매하여 모두 사용하고 있으며, 제품 1개의 생산에 4kg의 철광석이 필요하다. 제철소 내에서 임의의 시점에 재공품 재고로 200개의 제품이 생산되고 있을 때, 철광석이 제철소에 도착해서 제품으로 만들어지는 데까지 필요한 시간과 가장 가까운 것은?

① 0.4주
② 1.6주
③ 2.5주
④ 8.0주
⑤ 10.0주

24

생산능력계획 및 총괄생산계획(APP)에 관한 설명으로 가장 적절하지 않은 것은?

① 수요가 충분한 경우 설비의 용량이 증가함에 따라 일정 기간 규모의 비경제(diseconomies of scale)가 나타난 이후 규모의 경제(economies of scale)가 나타난다.
② 고객의 수요에 즉각적으로 대응하기 위해서는 수요의 변동성이 클수록 여유 생산능력을 더 높게 유지하는 것이 필요하다.
③ 총괄생산계획은 제품군을 기준으로 생산율, 고용수준, 재고수준 등을 결정하기 위한 중기계획이다.
④ 재고유지비용이 높으나 생산용량 변경 비용이 낮은 경우에는 총괄생산계획 수립에 평준화전략(level strategy)보다 수요추종전략(chase strategy)을 활용하는 것이 더 효과적이다.
⑤ 총괄생산계획은 주일정계획(MPS)과 자재소요계획(MRP)을 마련하기 이전에 수립되는 것이 일반적이다.

25

투자자 A씨는 10년 후 5,000만원과 15년 후 7,000만원의 자금이 필요하다. 이를 위해서 올해 말부터 매 1년마다 납입하는 10년 만기 정기적금 가입을 고려하고 있다(즉, $t=1{\sim}10$까지 총 10회 납입). 처음 10년 동안의 이자율은 연 6%이고 이후 5년 동안의 이자율은 연 4%라고 할 때, 매년 말에 납입해야 할 금액으로 가장 가까운 것은?(단, $PVIF(6\%, 10년)=0.5584$, $PVIF(4\%, 5년)=0.8219$, $PVIFA(6\%, 10년)=7.3601$ 이다)

① 769.66만원
② 815.84만원
③ 856.11만원
④ 907.44만원
⑤ 934.44만원

26

연금에 관한 설명으로 적절한 항목만을 <u>모두</u> 선택한 것은?(단, 모든 현금흐름은 기말에 발생하며, 모든 현금흐름과 할인율(r)은 0보다 크다)

---

a. 영구연금은 미래 현금흐름이 영구히 지속되므로 그 현재가치는 무한대(∞)가 된다.
b. 성장연금의 미래가치는 언제나 현재가치보다 크다.
c. 연금은 성장연금에서 현금흐름의 성장률(g)이 0인 경우라고 할 수 있다.
d. 성장연금에서 현금흐름의 성장률(g)이 할인율(r)과 동일한 경우 성장연금의 현재가치는 무한대가 된다.
e. 영구성장연금에서 현금흐름의 성장률(g)이 0보다 작을 경우에는 영구성장연금의 현재가치 공식을 사용할 수 없다.

---

① a, c
② b, c
③ a, d, e
④ b, c, d
⑤ b, c, e

27

자본예산에 관한 설명으로 가장 적절하지 <u>않은</u> 것은?

① 이미 투입되었으며 투자안 선택시 회수가 예상되는 비용은 투자안 선택에 관한 의사결정에서 고려되어서는 안 된다.

② 현재 개발하고 있는 신제품이 출시될 경우 이로 인하여 기존 제품의 매출액이 영향을 받을 것으로 분석된다면 동 영향은 신제품 출시에 대한 의사결정에서 고려되어야 한다.

③ 자본예산은 그 특성상 고정자산(비유동자산)에 관한 투자 결정이라고 할 수 있다.

④ 자본예산은 투자의 결과인 미래의 현금흐름이 1년 이상의 기간에 걸쳐서 나타나는 자본적 지출에 관한 의사결정을 의미한다.

⑤ 미래 현금흐름 추정에서 이자비용은 고려되지 않는다.

28

(주)A기업의 1년 후 주당순이익은 3,000원으로 예상된다. 이 기업은 매년 순이익의 60%를 유보하여 재투자하고자 한다. 주식에 대한 적절한 할인율이 20%이고 현재 주가가 30,000원일 때, 이 기업의 자기자본순이익률(ROE)과 가장 가까운 것은?(단, 항상성장모형이 성립하고 현재의 주가는 이론적 가격과 같다고 가정한다)

① 20.67%
② 22.47%
③ 24.82%
④ 26.67%
⑤ 28.55%

29

(주)X부품은 최근 (주)Y자동차로부터 자동차용 특수부품을 연간 50개씩 개당 10억원에 매입하겠다는 제안을 받았다. (주)X부품은 특수부품 생산을 위해 250억원의 신규 설비 투자가 즉시 필요하다. 이 설비는 5년에 걸쳐 정액법으로 상각되며 잔존가치는 없다. 변동비용은 개당 5억원, 고정비용(감가상각비 제외)은 연간 150억원이 들 것으로 예상된다. 법인세율은 30%이고 투자안의 자본비용은 10%이다. 이 투자안의 연간등가가치(Annual Equivalent Value ; AEV)와 가장 가까운 것은?(단, $PVIFA(10\%, 5년)=3.7908$이다)

① 10.50억원 ② 19.05억원

③ 22.07억원 ④ 25.88억원

⑤ 29.13억원

30

(주)P기업은 시장가치 기준으로 400%의 자기자본 대비 부채비율$\left(=\dfrac{부채}{자기자본}\right)$을 가지고 있다. (주)P기업

이 연 1회 매년 말에 지급하는 보통주 배당금은 향후 영구적으로 2%의 성장률을 보일 것으로 예상되며, 현재 (주)P기업의 보통주는 30,000원의 주당 내재가치와 2의 베타를 가진다. 시장포트폴리오의 기대수익률은 15%이며 무위험이자율은 5%이고, 법인세율은 20%이다. (주)P기업의 부채는 전액 채권으로 구성되어 있으며 채권의 액면이자율은 10%, 채권의 시장가격은 액면가와 동일한 상태이다. 다음 중 (주)P기업의 가중평균자본비용(WACC)에 가장 가까운 것은?(단, CAPM이 성립한다고 가정하며 (주)P기업은 우선주를 보유하고 있지 않다)

① 11.40% ② 12.05%

③ 12.25% ④ 13.00%

⑤ 13.75%

31

(주)서해는 2억원을 투자하여 사업을 시작하려고 한다. 자금조달을 위하여 보통주 10,000주를 발행하는 방안과 1억원의 부채를 10%의 이자율로 조달하고 보통주 5,000주를 발행하는 방안을 고려하고 있다. 법인세율이 40%일 때, 두 방안의 주당순이익을 동일하게 하는 자본조달분기점에서의 주당순이익은 얼마인가?

① 1,200원 ② 1,350원
③ 1,400원 ④ 1,570원
⑤ 1,640원

32

주식 A의 수익률(종속변수)과 시장포트폴리오의 수익률(독립변수)을 이용한 회귀분석의 결과는 다음과 같다.

변 수	회귀계수	t 통계량
상 수	(−)0.158	(−)0.51
시장포트폴리오	1.524	5.99

시장포트폴리오 수익률의 표준편차가 1.45%이고 주식 A와 시장포트폴리오 수익률 간의 상관계수가 0.788일 때, 주식 A 수익률의 표준편차와 가장 가까운 것은?(단, 시장모형이 성립한다고 가정한다)

① 2.12% ② 2.35%
③ 2.54% ④ 2.60%
⑤ 2.80%

33

자본시장선(CML)과 증권시장선(SML)에 관한 설명으로 가장 적절하지 <u>않은</u> 것은?

① 개별증권의 수익률과 시장포트폴리오의 수익률 간의 상관계수가 1일 경우 CML식은 SML식과 일치한다.

② 시장포트폴리오의 위험보상률(reward-to-variability ratio)은 비효율적 포트폴리오의 위험보상률보다 항상 크다.

③ SML로 산출된 균형 기대수익률보다 낮은 수익률이 기대되는 자산은 과소평가 되었다고 할 수 있다.

④ SML은 효율적 포트폴리오뿐만 아니라 비효율적 포트폴리오의 기대수익률과 체계적 위험의 관계를 설명할 수 있다.

⑤ CML상의 포트폴리오의 베타는 시장포트폴리오의 투자비중과 동일하다.

34

기업의 자본구조에 관한 설명으로 적절한 항목만을 <u>모두</u> 선택한 것은?

> a. MM(1963)에 의하면 부채사용 기업은 무부채 기업과 비교할 때 부채사용으로 인한 절세효과의 현재가치만큼 기업가치가 증가한다.
> b. 상충이론(또는 파산비용이론)은 기대파산비용의 존재를 주장하면서 부채사용으로 인한 절세효과를 부정한다.
> c. 자본구조이론에서 대리인 비용(agency cost)은 감시비용(monitoring cost)과 확증비용(bonding cost) 등을 말한다.
> d. MM(1958)에 의하면 기업가치를 극대화하는 최적자본구조가 존재한다.
> e. 기업의 영업활동과 영업현금흐름에 변화가 없다고 가정할 때, 최적자본구조에서는 기업의 가중평균자본비용이 극소화된다.

① b, c

② c, e

③ a, b, c

④ a, c, e

⑤ b, d, e

35

주주환원정책에 관한 설명으로 가장 적절하지 <u>않은</u> 것은?

① 정보비대칭하에서 경영자의 정보를 투자자들에게 전달하기 위하여 배당과 자사주 매입이 이용될 수 있다.

② 기업의 이익이 일시적으로 변동하더라도 주당배당금을 일정하게 유지하려는 정책을 배당안정화 정책이라고 한다.

③ 자본소득세율이 배당소득세율보다 낮은 상황에서 자사주 매입은 주주의 개인소득세를 절약시켜 주는 역할을 한다.

④ 완전자본시장을 가정할 경우 주식배당, 주식분할, 자사주 매입 등에 의해 주주의 부는 변하지 않는다.

⑤ 로제프(Rozeff)는 배당 증가시 외부자금 조달비용이 감소하고 대리인 비용이 증가함에 따라 최적배당수준이 존재한다고 주장하였다.

36

효율적 시장가설(Efficient Market Hypothesis ; EMH)에 관한 설명으로 가장 적절하지 <u>않은</u> 것은?

① 효율적 시장은 증권의 현재 가격이 해당 증권의 가치에 대한 이용 가능한 정보를 완전히 반영하는 시장을 의미한다.

② 시장의 효율성은 가격이 반영하는 이용 가능한 정보의 범위에 따라 약형(weak form)과 강형(strong form) 효율성의 두 가지 유형으로 구분된다.

③ 시장이 효율적이 될 수 있는 근본적인 원인은 시장에 참가하여 본인의 투자수익을 극대화하려는 투자자 간의 경쟁이라고 할 수 있다.

④ 강형 효율적 시장에서는 현재의 증권 가격이 내부자 정보를 포함하여 해당 증권과 관련된 모든 정보를 완전히 반영한다.

⑤ 약형 효율적 시장에서는 현재의 증권 가격이 해당 증권과 관련된 과거의 역사적 정보를 완전히 반영한다.

37

주식 X와 주식 Y의 수익률은 정규분포를 따르며 수익률의 표준편차는 각각 10%로 동일하다. 주식 X와 주식 Y를 사용하여 포트폴리오를 구성할 때 이와 관련된 설명으로 적절하지 <u>않은</u> 항목만을 <u>모두</u> 선택한 것은?(단, 공매가 허용되고 주식 X와 주식 Y의 기대수익률은 같지 않으며, <u>%는 소수점 셋째 자리에서 반올림한다</u>)

---

a. 두 주식 수익률 간의 상관계수가 0일 경우에 최소분산포트폴리오(Minimum Variance Portfolio ; MVP)를 구성하기 위해서는 주식 X에 50%의 자금을 투자하여야만 한다.

b. 두 주식 수익률 간의 상관계수가 1일 경우에 최소분산포트폴리오를 구성하기 위해서는 주식 X에 50%의 자금을 투자하여야만 한다.

c. 두 주식 수익률 간의 상관계수가 (−)1일 경우에 두 주식을 사용하여 수익률의 표준편차가 0이 되는 포트폴리오를 구성할 수 있으며 이때의 주식 X에 대한 가중치는 50%이다.

d. 주식 X와 주식 Y를 사용하여 수익률의 표준편차가 0이 되는 포트폴리오를 상관계수의 값과 상관없이 항상 구성할 수 있다.

e. 두 주식 수익률 간의 상관계수가 0일 경우에 주식 X와 주식 Y에 각각 60%와 40%의 자금을 투자하여 구성한 포트폴리오 수익률의 표준편차는 7.21%이다.

---

① b

② d

③ a, c

④ b, d

⑤ a, d, e

38

채권의 듀레이션(duration)에 관한 설명으로 가장 적절하지 <u>않은</u> 것은?(단, <u>%는 소수점 셋째 자리에서 반올림한다</u>)

① 듀레이션은 채권보유자가 채권으로부터의 현금흐름을 통하여 자신의 투자액을 회수하는 데 소요되는 가중평균회수기간으로 해석할 수 있다.

② 만기수익률이 20%이며 매년 말에 이자를 지급하는 영구채(perpetual bond)의 듀레이션은 12년이다.

③ 만기수익률이 20%이며 매년 말에 이자를 지급하는 이표채 A의 듀레이션은 5년이다. 동 채권의 만기수익률이 21%로 상승하는 경우 듀레이션을 이용하여 추정한 채권의 가격변화율은 (−)4.17%이다.

④ 무이표채(zero coupon bond)의 듀레이션은 채권 만기와 동일하다.

⑤ 이표채(coupon bond)의 듀레이션은 채권 만기보다 짧은 것이 일반적이나 항상 그렇지는 않다.

39

☑ 확인Check! ○ △ ✕

옵션에 관한 설명으로 가장 적절하지 <u>않은</u> 것은?

① 이항모형에 의한 옵션가격 산출 시 주가상승확률이나 위험프리미엄은 고려되지 않는다.

② 보호풋(protective put) 전략은 기초자산을 보유한 투자자가 향후 자산가격이 하락할 경우를 대비하여 풋옵션을 매입하는 전략이다.

③ 유럽형 콜옵션의 델타(delta)는 내가격에서보다 외가격에서 더 크다.

④ 무위험이자율이 높아지면 풋옵션의 가격은 하락하고 콜옵션의 가격은 상승한다.

⑤ 다른 조건이 같다고 할 때, 배당을 지급하는 주식을 기초자산으로 하는 유럽형 콜옵션의 가격은 무배당 주식을 기초자산으로 하는 유럽형 콜옵션 가격보다 낮거나 같다.

40

☑ 확인Check! ○ △ ✕

(주)W기업의 주식을 기초자산으로 하는 유럽형 콜옵션과 유럽형 풋옵션이 존재한다. 현재 이 콜옵션과 풋옵션은 각각 1년의 만기와 1,000원의 행사가격을 가지고 있다. (주)W기업의 주식은 현재 시장에서 1,000 원에 거래되고 있으며 (주)W기업은 동 주식에 대하여 배당금을 지급하지 않는다. 1년 후 동 주식의 주가가 1,100원이 될 확률은 80%이고, 900원이 될 확률은 20%라고 한다. 현재 무위험이자율은 연 5%이다. 1기간 이항모형을 이용할 때, 동 콜옵션의 이론가격과 동 풋옵션의 이론가격에 가장 가까운 것은?(단, 풋 - 콜 등가식(put-call parity)이 성립한다)

	콜옵션	풋옵션
①	71.43원	47.62원
②	47.62원	23.81원
③	71.43원	23.81원
④	47.62원	47.62원
⑤	71.43원	19.62원

● Time 분 | 정답 및 해설편 213p

※ 각 문제의 보기 중에서 물음에 가장 합당한 답을 고르시오.

01

☑ 확인 Check! ○ △ ×

리더십에 관한 설명으로 가장 적절하지 <u>않은</u> 것은?

① 리더십 특성이론(trait theory)은 사회나 조직에서 인정받는 성공적인 리더들은 어떤 공통된 특성을 갖고 있다는 전제하에 이들 특성을 연구하여 개념화한 이론이다.

② 하우스(House)는 리더십 스타일을 지시적(directive), 후원적(supportive), 참여적(participative), 성취지향적(achievement-oriented)으로 구분한다.

③ 리더 – 구성원 교환(leader-member exchange ; LMX)이론은 리더와 개별 구성원의 역할과 업무 요구사항을 명확히 함으로써 부서내 구성원의 목표 달성을 돕는다.

④ 스톡딜과 플레쉬맨(Stogdill & Fleishman)이 주도한 오하이오주립대학(OSU)의 리더십 연구는 리더의 행동을 구조주도(initiating structure)와 인간적 배려(consideration)의 두 차원으로 구분한다.

⑤ 피들러(Fiedler)의 상황적합모델은 리더십을 관계중심(relationship oriented)과 과업중심(task oriented) 리더십으로 구분한다.

02

☑ 확인 Check! ○ △ ×

동기부여에 관한 설명으로 가장 적절하지 <u>않은</u> 것은?

① 허쯔버그(Herzberg)의 2요인 이론은 만족과 불만족을 동일한 개념의 양극으로 보지 않고 두 개의 각각 독립된 개념으로 본다.

② 직무특성모델(job characteristics model)에서 개인의 성장욕구강도(growth need strength)는 직무특성과 심리상태 간의 관계 및 심리상태와 성과 간의 관계를 조절(moderating)한다.

③ 자기효능감(self-efficacy)은 어떤 과업을 수행할 수 있다는 개인의 믿음이다.

④ 인지평가이론(cognitive evaluation theory)에서는 어떤 직무에 대하여 내재적 동기가 유발되어 있는 경우 외적 보상이 주어지면 내재적 동기가 강화된다.

⑤ 마이어와 알렌(Meyer & Allen)의 조직몰입 중 규범적(normative) 몰입은 도덕적, 심리적 부담감이나 의무감 때문에 조직에 몰입하는 경우를 의미한다.

03

✅ 확인Check! ○ △ ✕

다음 설명 중 적절한 항목만을 <u>모두</u> 선택한 것은?

a. 높은 집단응집력(group cohesiveness)은 집단사고(group think)의 원인이다.
b. 사회적 태만(social loafing)은 집단으로 일할 때보다 개인으로 일할 때 노력을 덜 하는 현상을 의미한다.
c. 제한된 합리성(bounded rationality)에서 사람들은 의사결정시 만족스러운 대안이 아닌 최적의 대안을 찾는다.
d. 감정노동(emotional labor)은 대인거래 중에 조직 또는 직무에서 원하는 감정을 표현하는 상황으로 인지된 감정(felt emotion)과 표현된 감정(displayed emotion)이 있다.
e. 빅 파이브(big-five) 모델에서 정서적 안정성(emotional stability)은 사회적 관계 속에서 편안함을 느끼는 정도를 의미한다.

① a, d
② b, c
③ b, e
④ a, c, d
⑤ c, d, e

04

✅ 확인Check! ○ △ ✕

조직구조와 조직문화에 관한 설명으로 가장 적절하지 <u>않은</u> 것은?

① 호손(Hawthorne) 실험은 조직내 비공식 조직과 생산성 간의 관계 및 인간관계와 생산성 간의 관계를 설명한다.
② 통제의 범위(span of control)는 한 감독자가 관리해야 하는 부하의 수를 의미한다.
③ 자원기반관점(resource-based view)에서 기업은 경쟁우위를 창출하기 위해서 가치(valuable)있고, 모방불가능(inimitable)하며, 대체불가능(non-substitutable)하고, 유연한(flexible) 자원들을 보유해야 한다.
④ 로렌스와 로쉬(Lawrence & Lorsch)의 연구에 의하면, 기업은 경영환경이 복잡하고 불확실할수록 조직구조를 차별화(differenciation) 한다.
⑤ 홉스테드(Hofstede)의 국가간 문화차이 비교 기준 중 권력간 거리(power distance)는 사회에 존재하는 권력의 불균형에 대해 구성원들이 받아들이는 정도를 의미한다.

2023년 | 제58회 25

경영학개사 1차 2023년 제58회

05

다음 설명 중 적절한 항목만을 <u>모두</u> 선택한 것은?

> a. 태도(attitude)는 정서적(affective), 인지적(cognitive), 행동적(behavioral) 요소로 구성된다.
> b. 직무만족은 직무를 활용한 전문가로서의 체계적인 경력개발을 의미한다.
> c. 마키아벨리즘 성격 특성은 대인관계에 있어 속임수와 조작을 사용하는 성향을 의미한다.
> d. 켈리(Kelly)가 제시한 귀인의 결정요인은 합의성(consensus), 특이성(distinctiveness), 책무성(accountability)이다.
> e. 피그말리온 효과(pygmalion effect)는 특정인에 대한 기대가 실제 행동 결과로 나타나게 되는 현상을 의미한다.

① a, d

② b, e

③ c, d

④ a, c, e

⑤ b, c, e

06

성과관리에 관한 설명으로 가장 적절하지 <u>않은</u> 것은?

① 평가센터(assessment center) 또는 역량평가센터는 다양한 평가기법을 사용하여 다양한 가상상황에서 피평가자의 행동을 한 명의 평가자가 평가하는 방법이다.

② 목표에 의한 관리(management by objectives ; MBO)는 평가자 뿐만 아니라 피평가자도 목표설정 과정에 함께 참여한다.

③ 타인평가시 발생하는 오류 중 후광효과(halo effect)는 개인이 갖는 특정한 특징(예 지능, 사교성 등)에 기초하여 그 개인에 대한 일반적 인상을 형성하는 것이다.

④ 360도 피드백 평가는 전통적인 상사평가 이외에 자기평가, 동료평가, 부하평가 그리고 고객평가로 이루어진다.

⑤ 행위기준척도법(behaviorally anchored rating scales ; BARS)은 피평가자들의 태도가 아닌 관찰가능한 행동을 척도에 기초하여 평가한다.

07

☑ 확인Check! ○ △ ✕

보상관리에 관한 설명으로 가장 적절하지 않은 것은?

① 임금수준을 결정함에 있어 선도정책(lead policy)은 시장임금과 비교하여 상대적으로 높은 임금을 지급함으로써 우수한 인재를 확보하고 유지하려는 정책이다.

② 직무급은 직무수행자의 직무몰입(job commitment)과 직무만족(job satisfaction)에 의해 결정된다.

③ 임금공정성 중 개인공정성(individual equity)은 동일조직에서 동일직무를 담당하고 있는 구성원들 간의 개인적인 특성(예 연공, 성과 수준 등)에 따른 임금격차에 대한 지각을 의미한다.

④ 기업의 지불능력, 노동시장의 임금수준 및 생계비는 임금수준의 결정요인이다.

⑤ 근속연수가 올라갈수록 능력 및 성과가 향상되는 경우에는 연공급을 적용하는 것이 적절하다.

08

☑ 확인Check! ○ △ ✕

조직구조 및 조직개발에 관한 설명으로 가장 적절하지 않은 것은?

① 레윈(Lewin)의 조직변화 3단계 모델은 해빙(unfreezing) → 변화(changing) → 재결빙(refreezing)이다.

② 베버(Weber)가 주장한 이상적인 관료제(bureaucracy)는 분업, 권한계층, 공식적 채용, 비인간성, 경력지향, 문서화의 특징을 갖고 있다.

③ 페로우(Perrow)는 문제의 분석가능성과 과업다양성이라는 두 가지 차원을 이용하여 부서 수준의 기술을 장인(craft) 기술, 비일상적(nonroutine) 기술, 일상적(routine) 기술, 공학적(engineering) 기술로 구분한다.

④ 민쯔버그(Minzberg)가 제시한 조직의 5대 구성요인은 전략부문(strategic apex), 중간라인부문(middle line), 핵심운영부문(operating core), 기술전문가부문(technostructure), 지원스탭부문(support staff)이다.

⑤ 챈들러(Chandler)가 구조와 전략 간의 관계를 설명하기 위해 제시한 명제는 '전략은 구조를 따른다(strategy follows structure)'이다.

09

마케팅 전략에 관한 설명으로 가장 적절한 것은?

① 효과적인 시장세분화의 요건 중 측정가능성(measurability)은 마케팅믹스가 표적 세분시장에 도달할 수 있어야 하는 것을 의미한다.
② 경쟁자 파악 방법에서 사용상황별 대체(substitution in-use)는 상표전환 매트릭스(brand switching matrix)보다 폭넓게 경쟁자를 파악하게 해준다.
③ 시장세분화에서 추구편익(benefit sought)은 심리분석적 변수에 속한다.
④ 제품/시장 성장매트릭스(product/market expansion matrix)에서 시장침투전략은 기존 제품을 잠재적 구매자에게 판매함으로써 성장을 추구하는 전략이다.
⑤ 차별적 마케팅은 틈새시장 전략이며, 자원이 제한된 기업에 의해 주로 사용된다.

10

제품관리에 관한 설명으로 가장 적절한 것은?

① 신제품개발 프로세스에서 마케팅믹스 개발 단계는 컨셉트 개발 및 테스트 단계와 사업성 분석 단계 사이에 위치한다.
② 선매품(shopping goods)의 경우 선택적 유통보다는 전속적 유통이 고려된다.
③ 제품믹스(라인)의 길이(length)는 제품믹스 안에 들어 있는 제품라인의 개수를 가리킨다.
④ 상대적 이점(relative advantage)은 신제품 확산에 정(+)의 영향을 미치고, 단순성(simplicity)은 신제품 확산에 부(−)의 영향을 미친다.
⑤ 희석효과(dilution effect)가 발생할 위험은 하향 확장(downward line extension)보다 상향 확장(upward line extension)에서 더 크다.

11

가격관리에 관한 설명으로 가장 적절한 것은?

① 공헌마진율이 낮은 제품의 가격 책정 목표는 단위당 마진 증대보다 판매량 증대가 되어야 한다.

② 사양(optional) 제품 가격결정에서는 주제품 가격을 싸게 책정하는 것이 효과적이나, 종속(captive) 제품 가격결정에서는 주제품 가격을 비싸게 책정하는 것이 효과적이다.

③ 시장침투가격은 규모의 경제가 존재할 때는 적절하나, 잠재 구매자의 가격 – 품질 연상이 강하다면 효과적이지 않다.

④ 제품라인 가격결정(product line pricing)은 여러 가지 제품을 묶어서 함께 판매하는 것이다.

⑤ 유보가격은 준거가격보다 높고 최저수용가격보다 낮다.

12

유통경로 및 수직적 마케팅 시스템(Vertical Marketing System ; VMS)에 관한 설명으로 가장 적절하지 않은 것은?

① 독립적 유통경로는 통합적 유통경로보다 통제가능성이 낮다.

② 복수경로(multichannel) 마케팅 시스템은 통합적 유통경로와 독립적 유통경로가 함께 존재하는 혼합적 유통경로이다.

③ 소매상 협동조합(retailer cooperative)과 프랜차이즈 조직은 계약형 VMS이다.

④ 수직적 통합 수준은 기업형 VMS가 가장 높고, 계약형 VMS가 관리형 VMS보다 높다.

⑤ 계약형 VMS 중 하나인 도매상이 후원하는 자발적 체인(wholesaler-sponsored voluntary chain)은 대형 도매상을 중심으로 중소 제조업체들이 자발적으로 만든 체인이다.

13

☑ 확인 Check! ○ △ ✕

촉진비용과 촉진성과 간의 관계 규명이 어렵다는 단점과 논리적 타당성이 높다는 장점을 가지고 있는 촉진예산 결정방법으로 가장 적절한 것은?

① 매출액 비율법
② 가용예산 활용법(가용 자원법)
③ 경쟁자 기준법
④ 목표과업법
⑤ 수익률 비율법

14

☑ 확인 Check! ○ △ ✕

확장된 피쉬바인(Fishbein) 모델에 관한 설명으로 가장 적절한 것은?

① 계획적 행동이론(theory of planned behavior)에 기반하고 있다.
② 다속성 태도모델(multiattribute attitude model)과 비교하여, 태도와 행동의도가 모델에 포함되어 있는 것은 동일하나 태도를 측정하는 대상이 다르다.
③ 지각된 행동통제(perceived behavioral control)는 구매행동에 영향을 미친다.
④ 브랜드에 대한 태도와 주관적 규범이 구매행동에 미치는 영향을 정보처리의 관여도 차이에 의해 설명하고 있다.
⑤ 주관적 규범을 결정하는 요인 중 하나인 규범적 신념(normative belief)은 다른 사람들이 자신의 행동을 지지 혹은 반대할 것인가에 대한 자신의 생각이다.

15

소비자행동 영향요인에 관한 설명으로 가장 적절한 것은?

① 공공장소에서 사용되는 사치품(publicly consumed luxuries)의 경우, 제품의 소유와 브랜드 선택 모두가 준거집단에 의해 영향을 받는다.

② 비공개적 모델링(covert modeling)은 모델이 취한 행동과 결과를 상상하도록 유도하지 않는 대신 타인이 어떻게 행동했는가를 들려주는 대리학습(vicarious learning)이다.

③ 사회계층의 특성은 다차원적이고 동적이며, 사회계층 측정에서 객관적 방법은 타인의 계층적 지위를 평가하도록 하는 것이다.

④ 수단 – 목적 사슬 모형(means-end chain model)에 의하면, 제품 속성은 목적에 해당된다.

⑤ 사회적 자아개념(social self-concept)은 타인들이 자신을 어떻게 봐주었으면 하는 것이다.

16

마케팅조사에 관한 설명으로 가장 적절하지 <u>않은</u> 것은?

① 체계적 오차는 타당성(validity)과 관련된 개념이며, 외적타당성은 일반화가 가능한가에 관한 타당성이다.

② 인과적 조사에서 단일집단 사전사후실험설계는 원시실험설계(pre-experimental design)이고, 통제집단 사후실험설계는 순수실험설계(true-experimental design)이다.

③ 조사목적을 공개하는 설문지법과 달리 면접법과 투사법은 조사목적을 공개하지 않는 공통점이 있으나, 면접법과 투사법의 차이는 자료수집 과정의 비체계화(비표준화) 정도로 구분된다.

④ 확률표본추출방법 중 하나인 층화표본추출은 모집단을 서로 상이한 소집단들로 나누고, 이들 각각의 소집단으로부터 표본을 단순 무작위로 추출하는 것이다.

⑤ 조사현장오류는 관찰오류이고 무응답오류는 비관찰오류이며, 이들 모두는 비표본오류에 속한다.

17

MTS(make-to-stock)에서 MTO(make-to-order) 프로세스로 변경할 경우 유리할 것으로 예상되는 상황만을 <u>모두</u> 선택한 것은?

> a. 제품의 생산속도가 느리고 경쟁우위 유지에 제품 공급의 신뢰성이 중요하다.
> b. 제품의 수요에 대한 예측이 비교적 용이하다.
> c. 제품의 생산속도가 빠르고 수요를 초과하여 생산할 경우 폐기비용이 크다.
> d. 수요의 변동이 비교적 크고 제품의 재고비용이 크다.

① a, b   ② a, c

③ b, c   ④ b, d

⑤ c, d

18

A사는 두 가지 예측방법을 활용하여 수요를 예측하고 있다. A사가 추정한 월별 예측수요와 월별 실제수요가 다음과 같을 때 이에 관한 설명으로 가장 적절하지 <u>않은</u> 것은?(단, 1월 이전의 자료는 없으며, 각 월의 통계치는 이전 기간의 자료를 반영하여 계산한다)

구 분	실제수요	예측수요(방법 1)	예측수요(방법 2)
1월	500	490	520
2월	560	530	590
3월	490	470	530
4월	450	470	440

① 4월의 경우 방법 1의 추적지표(tracking signal) 값은 음수인데 비해 방법 2의 추적지표 값은 양수이다.

② 두 방법의 2월 기준 평균절대편차(mean absolute deviation) 값은 5의 차이가 있다.

③ 방법 2의 4월 기준 평균절대편차 값은 25이다.

④ 두 방법의 3월 기준 누적예측오차(cumulative forecasting error) 값은 150의 차이가 있다.

⑤ 예측치가 수요를 과대평가하는 경향이 있는 경우 추적지표는 음(−)의 값을 갖는다.

19

재고관리에 관한 설명으로 가장 적절하지 <u>않은</u> 것은?

① 수요예측의 정확도가 떨어질수록 동일한 서비스 수준을 유지하기 위해 필요한 재고량은 증가한다.
② 고정주문량모형(fixed order quantity model)에서는 재고수준을 지속적으로 관찰하므로 재고부족은 리드타임(lead time) 기간에만 발생한다.
③ 경제적주문량모형(economic order quantity model)에서 주문비용이 증가하고 재고유지비용이 감소하면 경제적주문량은 감소한다.
④ 경제적주문량모형에서 경제적주문량은 연간 주문비용과 연간 재고유지비용이 일치하는 지점에서 결정된다.
⑤ 단일기간재고모형은 조달기간이 길거나 수명주기가 짧은 제품의 주문량 결정에 적합하다.

20

공급사슬관리에 관한 설명으로 적절하지 <u>않은</u> 항목만을 <u>모두</u> 선택한 것은?

a. 기능적 제품(functional product)은 혁신적 제품(innovative product)에 비해 수요예측의 불확실성이 상대적으로 크다.
b. 채찍효과(bullwhip effect)가 발생할 경우 공급사슬의 하류로 갈수록 주문량의 변동이 더 크게 나타난다.
c. 제조기업이 원재료 및 부품 공급의 안정성을 확보하기 위해 기업인수를 하는 경우는 수직적 통합이면서 후방통합(backward integration)에 해당한다.
d. 대량고객화(mass customization)를 위한 공급사슬 설계방법으로 모듈화 설계(modular design)와 지연 차별화(delayed differentiation)가 있다.

① a, b
② a, c
③ b, c
④ b, d
⑤ c, d

21

A사는 확률적 고정주문기간모형(fixed order interval model)을 활용하여 재고를 관리하고 있다. 일일 평균수요가 5개, 재고조사주기가 40일, 리드타임(lead time)이 15일, 수요의 변동성을 고려한 안전재고 요구량이 30개라고 할 때 재고조사 시점인 현재의 재고량이 130개라면 최적 주문량은?

① 100개　　　　　　　　　　　② 105개
③ 175개　　　　　　　　　　　④ 205개
⑤ 230개

22

품질관리에 관한 설명으로 가장 적절하지 <u>않은</u> 것은?

① 소비자에게 전달되기 전에 발견된 불량품의 재작업 비용 및 실패분석 비용은 내부실패비용에 해당된다.
② 식스시그마(six sigma) 방법론인 DMAIC는 정의, 측정, 분석, 개선, 통제의 순서로 비즈니스 프로세스 혁신을 추진한다.
③ 식스시그마를 지원하는 내부인력으로서 블랙벨트(black belt)는 일상업무에서 벗어나 식스시그마 프로젝트만 수행하며 프로젝트 실무를 이끌어가는 역할을 한다.
④ 관리도는 공정이 우연현상의 발생 없이 이상현상으로만 구성되어 잘 관리되고 있는지를 판단하기 위해 활용된다.
⑤ 실패비용이 전체 품질비용에서 차지하는 비중은 일반적으로 예방비용에 비해 크다.

23

적시생산시스템(JIT system)에 관한 설명으로 가장 적절하지 <u>않은</u> 것은?

① 적시생산시스템에서는 재고나 여유용량이 생산 프로세스에 내재되어 있는 문제를 감추는 역할을 하는 것으로 본다.

② 실수를 피하는 프로그램이라는 의미의 헤이준카(heijunka)는 작업자의 오류가 실제 결함으로 이어지지 않고 신속하게 수정될 수 있도록 도와준다.

③ 롯트(lot) 단위가 작아질수록 수요변동에 쉽게 대응할 수 있으므로 이상적인 롯트 단위를 1로 본다.

④ 칸반(kanban)은 부품 컨테이너(container)마다 필요하므로 공정통제를 위해 사용되는 칸반의 수와 부품 컨테이너의 수는 비례 관계에 있다.

⑤ 공정 자동화로 인해 소수의 작업자가 다양한 기계를 다루게 되므로 전통적 제조방식에 비해 더 많은 기능을 수행할 수 있는 다기능작업자를 필요로 한다.

24

생산공정 및 설비배치에 관한 설명으로 적절하지 <u>않은</u> 항목만을 <u>모두</u> 선택한 것은?

a. 제품별 배치는 공정별 배치에 비해 자재와 부품의 이동이 복잡하기 때문에 이동시간과 대기시간 관리가 중요하다.

b. 집단가공법(group technology)은 기계설비가 중복투자될 수 있고 부품분류에 따른 작업량이 증가할 수 있다는 단점이 있다.

c. 플로우샵(flow shop) 공정은 잡샵(job shop) 공정에 비해 범위의 경제(economies of scope) 효과를 통해 원가절감을 하기에 더 유리하다.

d. 직선 라인배치에 비해 U자나 S자형 라인배치는 인력의 탄력적 운용에 더 유리하며 문제 발생 시 작업자 간의 협업이 더 용이하다.

① a, b ② a, c
③ b, c ④ b, d
⑤ c, d

25

$PVIF$와 $PVIFA$는 각각 현가이자요소와 연금의 현가이자요소를 의미하며, $FVIF$와 $FVIFA$는 각각 복리이자요소와 연금의 복리이자요소를 의미한다. 다음 중 성립하지 않는 경우가 있는 식은?(단, r과 n은 각각 기간이자율과 기간을 의미하며, $r > 0$이고 $n \geq 1$이다)

① $PVIFA(r, n) < n$

② $FVIFA(r, n) > n$

③ $(1 + r)n \geq (1 + r \times n)$

④ $PVIF(r, n) = \dfrac{1}{FVIF(r, n)}$

⑤ $PVIFA(r, n) \times (1 + r)^n = FVIFA(r, n)$

26

현재 3,000만원의 가치가 있는 차량을 보유하고 있는 K씨는 차량파손에 따른 손실에 대비하여 보험 가입을 고려하고 있다. 사고가 발생할 확률은 5%이며, 사고 발생 시 차량의 가치가 1,000만원이 될 가능성은 40%이고, 100만원이 될 가능성은 60%이다. 차량파손 시 그 손실액을 전액 보상하는 보험에 대하여 K씨가 지불할 수 있는 최대 보험료와 가장 가까운 금액은?(단, K씨의 효용함수는 $\sqrt{W}$이며, W의 단위는 만원이다)

① 108만원   ② 138만원

③ 158만원   ④ 172만원

⑤ 195만원

27

☑ 확인 Check! ○ △ ✕

(주)종로는 현재 사용 중인 기계를 대체할 새로운 기계의 구입을 고려 중이다. 이 프로젝트와 관련된 자료는 다음과 같다.

- 사용 중인 기계의 현재 시장가격은 250만원임
- 사용 중인 기계는 5년 전 500만원에 구입하였으며 정액법으로 감가상각하고, 구입 당시 내용연수는 10년, 잔존가치는 없는 것으로 추정하였음
- 새로운 기계는 5년 동안 정액법으로 완전상각되며, 5년 후 처분가치는 500만원으로 추정함
- 새로운 기계를 사용할 경우 매출액은 변하지 않으나 5년 동안 매년 200만원의 영업비용(감가상각비 제외)을 절감할 수 있음

법인세율은 40%이고 자본비용은 10%일 때, 이 기업이 지불할 수 있는 새로운 기계의 최대가격과 가장 가까운 것은?(단, 인플레이션은 없다고 가정하며, $PVIF(10\%, 5)=0.6209$이고 $PVIFA(10\%, 5)=3.7908$이다)

① 1,170만원
② 1,250만원
③ 1,352만원
④ 1,480만원
⑤ 1,565만원

28

☑ 확인 Check! ○ △ ✕

주식 A와 주식 B의 월간 수익률 표준편차는 각각 5%와 8%이며, 두 주식 수익률 간 상관계수는 0.4이다. 주식 A와 주식 B에 각각 500만원과 300만원씩 투자하여 1개월간 보유할 경우, 95% 신뢰수준에서 포트폴리오의 평균기준(Value at Risk ; VaR)과 가장 가까운 것은?(단, $Prob(\mu \pm 1.65 \times \sigma)=90\%$이고, 두 주식의 월간 기대수익률은 0%로 가정한다)

① 67.65만원
② 70.58만원
③ 81.62만원
④ 92.44만원
⑤ 101.28만원

29

증권의 발행에 관한 설명으로 가장 적절하지 <u>않은</u> 것은?

① 보유하고 있는 자산을 결합하여 포트폴리오를 구성하고 이로부터 발생하는 현금흐름을 기초로 새로운 증권을 발행하는 것을 자산유동화라고 한다.

② 무상증자는 자기자본과 총자산의 변동없이 발행주식 수만 증가하는 증자방식이다.

③ 증권 발행회사와 주관회사 간 이루어지는 인수계약 중 발행된 증권을 일반투자자들에게 판매하고 판매가 안 된 증권을 인수단이 매입하는 방식을 총액인수라고 한다.

④ 증권거래소에 상장되지 않은 기업이 처음으로 공모를 통해 주식을 발행하는 것을 최초주식공모(initial public offerings ; IPO)라고 한다.

⑤ 공적모집(또는 공모)은 일반대중을 대상으로 증권을 판매하는 일반공모와 기존의 주주에게 주식을 판매하는 주주배정으로 분류할 수 있다.

30

무부채기업인 (주)한성의 베타는 2이고, 자기자본비용은 20%이며, 시장가치는 200억원이다. 이 기업은 50억원을 무위험이자율 5%로 차입하여 전액 자기주식을 매입소각하는 방법으로 자본구조를 변경하고자 한다. 법인세율은 40%이며, 부채의 베타는 0이다. MM의 수정이론(1963)과 CAPM이 성립한다고 가정할 때, 자본구조 변경 후 다음 설명 중 옳지 <u>않은</u> 항목만을 <u>모두</u> 선택한 것은?(단, <u>자본비용은 % 기준으로 소수점 셋째 자리에서 반올림하며, 베타는 소수점 셋째 자리에서 반올림한다</u>)

---

a. 자기자본비용은 22.65%이다.

b. 가중평균자본비용은 17.65%이다.

c. 기업가치는 220억원이다.

d. 주식베타는 2.27이다.

e. 자산베타는 1.82이다.

---

① a, d   ② a, e

③ b, c   ④ b, d

⑤ d, e

31

M&A 시장에 관한 다음 설명 중 가장 적절하지 <u>않은</u> 것은?

① 인수대상기업의 주식을 대량 매입하기 이전에 일부의 주식을 매입하는 것을 발판매입(toehold acquisitions)이라고 한다.
② 인수기업 입장에서 합병의 성과가 좋게 나타날 가능성이 높을 경우 현금에 의한 인수가 보통주에 의한 인수보다 유리하다.
③ 공개매수(tender offer) 시 피인수기업 주주들의 무임승차문제(free riding problem)가 발생할 수 있다.
④ 적대적 M&A는 지분의 대리인문제를 완화시키는 수단으로 사용될 수 있다.
⑤ 인수를 시도하는 투자자들로부터 프리미엄이 붙은 높은 가격으로 자사주식을 재매입하는 것을 LBO(leveraged buyout)라고 한다.

32

(주)알파는 (주)감마를 주식교환방식으로 흡수합병하고자 하며, 두 기업의 합병 전 재무자료는 다음과 같다.

항 목	(주)알파	(주)감마
주당순이익	1,000원	400원
발행주식수	100주	50주
주가수익비율(PER)	10	20

두 기업은 모두 자기자본만을 사용하며, 합병에 의한 시너지효과는 없다. 자본시장이 효율적이고 주식교환비율이 합병 전 주가를 기준으로 정해질 경우, 합병 후 PER에 가장 가까운 것은?

① 14.89
② 13.65
③ 12.43
④ 11.67
⑤ 10.66

33

주식 A의 수익률 기대값과 표준편차는 각각 12%와 4%이고, 주식 B의 수익률 기대값과 표준편차는 각각 15%와 8%이다. 이 두 주식에 분산투자하여 포트폴리오를 구성하는 경우 적절한 항목만을 <u>모두</u> 선택한 것은?(단, 주식의 공매도가 가능하다)

a. 두 주식 수익률간의 상관계수가 (−)1인 경우 표준편차가 7%인 모든 포트폴리오의 기대수익률 평균은 13%이다.
b. 두 주식 수익률의 공분산이 0인 경우 포트폴리오의 기대수익률은 0%가 될 수 있다.
c. 포트폴리오의 기대수익은 투자비율 뿐만 아니라 두 주식의 상관계수에도 영향을 받는다.
d. 두 주식 수익률간의 상관계수가 1인 경우 최소분산 포트폴리오를 구성할 때 주식 A의 투자비율은 150%이다.

① a, b
② a, d
③ b, c
④ a, b, d
⑤ b, c, d

34

시장에 위험자산 A, B 그리고 무위험자산만이 존재하며 각 자산의 수익률 분포는 다음과 같다.

구 분	기대수익률	수익률의 표준편차(위험수준)
자산 A	30%	40%
자산 B	15%	20%
무위험자산	10%	0%

모든 투자자는 이자율 10%로 대출과 차입을 할 수 있으며 시장포트폴리오의 위험수준은 27%이다. 17%의 수익을 기대하는 투자자 갑은 총 투자금액 1억원을 자산 A에 3,000만원, 자산 B에 2,000만원, 그리고 무위험자산에 5,000만원씩 투자하는 최적포트폴리오를 구성하고 있다. 다음 설명 중 가장 적절한 것은?(단, <u>소수점 셋째자리에서 반올림한다</u>)

① 시장포트폴리오의 기대수익률은 21%이다.
② 투자자 갑의 투자 위험수준은 15.5%이다.
③ 시장포트폴리오 샤프비율은 0.52이며, 투자자 갑의 최적포트폴리오 샤프비율은 0.26이다.
④ 5,000만원의 투자금을 가지고 있는 투자자 을이 수익률 38%를 목표로 하는 최적포트폴리오를 구성하는 경우, 자산 B에 4,000만원이 배분된다.
⑤ 총 투자금액 1억원을 가지고 있는 투자자 병이 위험수준 21.6%를 목표로 하는 최적포트폴리오를 구성하는 경우, 자산 A에 5,800만원이 배분된다.

35

☑ 확인 Check! ○ △ ×

펀드매니저 A는 베타가 1.1인 300억원 규모의 포트폴리오를 운영하고 있으며 추가로 450억원 규모의 자금운용을 맡아 신규 자산에 투자하려고 한다. 추가 자금의 투자로 재구성된 수정 포트폴리오의 기대수익률은 14%를 목표로 하고 있으며, 무위험이자율은 4.6%, 시장위험프리미엄은 5%이다. 수정 포트폴리오의 목표 기대수익률을 달성하기 위해 추가로 투자되는 새로운 자산들의 평균 베타에 가장 가까운 것은?(단, CAPM이 성립한다)

① 1.5   ② 1.9

③ 2.4   ④ 2.8

⑤ 3.1

36

☑ 확인 Check! ○ △ ×

주식 A와 B의 베타와 수익률의 표준편차는 다음과 같다.

주 식	베 타	수익률의 표준편차
A	1.8	0.3
B	0.8	0.2

두 주식 수익률의 공분산(σ_{AB})은 0.0324이다. 포트폴리오 X는 주식 A와 B로 구성된 포트폴리오이며 베타가 1.3이다. 시장모형이 성립한다고 가정할 때 다음 설명 중 가장 적절하지 <u>않은</u> 것은?(단, 소수점 다섯째자리에서 반올림한다)

① 주식 A의 체계적 위험은 0.0729이다.

② 주식 B의 결정계수(R^2)는 0.36이다.

③ 주식 A와 주식 B의 상관계수는 0.54이다.

④ 포트폴리오 X의 비체계적 위험은 0.0427이다.

⑤ 포트폴리오 X의 수익률의 분산은 0.0487이다.

37

확인 Check! ○ △ ×

채권의 투자관리 전략에 관한 설명으로 가장 적절한 것은?

① 이자율이 하락할 것으로 예상될 때 만기가 같은 채권의 경우 표면이자율이 낮은 채권을 매도하고 표면이자율이 높은 채권을 매입하는 것이 유리하다.

② 채권가격이 하락할 것으로 예상될 때 만기가 짧고 표면이자율이 높은 채권을 매도하고 만기가 길고 표면이자율이 낮은 채권을 매입하는 것이 유리하다.

③ 신용등급이 높은 채권과 낮은 채권 간의 수익률 차이가 커질 것으로 예상될 때 수익률이 높은 채권을 매도하고 수익률이 낮은 채권을 매입하는 것이 유리하다.

④ 경기가 불황에서 호황으로 전환될 때 회사채를 매도하고 국채를 매입하는 것이 유리하다.

⑤ 동일한 위험과 만기를 갖는 동종채권들이 일시적으로 서로 다른 가격으로 거래될 때 높은 수익률의 채권을 매도하고 낮은 수익률의 채권을 매입하는 것이 유리하다.

38

확인 Check! ○ △ ×

현재 시장에 액면금액이 100,000원으로 동일한 채권들의 만기와 시장가격, 그리고 표면이자율은 다음과 같다.

채 권	만 기	시장가격	표면이자율
A	1년	90,909원	0%
B	2년	79,719원	0%
C	2년	100,000원	12%

다음의 설명 중 가장 적절하지 <u>않은</u> 것은?(단, 거래비용은 없으며, 기대가설이 성립한다고 가정한다. <u>소수점 첫째자리에서 반올림한다</u>)

① 1년 만기 현물이자율은 10%이다.

② 1년 후 시점의 1년 만기 선도이자율은 14%이다.

③ 채권 B를 기초자산으로 하는 1년 만기 선물의 균형가격은 87,719원이다.

④ 채권 C를 100개 매입한다고 가정하면 채권 A와 채권 B로 구성한 포트폴리오를 이용하여 19,436원의 차익거래이익을 얻을 수 있다.

⑤ 채권 C의 균형가격은 97,089원이다.

42   공인회계사 1차 경영학(문제편)

39

선택권부증권의 가치평가에 관한 설명으로 가장 적절한 것은?

① 신주인수권부사채의 경우 만기일에 신주 1주를 인수할 수 있는 신주인수권의 가치는 신주인수권 행사전 주가를 기초자산으로 하고 행사가격이 신주 1주당 인수가격인 일반 콜옵션의 만기가치와 같다.

② 수의상환사채의 가치는 일반사채의 가치에서 수의상환권 가치인 콜옵션의 가치를 뺀 것과 같다.

③ 전환사채의 만기일에 전환가치가 일반사채의 가치보다 크다면 전환권을 행사할 필요가 없으므로 전환사채의 가치는 일반사채의 가치와 같다.

④ 전환사채의 현재가치는 일반사채의 가치보다 작을 수 있다.

⑤ 상환청구권부사채의 가치는 일반사채의 가치에 상환청구권 가치인 풋옵션의 가치를 뺀 것과 같다.

40

주식 A는 현재 주가가 30,000원이고 주식 A를 기초자산으로 하는 만기 2년인 선물 계약이 37,000원에 거래되고 있다. 주식 A는 배당금을 지급하지 않으며, 현물 및 선물의 거래에 따른 거래비용 또는 보유비용이 없다. 무위험이자율 10%로 대출과 차입을 할 수 있을 때 (a) 차익거래 전략과 (b) 차익거래 이익에 가장 가까운 것은?

	(a) 차익거래 전략	(b) 차익거래 이익
①	주식매입＋선물매도＋차입	700원
②	주식매입＋선물매도＋대출	4,000원
③	주식매입＋선물매도＋차입	4,000원
④	주식매입＋선물매도＋대출	700원
⑤	주식공매＋선물매입＋대출	4,000원

✅ Time   분 | 정답 및 해설편 223p

※ 각 문제의 보기 중에서 물음에 가장 합당한 답을 고르시오.

01

☑ 확인 Check! ○ △ ✕

동기부여 이론과 성격에 관한 설명으로 가장 적절하지 <u>않은</u> 것은?

① 동기는 개인의 욕구(need)에 의해 발생되며, 그 강도는 욕구의 결핍 정도에 의해 직접적인 영향을 받는다.

② 맥클리랜드(McClelland)에 의하면, 성취욕구(need for achievement)는 개인이 다른 사람들에게 영향력을 행사하여 그들을 통제하고 싶은 욕구를 말한다.

③ 강화이론(reinforcement theory)에 의하면, 긍정적 강화(positive reinforcement)와 부정적 강화(negative reinforcement)는 행위자의 바람직한 행동의 빈도를 증가시킨다.

④ 공정성이론(equity theory)에 의하면, 개인이 불공정성을 느끼는 경우 준거인물을 변경하여 불균형상태를 줄일 수 있다.

⑤ 알더퍼(Alderfer)의 ERG이론은 매슬로우(Maslow)의 다섯 가지 욕구를 모두 포함하고 있다.

02

☑ 확인 Check! ○ △ ✕

리더십에 관한 설명으로 가장 적절하지 <u>않은</u> 것은?

① 리더십은 리더가 부하들로 하여금 변화를 통해 조직목표를 달성하도록 영향력을 행사하는 과정이다.

② 리더는 외집단(out-group)보다 내집단(in-group)의 부하들과 질 높은 교환관계를 가지며 그들에게 더 많은 보상을 한다.

③ 피들러(Fiedler)의 리더십 상황모형에서 낮은 LPC(least preferred co-worker) 점수는 과업지향적 리더십 스타일을 의미한다.

④ 위인이론(great man theory)은 리더십 특성이론(trait theory)보다 리더십 행동이론(behavioral theory)과 관련성이 더 크다.

⑤ 변혁적 리더(transformational leader)는 이상화된 영향력, 영감에 의한 동기 유발, 지적 자극, 개인화된 배려의 특성을 보인다.

03

다음 설명 중 적절한 항목만을 <u>모두</u> 선택한 것은?

> a. 집단 간 갈등은 목표의 차이, 지각의 차이, 제한된 자원 등으로부터 비롯된다.
> b. 기능팀(functional team)은 다양한 부서에 소속되어 있고 상호 보완적인 능력을 지닌 구성원들이 모여 특정한 업무를 수행하는 팀을 말한다.
> c. 상동적 태도(stereotyping)는 타인에 대한 평가가 그가 속한 사회적 집단에 대한 지각에 기초하여 이루어지는 것을 말한다.
> d. 구성원의 만족감이 직무수행상의 성취감이나 책임감 등 직무 자체에 존재하는 요인을 통해 나타날 때, 이 요인을 외재적 강화요인이라고 한다.

① a, b   ② a, c
③ a, d   ④ b, c
⑤ a, c, d

04

조직구조와 조직변화에 관한 설명으로 가장 적절하지 <u>않은</u> 것은?

① 조직이 변화하는 외부상황에 적절하고 신속하게 대처하기 위해서는 집권화(centralization)가 필요하다.
② 조직변화(organizational change)는 궁극적으로 조직성과 개선, 능률 극대화, 구성원의 만족도 향상 등을 위한 계획적 변화를 말한다.
③ 기계적 구조는 저원가전략(cost-minimization strategy)을 추구하는 조직에 적합하다.
④ 조직이 경쟁력을 강화하고 경영성과를 높이기 위해서는 조직구조의 조정과 재설계, 새 공유가치와 조직문화의 개발, 직무개선 등의 노력이 필요하다.
⑤ 부문별 구조(divisional structure)는 기능별 구조(functional structure)보다 고객과 시장의 요구에 더 빨리 대응할 수 있다.

05

인적자원의 모집, 개발 및 평등고용기회에 관한 설명으로 가장 적절하지 <u>않은</u> 것은?

① 내부모집(internal recruiting)은 외부모집(external recruiting)에 비해 종업원들에게 희망과 동기를 더 많이 부여한다.

② 평등고용기회(equal employment opportunity)는 조직에서 불법적 차별에 의해 영향을 받지 않는 고용을 의미한다.

③ 선발기준(selection criterion)은 한 개인이 조직에서 담당할 직무를 성공적으로 수행하기 위해 갖춰야 하는 특성을 말한다.

④ 친족주의(nepotism)는 기존 종업원의 친척이 동일한 고용주를 위해 일하는 것을 금지하는 관행이다.

⑤ 종업원이 일반적으로 직장에서 연령, 인종, 종교, 장애에 의해 차별을 받는 것은 불법적 관행에 속한다.

06

직무분석과 교육훈련에 관한 설명으로 가장 적절하지 <u>않은</u> 것은?

① 개인 – 직무 적합(person-job fit)은 사람의 특성이 직무의 특성에 부합한지를 판단하는 개념이다.

② 교육훈련의 전이(transfer of training)란 교육훈련에서 배운 지식과 정보를 직무에 실제로 활용하는 것을 말한다.

③ 직무순환(job rotation)은 종업원이 다양한 직무를 수행할 수 있는 능력을 개발하게 한다.

④ 비공식적 교육훈련(informal training)은 종업원 간의 상호작용 및 피드백을 통해서 일어나는 교육훈련을 말한다.

⑤ 직무설계 시 고려하는 과업중요성은 직무를 성공적으로 달성하는 데 있어서 여러 가지 활동을 요구하는 정도를 말한다.

07

☑ 확인Check! ○ △ ✕

이직 및 유지 관리에 관한 설명으로 가장 적절하지 <u>않은</u> 것은?

① 자발적 이직(voluntary turnover)의 일반적인 원인에는 직무불만족, 낮은 임금 및 복리후생 수준, 부진한 성과 등이 있다.

② 퇴직자 인터뷰(exit interview)는 종업원에 대한 유지평가 노력의 일환으로 폭넓게 사용되는 방법이다.

③ 개인이 조직에서 성과를 내는 데 영향을 미치는 주요 요인에는 개인적 능력, 투입된 노력, 조직의 지원 등이 있다.

④ 많은 고용주가 종업원의 무단결근(absenteeism)을 줄이기 위해 출근 보상, 유급근로시간면제 프로그램, 징계 등을 사용한다.

⑤ 무단결근은 종업원이 일정대로 출근하지 않거나 정해진 때에 직장에 있지 않는 것을 말한다.

08

☑ 확인Check! ○ △ ✕

성과평가 및 보상에 관한 설명으로 가장 적절하지 <u>않은</u> 것은?

① 기본급(base pay)은 종업원이 조직에서 시급이나 급여의 형태로 받는 보상을 말한다.

② 기업들이 강제할당(forced distribution)을 적용하는 이유는 평가자 인플레이션에 대처하기 위해서이다.

③ 직무평가(job evaluation)는 조직 내 여러 가지 직무의 절대적 가치를 결정하는 공식적이며 체계적인 과정을 말한다.

④ 조직이 개인 인센티브 제도를 사용하기 위해서는 각 개인의 성과를 확인하고 측정할 수 있어야 한다.

⑤ 가장 널리 사용되는 종업원에 대한 평가방법은 직속상사가 종업원의 성과를 평가하는 것이다.

09

서비스의 특징으로 가장 적절하지 <u>않은</u> 것은?

① 무형성(intangibility)

② 생산과 소비의 비분리성(inseparability)

③ 변동성(variability)

④ 소멸성(perishability)

⑤ 동질성(homogeneity)

10

다음은 제품 A에 관한 자료이다. 비용지향적 가격결정(cost-plus pricing 또는 markup pricing)을 따르고 영업이익률 40%를 기대하는 경우에 제품 A의 단위당 가격에 가장 가까운 것은?(단, 제시된 자료 이외에 다른 비용은 없다고 가정한다)

단위당 변동비	총고정비	기대판매량
20,000원	100,000,000원	10,000개

① 30,000원

② 35,000원

③ 40,000원

④ 45,000원

⑤ 50,000원

11

척도(scale)에 관한 설명으로 가장 적절하지 <u>않은</u> 것은?

① 척도는 포함하는 정보의 양에 따라 분류된다.

② 어의차이척도(semantic differential scale)는 척도의 양 극단에 속성의 정도를 나타내는 반의어를 제시한다.

③ 비율척도(ratio scale)를 통해 변수들의 상대적 크기를 비교할 수 있고 절대적 크기도 측정할 수 있다.

④ 간격척도(interval scale)로 측정된 변수 간의 가감(+, −) 연산이 가능하며, 리커트척도(Likert scale)가 간격척도의 예이다.

⑤ 서열척도(ordinal scale)를 통해 측정 대상들의 절대적 위치를 알 수 있다.

12

소비자 정보처리과정의 순서로 가장 적절한 것은?

① 노출 → 감지 → 주의 → 기억 → 이해

② 노출 → 감지 → 주의 → 이해 → 기억

③ 노출 → 주의 → 감지 → 이해 → 기억

④ 노출 → 주의 → 감지 → 기억 → 이해

⑤ 노출 → 주의 → 이해 → 감지 → 기억

13

자료분석에 관한 설명으로 가장 적절하지 <u>않은</u> 것은?

① 신뢰성(reliability)은 측정결과가 얼마나 일관되는지를 나타낸다.

② 첫 번째 측정이 그 다음의 측정에 영향을 미치는 것을 측정도구의 편향(instrumental bias)이라고 한다.

③ 외적 타당성(external validity)은 실험의 결과를 실험실 외의 상황에 어느 정도까지 적용할 수 있는지를 나타낸다.

④ 유의수준은 1종 오류(type I error)의 허용정도를 의미한다.

⑤ 양측검정(two-sided test)에서는 귀무가설을 기각할 수 있는 영역이 좌우 양쪽에 위치한다.

14

소비자가 문제를 인식했을 때 이를 해결할 수 있는 수단을 찾기 위해 기억 속에 저장되어 있는 정보에서 회상하는 과정으로 가장 적절한 것은?

① 강화된 주의(heightened attention)

② 내적 탐색(internal search)

③ 의도적 노출(intentional exposure)

④ 관여(involvement)

⑤ 프레이밍(framing)

15

브랜드에 관한 설명으로 가장 적절하지 <u>않은</u> 것은?

① 브랜드 자산(brand equity)은 브랜드가 창출하는 유형 및 무형의 부가가치를 의미한다.

② 수직적 라인 확장(vertical line extension)은 기존의 제품보다 신제품의 가격이 낮거나 높은 경우를 의미한다.

③ 카테고리 확장(category extension)은 기존 브랜드와 동일한 제품범주 내에서 출시된 신제품에 기존 브랜드를 사용하는 것을 의미한다.

④ 소비자는 자신의 자아개념(self concept)과 일치하는 브랜드 개성을 지닌 브랜드를 선호하는 경향이 있다.

⑤ 공동 브랜딩(co-branding)을 하면 하나의 제품에 여러 브랜드가 함께 레이블링(labeling)될 수 있다.

16

다음 빈칸 A에 들어갈 소비자 구매행동의 유형으로 가장 적절한 것은?

구 분	고관여	저관여
최초구매	복잡한 의사결정	A
반복구매	브랜드 충성	관성적 구매

① 구매 후 부조화(post-purchase dissonance)

② 개성 추구(personality seeking)

③ 수동적 구매(passive purchase)

④ 다양성 추구(variety seeking)

⑤ 보완적 구매(compensatory purchase)

17

재고모형에 관한 설명으로 가장 적절하지 <u>않은</u> 것은?

① 실제수요가 예측수요를 초과할 가능성에 대비하여 안전재고를 보유할 경우 재주문점은 증가한다.
② 정기주문모형(fixed-order interval model)에서는 정해진 목표재고수준에 따라 주문시점에 재고수준과 목표재고수준의 차이만큼 주문한다.
③ 정기주문모형에서는 배달시기와 배달경로의 표준화가 용이하며 같은 공급자에게 여러 품목을 동시에 주문할 수 있는 장점이 있다.
④ 고정주문량모형(fixed-order quantity model)에서는 고정된 로트(lot) 크기로 주문하므로 수량할인이 가능하다.
⑤ 고정주문량모형은 주기조사시스템(periodic review system)이라고도 불리며 안전재고를 활용하여 수요변화에 대처한다.

18

수요예측에 관한 다음 설명 중 적절한 항목만을 <u>모두</u> 선택한 것은?

a. 지수평활법(exponential smoothing method)에서 최근 수요패턴의 변화를 빠르게 반영하기 위해서는 평활상수의 값을 줄여야 한다.
b. 추적지표(tracking signal)의 값이 지속적으로 음의 값을 보이는 경우 예측을 실제보다 작게 하는 경향이 있다고 볼 수 있다.
c. 이동평균법(moving average method)에서 이동평균 기간을 길게 할수록 우연요소에 의한 수요예측치의 변동이 줄어들게 된다.
d. 지수평활법에서는 오래된 자료보다 최근 자료에 더 큰 비중을 두고 수요를 예측한다.

① a, b   ② a, c
③ b, c   ④ b, d
⑤ c, d

19

생산방식과 설비배치에 관한 설명으로 가장 적절하지 <u>않은</u> 것은?

① 수요의 변동성이 낮고 완제품에 대한 재고비용이 크지 않을 경우 계획생산방식이 주문생산방식에 비해 유리하다.

② 제품별 배치(product layout)는 전용설비가 사용되므로 범용설비가 사용되는 공정별 배치(process layout)에 비해 설비투자 규모가 크다.

③ 제품 생산과정이 빠르고 수요를 초과한 생산량에 대한 폐기 비용이 클 경우 계획생산방식이 주문생산방식에 비해 유리하다.

④ 처리 대상 제품 또는 서비스에 따라 요구사항이 다를 경우 제품별 배치보다 공정별 배치가 적합하다.

⑤ 셀룰러 배치(cellular layout)의 경우 그룹 테크놀로지(group technology)를 활용하여 제품별 배치의 이점과 공정별 배치의 이점을 동시에 얻을 수 있다.

20

다음 그림과 같이 버퍼(buffer)가 존재하지 않는 4개의 작업장으로 구성된 생산 프로세스에 관한 설명으로 가장 적절하지 <u>않은</u> 것은?(단, 각 작업장에 기재된 시간은 각 작업장에서 투입된 재공품 1단위를 처리하는 데 걸리는 시간이다)

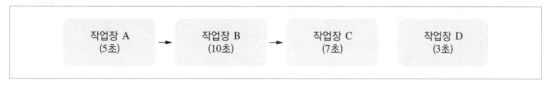

작업장 A (5초) → 작업장 B (10초) → 작업장 C (7초)　작업장 D (3초)

① 이 생산 프로세스의 흐름시간(flow time)은 25초이다.

② 병목(bottleneck)이 발생하는 작업장은 작업장 B이다.

③ 작업장 C에서는 작업공전(starving)이 발생한다.

④ 이 생산 프로세스의 시간당 생산량은 720단위이다.

⑤ 작업장 D의 이용률(utilization rate)은 30%이다.

21

생산계획에 관한 설명으로 가장 적절하지 <u>않은</u> 것은?

① 재고수준의 변동은 일반적으로 수요추종 전략(chase strategy)보다 평준화 전략(level strategy)을 활용할 경우 크게 나타난다.

② 주생산계획(MPS)은 통상적으로 향후 수개월을 목표 대상기간으로 하여 주 단위로 수립된다.

③ 자재소요계획(MRP)의 입력자료에는 주생산계획, 자재명세서(BOM), 재고기록철(inventory record)이 있다.

④ 총괄생산계획을 통해 개별 제품별로 월별 생산수준, 인력수준, 재고수준을 결정한다.

⑤ 자재소요계획은 생산능력, 마케팅, 재무적 요소 등에 관한 조정 기능을 포함한 MRP Ⅱ 및 ERP로 확장되었다.

22

주민센터 A의 업무 프로세스는 리틀의 법칙(Little's law)을 따른다. 이 주민센터의 시간당 처리 민원인 수가 10명이고, 민원인 한 명이 민원 해결을 위해 평균 30분을 주민센터에 머문다고 할 경우 어느 특정 시간에 주민센터 A 내에 머물고 있는 평균 민원인 수는?(단, 각 민원인은 주민센터에 도착한 순서대로 서비스를 받고 민원이 해결되는 즉시 주민센터를 떠나는 것으로 가정한다)

① 2명 ② 5명

③ 10명 ④ 20명

⑤ 60명

23

슈메너(Schmenner)의 서비스 프로세스 매트릭스에 관한 설명으로 가장 적절하지 않은 것은?

① 전문서비스(professional service)는 노동집약도와 고객화 정도가 모두 높은 서비스를 의미한다.

② 대량서비스(mass service)에는 소매업, 학교, 소매금융 등이 속한다.

③ 서비스 공장(service factory)에는 항공사, 운수회사, 호텔 등이 속한다.

④ 서비스 숍(service shop)은 노동집약도는 높으나 고객화 정도는 낮은 특징이 있다.

⑤ 전문서비스는 높은 수준의 인건비와 고객화 정도 때문에 비효율적인 경향이 있다.

24

린 생산(lean production)에 관한 설명으로 가장 적절하지 않은 것은?

① 작업장의 재고를 정교하게 통제하기 위해 풀 방식(pull system)에 의한 자재흐름이 적용된다.

② 생산 프로세스의 작업부하를 일정하게 하고 과잉생산을 방지하기 위해 가능한 작은 로트(lot) 단위로 생산한다.

③ 수요변동에 효과적으로 대응하기 위해 급변하는 환경을 가정하여 설계되었다.

④ 린 생산 시스템의 성공적인 정착을 위해서는 가동준비시간(setup time)의 최소화가 필요하다.

⑤ 린 생산을 도입할 경우 전통적인 생산시스템에 비해 공급자 수는 감소하는 대신 공급자와의 유대는 강화되는 경향이 있다.

25

K씨는 현재시점($t=0$)에서 30년 만기 및 연 10%의 이자율로 20억원을 차입하려고 한다. 조사 결과 다음과 같은 두 가지 차입방안이 가능하며 만기 및 이자율은 동일하다. 1안과 2안을 비교할 때, K씨가 2차년도 말($t=2$)에 지급하게 될 이자금액의 차이에 가장 가까운 것은?(단, $PVIF(10\%,\ 30)=0.0573$, $PVIFA(10\%,\ 30)=9.4269$이며, 모든 금액은 반올림하여 원단위로 표시한다)

- 1안
  - 만기일시상환 방식
  - 1차년도부터 매년도 말 연 1회 대출원금에 대한 이자를 상환하며, 대출원금은 만기일에 전액 상환한다.
- 2안
  - 원리금 균등분할상환 방식
  - 1차년도부터 매년도 말 연 1회 동일한 금액을 상환한다.

---

① 0원
② 1,215,882원
③ 1,824,249원
④ 2,159,222원
⑤ 2,487,256원

26

주가배수모형에 관한 설명으로 가장 적절하지 않은 것은?

① 다른 조건이 일정하다면 요구수익률(또는 자기자본비용)이 낮을수록 PER(주가수익비율)은 높게 나타난다.
② 성장이 없는 기업의 PER은 요구수익률(또는 자기자본비용)의 역수이다.
③ 다른 조건이 일정하다면 보수적인 회계처리를 하는 기업의 PER은 낮게 나타난다.
④ PBR(주가장부가비율)은 ROE(자기자본이익률)와 PER의 곱으로 표현할 수 있다.
⑤ PER, PBR 또는 PSR(주가매출액비율)을 사용하여 주식가치를 상대평가 할 수 있다.

25개 종목의 주식에 동일한 비중으로 투자하여 구성된 포트폴리오 A의 베타가 1.12이다. 이 포트폴리오에서 베타가 0.8인 주식 X를 전량 매도함과 동시에 그 금액만큼 베타가 2.3인 주식 Y를 매입한다면 구성종목 변경 후 포트폴리오 A의 베타에 가장 가까운 것은?

① 1.18 ② 1.20

③ 1.22 ④ 1.24

⑤ 1.26

연 1회 매년 말에 지급되는 A기업의 배당금은 앞으로 계속 5%의 성장률을 보일 것으로 예상된다. 현재($t=0$) A기업 주식의 주당 내재가치는 50,000원이고 베타는 1.5이다. 무위험이자율은 3%이며 시장포트폴리오의 기대수익률은 10%이다. 전년도 말($t=0$)에 지급된 주당 배당금(D_0)에 가장 가까운 것은?(단, CAPM이 성립한다고 가정한다)

① 4,048원 ② 4,250원

③ 4,658원 ④ 6,190원

⑤ 6,500원

29

다음 조건을 만족하는 경우에 관한 설명으로 적절한 항목만을 <u>모두</u> 선택한 것은?

〈조 건〉
- CAPM이 성립하며, 포트폴리오 A와 포트폴리오 B는 최적포트폴리오이다.
- 무위험이자율은 4%이며, 시장포트폴리오의 기대수익률 및 수익률 표준편차는 각각 15% 및 10%이다.
- 포트폴리오 A의 베타는 0.60이고, 포트폴리오 B의 베타는 0.40이다.

a. 포트폴리오 A와 포트폴리오 B의 사전적(ex-ante) 수익률은 항상 같은 방향으로 움직인다.
b. 포트폴리오 B의 샤프비율은 1.50이다.
c. 포트폴리오 A의 수익률 표준편차는 포트폴리오 B의 수익률 표준편차보다 1.5배 크다.
d. 시장포트폴리오에 대한 포트폴리오 A의 투자비중은 60%이다.

① c
② c, d
③ a, c, d
④ b, c, d
⑤ a, b, c, d

30

A기업은 신제품 K의 생산 및 출시를 계획하고 있으며, 자본예산기법을 사용하기 위해 증분현금흐름에 대한 분석을 진행하고 있다. 자본예산분석에 포함시켜야 할 증분현금흐름으로 가장 적절하지 <u>않은</u> 것은?

① 신제품 K 생산을 위해 필요한 공장 내 공간을 외부에 임대했을 경우의 기대수익(이 공간은 현재 사용하지 않고 있으며 신제품 K 생산에 사용되지 않는다면 외부에 임대할 수 있음)
② 신제품 K의 출시로 인해 고객들이 A기업의 기존 제품을 구매하지 않고 신제품 K의 구매로 이동함으로써 발생하는 기존 제품의 매출 감소분
③ 신제품 K를 생산하기 위해 사용될 신규 기계장치의 설치와 관련된 운송 및 설치비용
④ 신제품 K의 수요분석을 위해 작년에 지출된 시장조사비용(이 시장조사의 긍정적인 결과에 따라 신제품 K를 출시하기 위한 프로젝트가 착수됨)
⑤ 신제품 K의 출시로 인해 A기업의 다른 제품에 대한 수요가 증가해서 발생하는 기존 제품의 매출 증가분

31

투자안 X의 현금흐름(CF)과 현금흐름이 발생할 확률은 다음 표와 같다. 무위험이자율이 10%이고 투자자 K씨의 효용함수가 $U(W) = \sqrt{W}$일 때, 투자안 X의 위험조정할인율(risk adjusted discount rate)에 가장 가까운 것은?

0기	1기		2기	
CF	CF	확 률	CF	확 률
(−)600만원	400만원	60%	900만원	70%
	100만원	40%	400만원	30%

① 10% ② 11%

③ 13% ④ 15%

⑤ 17%

32

레버리지분석은 매출액의 변화가 영업이익(EBIT) 및 주당순이익(EPS)에 미치는 영향을 파악하기 위해 사용된다. 부채를 사용하지 않는 A기업의 매출액이 250억원에서 275억원으로 증가할 때 EPS는 100원에서 150원으로 증가한다면, 이 기업의 영업레버리지도(DOL)에 가장 가까운 것은?

① 6.5 ② 6.0

③ 5.5 ④ 5.0

⑤ 4.5

33

자본구조이론에 관한 설명으로 가장 적절하지 않은 것은?

① 지분의 분산 정도가 크거나 소유경영자의 지분율이 낮을수록 자기자본의 대리인 비용은 증가할 수 있다.

② Miller(1977)에 의하면 채권시장이 균형일 때 부채기업과 무부채기업의 가치는 동일하다.

③ 자본조달순위이론은 최적자본구조의 존재 여부에 대하여 설명하지 못한다.

④ 부채비율이 높을 때 위험선호 유인, 과소투자 유인, 재산도피 유인 등이 발생할 수 있다.

⑤ MM에 의하면 법인세가 존재하는 경우 부채비율(B/S)의 증가에 따라 가중평균자본비용은 부채비용×(1− 법인세율)로 수렴한다.

34

무부채기업인 U기업의 연간 기대영업이익은 2억원이며, 부채비율(B/S)이 100%인 L기업의 연간 기대영업이익은 5억원이다. 두 기업의 주식수익률에 대한 자료는 다음과 같다.

구 분	주식수익률의 표준편차	시장수익률과의 상관계수
U기업	20%	0.4
L기업	50%	0.6

시장포트폴리오의 기대수익률과 표준편차는 모두 20%이고, 무위험이자율은 5%이다. 법인세율이 40%인 경우 다음 중 가장 적절하지 않은 것은?(단, CAPM과 법인세가 있는 MM이론이 성립한다고 가정한다)

① L기업의 베타는 1.50이다.

② U기업의 자기자본비용은 11.00%이다.

③ L기업의 가중평균자본비용은 12.25%이다.

④ U기업의 가치는 10.91억원이다.

⑤ L기업의 가치가 U기업의 가치보다 8.76억원 더 크다.

35

완전자본시장을 가정할 때, 다음 설명 중 적절한 항목만을 <u>모두</u> 선택한 것은?(단, 자사주는 시가로 매입한다고 가정한다)

a. 주식배당 및 주식분할 후 자기자본 가치는 하락한다.
b. 현금배당 및 자사주 매입 후 PER(주가수익비율)은 하락한다.
c. 주식배당 및 주식분할 후 EPS(주당순이익)는 변하지 않는다.
d. 자사주 매입 및 주식병합 후 EPS는 상승한다.
e. 현금배당 및 자사주 매입 후 주주의 부는 상승한다.

① a, b
② a, c
③ b, c
④ b, d
⑤ c, e

36

현재시점$(t=0)$에서 1년 만기 현물이자율$(_0r_1)$은 6%, 2년 만기 현물이자율$(_0r_2)$은 8%이다. 다음 설명 중 적절한 항목만을 <u>모두</u> 선택한 것은?(단, 차익거래는 없다고 가정하며, % 기준으로 소수점 아래 셋째 자리에서 반올림하여 계산한다)

a. 1년 후 1년간의 선도이자율$(_1f_2)$은 10.04%이다.
b. 기대가설(expectation hypothesis)에 의하면 1년 후 단기이자율$(_1r_2)$은 현재시점 1년 만기 현물이자율보다 상승할 것으로 기대된다.
c. 유동성선호가설(liquidity preference hypothesis)에 의하면 유동성프리미엄$(_1L_2)$이 3%일 경우 1년 후 단기이자율$(_1r_2)$은 현재시점 1년 만기 현물이자율보다 하락할 것으로 기대된다.

① a
② a, b
③ a, c
④ b, c
⑤ a, b, c

37

☑ 확인Check! ○ △ ✕

채권의 투자전략에 관한 설명으로 가장 적절하지 <u>않은</u> 것은?

① 목표시기 면역전략에 의하면 채권의 듀레이션이 목표투자기간보다 짧은 경우에는 이자율 변동에 따른 투자자의 가격위험이 재투자위험보다 크다.

② 순자산가치 면역전략에 의하면 자산과 부채의 듀레이션을 조정하여 자산가치 변동액과 부채가치 변동액의 차이가 영(0)이 되면 순자산가치는 이자율 변동과 관련 없이 일정하게 된다.

③ 채권의 채무불이행위험이나 수의상환위험은 면역전략을 통해서 제거되지 않는다.

④ 듀레이션만을 이용하는 면역전략은 채권가격과 이자율 간의 비선형관계를 반영하지 못한다.

⑤ 현재의 수익률곡선이 우상향의 모양을 가지며 투자기간 동안 그 형태가 변화하지 않을 것으로 예측되는 경우, 투자자는 수익률곡선타기전략을 사용하여 자본이득을 얻을 수 있다.

38

☑ 확인Check! ○ △ ✕

배당을 하지 않는 A기업의 현재 주식가격은 10,000원이다. A기업의 주식을 기초자산으로 하는 만기 1년, 행사가격 10,000원인 유럽형 옵션이 현재 시장에서 거래되고 있다. 1년 후 A기업의 주식가격이 12,000원이 될 확률은 40%, 8,000원이 될 확률은 60%이다. 현재 무위험이자율이 10%이며, 이 옵션의 가격결정은 1기간 이항모형을 이용한 무위험 헤지포트폴리오를 구성하여 구한다. 다음 중 가장 적절하지 <u>않은</u> 것은?(단, 소수점 아래 둘째자리에서 반올림하여 계산한다)

① 풋옵션의 균형가격은 654.6원이다.

② 콜옵션의 균형가격은 1,363.6원이다.

③ 주식 1개 매입 시 콜옵션 2개 매도로 헤지한다.

④ 풋옵션의 델타는 (−)0.5이다.

⑤ 콜옵션의 델타는 0.5이다.

39

선물에 관한 설명으로 가장 적절하지 <u>않은</u> 것은?

① 선물가격과 현물가격의 차이를 베이시스(basis)라고 하는데 만기일이 가까워지면 베이시스는 점점 작아지고 만기일에는 선물가격과 현물가격이 같게 된다.

② 현물 – 선물 등가식(spot–future parity)이 성립하는 경우 효율적인 시장에서는 차익거래의 기회가 존재하지 않는다.

③ 선물가격은 보유비용(cost of carry)만큼 현물가격과 차이가 발생하는데 이때의 보유비용에는 현물구입자금에 대한 기회비용인 이자비용뿐만 아니라 현물의 보관비용도 포함된다.

④ 선물의 가격이 미래의 기대현물가격보다 높게 형성되었다가 만기일에 접근하면서 기대현물가격에 일치해간다는 가설은 정상적 백워데이션(normal backwardation) 가설이다.

⑤ 명목이자율이 국내보다 높은 외화의 경우 균형상태에서 원/외화 선물환율이 현물환율보다 낮다.

40

A기업은 신주를 발행해서 주식교환방식으로 B기업을 합병할 예정이다. 다음은 두 기업의 합병 전 자료이다.

구 분	A기업	B기업
주당순이익	2,500원	2,000원
주가수익비율(PER)	20	15
총발행주식수	10,000주	10,000주

합병 후 합병기업의 당기순이익은 합병 전 두 기업의 당기순이익의 합과 같으며, 합병 후 PER은 20으로 예상된다. 주가 기준으로 주식교환비율이 결정된다면 B기업 주주가 수용할 수 있는 최소 주식교환비율에 가장 가까운 것은?

① 0.50

② 0.45

③ 0.40

④ 0.35

⑤ 0.30

✅ Time   분 | 정답 및 해설편 230p

※ 각 문제의 보기 중에서 물음에 가장 합당한 답을 고르시오.

01

☑확인 Check! ○ △ ✕

다음 설명 중 적절한 항목만을 <u>모두</u> 선택한 것은?

> a. 성격(personality)은 개인의 독특한 개성을 나타내는 전체적인 개념으로 선천적 유전에 의한 생리적인 것을 바탕으로 하여 개인이 사회문화환경과 작용하는 과정에서 형성된다.
> b. 욕구(needs)는 어떤 목적을 위해 개인의 행동을 일정한 방향으로 작동시키는 내적 심리상태를 의미한다.
> c. 사회적 학습이론(social learning theory)에 의하면, 학습자는 다른 사람의 어떤 행동을 관찰하여 그것이 바람직한 결과를 가져올 때에는 그 행동을 모방하고, 좋지 않은 결과를 가져올 때에는 그 같은 행동을 하지 않게 된다.
> d. 역할갈등(role conflict)은 직무에 대한 개인의 의무·권한·책임이 명료하지 않은 지각상태를 의미한다.

① a, b
② a, c
③ a, d
④ b, c
⑤ a, c, d

02

☑확인 Check! ○ △ ✕

리더십에 관한 설명으로 가장 적절하지 <u>않은</u> 것은?

① 권한(authority)은 직위에 주어진 권력으로서 주어진 책임과 임무를 완수하는 데 필요한 의사결정권을 의미한다.
② 진성 리더(authentic leader)는 자신의 특성을 있는 그대로 인식하고 내면의 신념이나 가치와 일치되게 행동하며, 자신에게 진솔한 모습으로 솔선수범하며 조직을 이끌어가는 사람을 말한다.
③ 리더십 행동이론은 리더의 실제행동에 초점을 두고 접근한 이론으로서 독재적 – 민주적 – 자유방임적 리더십, 구조주도 – 배려 리더십, 관리격자 이론을 포함한다.
④ 카리스마적 리더(charismatic leader)는 집단응집성 제고를 통해 집단사고를 강화함으로써 집단의사결정의 효과성을 더 높일 가능성이 크다.
⑤ 리더가 부하의 행동에 영향을 주는 방법에는 모범(emulation), 제안(suggestion), 설득(persuasion), 강요(coercion) 등이 있다.

03

조직구조와 조직문화에 관한 설명으로 가장 적절하지 않은 것은?

① 조직문화에 영향을 미치는 중요한 요소로 조직체 환경, 기본가치, 중심인물, 의례와 예식, 문화망 등을 들 수 있다.

② 조직사회화는 조직문화를 정착시키기 위해 조직에서 활용되는 핵심 메커니즘으로 새로운 구성원을 내부 구성원으로 변화시키는 활동을 말한다.

③ 유기적 조직에서는 실력과 능력이 존중되고 조직체에 대한 자발적 몰입이 중요시된다.

④ 조직이 강한 조직문화를 가지고 있으면 높은 조직몰입으로 이직률이 낮아질 것이며, 구성원들은 조직의 정책과 비전실현에 더욱 동조하게 될 것이다.

⑤ 분권적 조직은 기능중심의 전문성 확대와 일관성 있는 통제를 통하여 조직의 능률과 합리성을 증대시킬 수 있다.

04

집단과 의사결정에 관한 설명으로 가장 적절하지 않은 것은?

① 집단발전의 단계 중 형성기(forming)는 집단의 목적·구조·리더십을 정하는 과정이 불확실하다는 특징을 가지고 있다.

② 1차 집단은 구성원 간의 관계가 지적·이성적이며 공식적·계약적이라는 특징이 있는 반면, 2차 집단은 구성원의 개인적·감정적 개입이 요구되고 구성원 간에 개인적·자발적 대면관계가 유지되는 특징이 있다.

③ 규범(norm)은 집단 구성원이 주어진 상황에서 어떤 행동을 취해야 하는지에 대한 행동의 기준을 말한다.

④ 집단의사결정은 비정형적 의사결정(non-programmed decisions)에서 개인의사결정에 비해 그 효과가 더 높게 나타날 수 있다.

⑤ 의사결정이 이루어지는 과정은 문제의 인식 및 진단, 대안의 개발, 대안 평가 및 선택, 최선책의 실행, 결과의 평가로 이루어진다.

05

성과관리와 보상제도에 관한 설명으로 가장 적절하지 <u>않은</u> 것은?

① 중요사건법(critical incident method)은 평가자가 전체 평정기간 동안 피평가자에 의해 수행된 특별히 효과적인 또는 비효과적인 행동 내지 업적 모두를 작성하도록 요구한다.

② 법정 복리후생은 국가가 사회복지의 일환으로 기업의 종업원들을 보호하기 위해 법률 제정을 통해 기업으로 하여금 강제적으로 도입하도록 한 제도를 말한다.

③ 성과관리(performance management)는 경영자들이 종업원들의 활동과 결과물이 조직 목표와 일치하는지를 확인하는 과정을 말한다.

④ 변동급 체계는 직무가치와 급여조사에서 나온 정보를 사용하여 개발되며, 직무가치는 직무평가나 시장가격 책정을 사용하여 결정될 수 있다.

⑤ 종업원의 관리자 평가는 유능한 관리자를 확인하고 관리자의 경력개발 노력을 향상시키는 데 기여할 수 있다.

06

인적자원의 모집, 개발 및 교육훈련에 관한 설명으로 가장 적절하지 <u>않은</u> 것은?

① 교육훈련(training)은 종업원에게 현재 수행하고 있는 직무뿐만 아니라 미래의 직무에서 사용하게 할 목적으로 지식과 기술을 제공한다.

② 고용주들은 조직 내부의 인적자원을 개발하느냐 아니면 이미 개발된 개인들을 외부에서 채용하느냐의 선택에 직면한다.

③ 직무상 교육훈련(on-the-job training)은 직무에 대한 경험과 기술을 가진 사람이 피훈련자가 현장에서 직무 기술을 익히도록 도와주는 방법이다.

④ 오리엔테이션은 정규 교육훈련의 한 유형으로 신입사원에게 조직, 직무 및 작업집단에 대해 실시하는 계획된 소개를 말한다.

⑤ 사내공모제(job posting)는 모집에 있어서 투명성을 제고할 수 있고, 종업원들의 승진과 성장 및 발전에 대한 기회를 균등하게 제공할 수 있다.

07

직무분석에 관한 설명으로 가장 적절하지 <u>않은</u> 것은?

① 직무분석(job analysis)은 직무의 내용, 맥락, 인적 요건 등에 관한 정보를 수집하고 분석하는 체계적인 방법을 말한다.

② 직무설계(job design)는 업무가 수행되는 방식과 주어진 직무에서 요구되는 과업들을 정의하는 과정을 말한다.

③ 성과기준(performance standard)은 종업원의 성과에 대한 기대 수준을 말하며 일반적으로 직무명세서로부터 직접 도출된다.

④ 원격근무(telework)는 본질적으로 교통, 자동차 매연, 과잉 건축 등으로 야기되는 문제들을 해결한다는 장점이 있다.

⑤ 직무공유(job sharing)는 일반적으로 두 명의 종업원이 하나의 정규직 업무를 수행하는 일정관리 방식을 말한다.

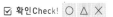

08

인적자원계획 및 평등고용기회에 관한 설명으로 가장 적절하지 <u>않은</u> 것은?

① 인적자원계획(human resource planning)은 조직이 전략적 목표를 달성할 수 있도록 사람들의 수요와 가용성을 분석하고 확인하는 과정이다.

② 기업의 인력과잉 대처방안에는 임금의 삭감, 자발적 이직프로그램의 활용, 근로시간 단축 등이 있다.

③ 임금공정성(pay equity)은 실제 성과가 상당히 달라도 임무 수행에 요구되는 지식, 기술, 능력 수준이 유사하면 비슷한 수준의 급여가 지급되어야 한다는 개념이다.

④ 적극적 고용개선조치(affirmative action)는 여성, 소수집단, 장애인에 대해 역사적으로 누적된 차별을 해소하기 위한 적극적인 고용제도이다.

⑤ 고용주는 적법한 장애인에게 평등한 고용기회를 주기 위해 합리적인 편의(reasonable accommodation)를 제공해야 한다.

09

☑ 확인 Check! ○ △ ✕

마케팅조사에 관한 설명으로 적절한 항목만을 모두 선택한 것은?

a. 마케팅정보의 원천을 1차 자료와 2차 자료로 구분할 때, 공공기관(통계청, 한국은행 등)에서 발간한 자료는 2차 자료에 해당된다.
b. 척도의 4가지 유형 중에서 측정대상을 구분하는 범주나 종류를 측정하는 데 사용되는 유형을 서열척도(ordinal scale)라고 한다.
c. 전수조사와 표본조사 모두 표본오차가 발생한다.

① a
② a, b
③ a, c
④ b, c
⑤ a, b, c

10

☑ 확인 Check! ○ △ ✕

소비자행동에 관한 설명 중 가장 적절하지 <u>않은</u> 것은?

① 소비자의 브랜드 평가모형은 보완적(compensatory) 평가모형과 비보완적(non-compensatory) 평가모형으로 구분할 수 있다.
② 소비자 관여도는 제품과 소비자에 따라 다를 수 있고, 상황에 따라서도 다를 수 있다.
③ 피쉬바인(Fishbein)모형은 결합적(conjunctive) 모형에 포함된다.
④ 정교화가능성모델(elaboration likelihood model)에 따르면, 소비자 정보처리 경로는 중심경로와 주변경로로 구분할 수 있다.
⑤ 구매 후 부조화(post-purchase dissonance)는 소비자가 구매 이후 느낄 수 있는 심리적 불편함을 말한다.

11

가격관리에 관한 설명으로 적절한 항목만을 <u>모두</u> 선택한 것은?

> a. 준거가격(reference price)은 구매자가 어떤 상품을 구매할 때 싸다 또는 비싸다의 기준이 되는 가격을 의미한다.
> b. 묶음가격(bundling price)은 여러 가지 상품들을 묶어서 판매할 때 사용된다.
> c. 유보가격(reservation price)은 구매자가 어떤 상품에 대해 지불할 용의가 있는 최저 가격을 의미한다.

① a
② a, b
③ a, c
④ b, c
⑤ a, b, c

12

레스토랑 A는 소비자들이 지각할 수 있는 최소한의 가격 인하를 실시하였다. 가격 인하 이전의 가격에 관한 설명으로 가장 적절한 것은?(단, 소비자는 웨버의 법칙(Weber's law)에 따라 가격 지각을 한다고 가정한다)

메 뉴	스테이크	피 자	파스타
인하 후 가격(원)	27,000	17,100	12,000
K(웨버상수)의 절대값	0.10	0.05	0.20
W(임계수준)의 절대값	0.10	0.05	0
인하 전 가격(원)	a	b	c

① $b+c-a<-5,000$

② $-5,000 \leq b+c-a<-2,500$

③ $-2,500 \leq b+c-a<0$

④ $0 \leq b+c-a<2,500$

⑤ $2,500 \leq b+c-a$

13

유통관리에 관한 설명으로 적절한 항목만을 <u>모두</u> 선택한 것은?

a. 유통경로는 생산된 제품을 소비시점까지 보관하여 시간상의 불일치를 해소한다.
b. 유통업체 중에서 판매 대리점(selling agent)은 제품에 대한 소유권을 보유하는 반면에, 브로커(broker)는 제품에 대한 소유권을 보유하지 않는다.
c. 소매상 협동조합은 제조업체 주도로 만들어진 소매상들의 유통체인이다.

① a
② a, b
③ a, c
④ b, c
⑤ a, b, c

14

시장세분화와 목표시장 선정에 관한 설명으로 적절한 항목만을 <u>모두</u> 선택한 것은?

a. 측정가능성(measurability)은 효과적인 시장세분화 요건 중 하나이다.
b. 성별은 세분화 변수들 중 하나이며, 인구통계학적 변수로 분류된다.
c. 새로운 마케팅 기회가 시장세분화를 통해 발견될 수 있다.

① a
② a, b
③ a, c
④ b, c
⑤ a, b, c

15

광고효과에 관한 설명으로 적절한 항목은 <u>모두</u> 몇 개인가?

a. S자의 광고 판매반응함수(sales response function)는 광고비를 증가시킬 때 판매 증가가 미미하다가, 가속점(임계점)을 넘어서면 판매가 급격하게 증가하는 특징을 갖는다.
b. 광고호의(advertising goodwill)는 특정시점의 광고 투자비가 동일시점의 매출에 미치는 영향의 크기로 측정된다.
c. 광고의 지침효과(wearout effect)는 광고의 노출빈도가 어느 수준을 넘어서면 광고효과가 떨어지는 현상을 의미한다.
d. 광고의 이월효과(carryover effect)는 특정시점의 광고투자 효과가 그 이후 시점에서도 발현되는 현상을 의미한다.

① 0개　　　　　　　　　　　　　② 1개
③ 2개　　　　　　　　　　　　　④ 3개
⑤ 4개

16

촉진관리에 관한 설명으로 적절한 항목만을 <u>모두</u> 선택한 것은?

a. 제조업체가 제품 취급의 대가로 특정 유통업체에게 제품대금의 일부를 공제해 준다면, 이러한 판매촉진은 입점공제(slotting allowances)에 해당된다.
b. 판매촉진을 가격수단과 비가격수단으로 구분할 때, 보너스팩(bonus packs)은 가격수단 판매촉진으로 분류된다.
c. 판매촉진을 소비자 판매촉진과 중간상 판매촉진으로 구분할 때, 광고공제(advertising allowances)는 소비자 판매촉진으로 분류된다.

① a　　　　　　　　　　　　　② a, b
③ a, c　　　　　　　　　　　　④ b, c
⑤ a, b, c

17

제품과 서비스의 생산에 관한 설명 중 적절한 항목만을 <u>모두</u> 선택한 것은?

> a. 서비스는 규격화가 용이하지 않으므로 제품에 비해 품질평가가 상대적으로 어렵다.
> b. 쉬메너(Shemenner)의 서비스 프로세스 매트릭스에서는 고객화의 정도와 노동집약도가 높은 경우를 서비스공장 (service factory)으로 분류하고, 원가관리와 서비스품질유지를 강조한다.
> c. 제품은 서비스에 비해 수요와 공급을 일치시키기 위한 평준화전략(level strategy)을 사용하기가 상대적으로 용이하다.
> d. 서비스는 생산프로세스에 대한 고객참여도가 높기 때문에 제품에 비해 산출물의 품질변동이 줄어든다.

① a

② c

③ a, b

④ a, c

⑤ c, d

18

수요예측에 관한 설명으로 가장 적절하지 <u>않은</u> 것은?

① 이동평균(moving average)에서 이동평균기간이 길수록 평활효과(smoothing effect)는 커지고, 실제치의 변동에 반응하는 시차(time lag)도 커진다.

② 추세조정지수평활법(trend-adjusted exponential smoothing)은 2개의 평활상수를 사용하며 단순지수평활법에 비해 추세의 변화를 잘 반영하는 장점이 있다.

③ 순환변동(cycles)은 계절변동(seasonality)에 비해 보다 장기적인 파동모양의 변동을 의미한다.

④ 계절지수(seasonal index)는 계절변동을 반영하는 기법 중 가법모형(additive model)에서 사용되며 1.0 이상의 값을 갖는다.

⑤ 수요예측의 정확성을 평가하기 위한 방법 중 평균제곱오차(MSE)는 큰 오차에 더 큰 가중치를 부여할 수 있으며, 평균절대백분율오차(MAPE)는 실제치 대비 상대적인 오차를 측정할 수 있다.

19

품질관리와 품질비용에 관한 설명으로 가장 적절하지 <u>않은</u> 것은?

① 공정능력(process capability)은 공정이 안정상태(under control)에서 설계규격(specification)에 적합한 제품을 생산할 수 있는 능력을 의미하며 공정능력이 커질수록 불량률은 줄어든다.

② 품질특성 산포의 평균이 규격한계(specification limit)의 중앙에 있고 공정능력지수(C_p)가 1.0인 공정에서 규격한계의 폭이 12라면, 산포의 표준편차는 1.0이다.

③ 파레토의 원리(또는 80 : 20 법칙)는 소수의 핵심품질인자(vital few)에 집중하는 것이 전체 품질개선에 효율적인 방안임을 시사한다.

④ 품질비용을 예방·평가·실패 비용으로 구분할 때 예방 및 평가 비용을 늘리면 일반적으로 품질수준은 향상되고 실패비용은 감소한다.

⑤ 실패비용은 불량품이 발생했을 경우 이를 기업 내·외부에서 처리하는 데 발생하는 비용을 포함한다.

20

라인밸런싱(line balancing)에 관한 설명으로 가장 적절하지 <u>않은</u> 것은?

① 연속된 두 작업장에 할당된 작업부하(workload)의 균형이 맞지 않을 경우 작업장애(blocking) 또는 작업공전(starving) 현상이 발생한다.

② 라인밸런싱의 결과, 모든 작업장의 이용률(utilization)이 100%라면 전체 생산라인의 효율(efficiency)도 100%이다.

③ 각 작업장의 이용률은 유휴시간(idle time)이 클수록 낮아진다.

④ 주기시간(cycle time)은 작업장 수를 늘릴수록 줄어든다.

⑤ 목표 산출률을 높이기 위해서는 이를 달성할 수 있는 목표 주기시간도 늘어나야 한다.

21

제품별배치(product layout)가 공정별배치(process layout)에 비해 상대적으로 유리한 장점만을 <u>모두</u> 선택한 것은?

---

a. 산출률이 높고 단위당 원가가 낮다.

b. 장비의 이용률(utilization)이 높다.

c. 장비의 구매와 예방보전(preventive maintenance) 비용이 적다.

d. 자재운반이 단순하고 자동화가 용이하다.

e. 재공품재고(WIP)가 적다.

f. 훈련비용이 적게 들고 작업감독이 쉽다.

---

① a, b, d, e, f

② b, c, d, e, f

③ b, d, e, f

④ a, d, e

⑤ a, b, c

22

자재소요계획(MRP)에 관한 설명으로 가장 적절하지 <u>않은</u> 것은?

① MRP는 종속수요품목에 대한 조달 계획이며, 독립수요품목과 달리 시간에 따른 수요변동이 일괄적(lumpy)이라는 특징을 가진다.

② MRP의 입력자료인 자재명세서(BOM)는 품목 간의 계층관계와 소요량을 나무구조형태로 표현한 것이다.

③ L4L(lot for lot) 방식으로 조달하는 품목의 계획발주량(planned order releases)은 보유재고로 인해 순소요량(net requirements)보다 많다.

④ 계획발주량은 계획입고량(planned order receipts)을 리드타임(lead time)만큼 역산하여 기간 이동한 것이다.

⑤ 하위수준코딩(low level coding)이란 동일품목이 BOM의 여러 수준(계층)에서 출현할 때, 그 품목이 출현한 수준 중 최저 수준과 일치하도록 BOM을 재구축하는 것을 의미한다.

23

경제적주문량(EOQ)모형에 관한 설명으로 가장 적절하지 <u>않은</u> 것은?

① 단위당 재고유지비용(holding cost)이 커지면 최적주문량은 줄어들지만, 재주문점(reorder point)은 변하지 않는다.

② 주문당 주문비용(ordering cost)이 커지면 최적주문량은 늘어나지만, 재주문점은 변하지 않는다.

③ 리드타임(lead time)이 증가하면 재주문점은 커지지만, 최적주문량은 변하지 않는다.

④ EOQ모형에서는 재고보충시 재고수준이 일시적으로 증가하지만 경제적생산량(EPQ)모형에서는 생산기간 중 점진적으로 증가한다.

⑤ 주문량에 따라 가격할인이 있는 경우의 EOQ모형에서 최적주문량은 일반적으로 연간 재고유지비용과 연간 주문비용이 같아지는 지점에서 발생한다.

24

K기업은 화학원료를 고정주문량모형(Q-시스템)을 사용하여 외부업체로부터 조달하고 있다. 이 원료의 수요는 일간 평균 20리터인 정규분포를 따른다. 리드타임(lead time)은 3일이며 확정적이다. 현재 방침인 95% 서비스수준(service level)에 대한 재주문점(reorder point)은 76.5리터이나, 향후 서비스수준을 99%로 올리기로 결정했다. 새로운 서비스수준을 충족하는 재주문점과 안전재고는 각각 몇 리터인가?(단, Z가 표준정규분포를 따르는 확률변수라고 할 때, $\Pr(Z > 1.65) = 0.05$이고 $\Pr(Z > 2.33) = 0.01$이다)

① 83.3, 23.3

② 76.5, 16.5

③ 60.0, 16.5

④ 80.97, 20.97

⑤ 60.0, 0

25

투자규모와 내용연수가 동일한 상호배타적인 투자안 A와 투자안 B의 경제성을 평가하고자 한다. 투자안 A와 투자안 B의 자본비용은 동일하다. 두 투자안 간 증분현금흐름의 내부수익률은 15%이다. 현재시점에 현금유출이 발생하고, 이후 현금유입이 발생하는 투자형 현금흐름을 가정한다. NPV곡선(NPV profile)은 가로축이 할인율, 세로축이 NPV를 표시하는 평면에서 도출된다. 다음 표는 투자안 A와 투자안 B의 순현재가치(NPV) 및 내부수익률(IRR)을 요약한다. 다음 설명 중 가장 적절하지 <u>않은</u> 것은?

구 분	투자안 A	투자안 B
NPV	4억원	3억원
IRR	20%	30%

① 투자안 A와 투자안 B의 NPV를 추정할 때의 자본비용은 15% 보다 작다.
② 투자안 A의 NPV곡선이 투자안 B의 NPV곡선보다 완만하다.
③ 피셔수익률은 20%보다 작다.
④ 순현재가치법과 내부수익률법의 결과가 상이하면 순현재가치법에 따라서 투자안 A를 선택하는 것이 합리적이다.
⑤ 독립적인 투자안이라면 투자안 A와 투자안 B를 모두 선택하는 것이 바람직하다.

26

A기업은 부채비율(타인자본가치/자기자본가치 ; B/S) 100%를 유지한다. A기업의 부채는 채권발행으로 조달된다. A기업의 영업위험만 반영된 베타는 1.0이고 채권베타는 0.3이다. A기업은 영업활동으로 매년 말 세전현금흐름 500억원을 영구적으로 산출한다. 법인세율 30%, 무위험수익률 5%, 시장포트폴리오의 기대수익률은 10%이다. 채권에 대해 지급하는 이자율은 채권의 기대수익률과 동일하다고 가정한다. CAPM 및 MM수정이론(1963)이 성립한다고 가정한다. 1년 말 세전현금흐름의 확실성등가에 가장 가까운 것은?(단, 소수는 소수점 아래 다섯째 자리에서 반올림하고 금액은 백만원 단위에서 반올림하여 계산하시오)

① 315.6억원
② 369.5억원
③ 422.8억원
④ 483.9억원
⑤ 534.5억원

27

확인 Check! ○ △ ✕

금융시장에서 만기 및 액면금액이 동일한 채권 A와 채권 B가 존재하고 이 채권들의 액면이자율과 현재($t=0$) 시장가격이 다음 표에 제시되어 있다. 다음 표의 자료를 이용하여 ${}_0i_4$가 현재($t=0$) 시점에서 4년 만기 현물이자율일 때 $(1+{}_0i_4)^4$은 얼마인가? 액면이자는 연 1회 지급된다.

구 분	채권 A	채권 B
만 기	4년	4년
액면금액	10,000원	10,000원
액면이자율	10%	20%
현재 시장가격	8,000원	11,000원

① 1.5
② 1.75
③ 2.0
④ 2.25
⑤ 2.5

28

확인 Check! ○ △ ✕

채권 듀레이션에 관한 설명으로 가장 적절하지 <u>않은</u> 것은?

① 무이표채의 경우 만기가 길어지면 듀레이션이 증가한다.

② 목표시기와 듀레이션을 일치시키는 채권 포트폴리오를 보유하면 목표시기까지 이자율의 중간 변동에 대하여 면역이 되므로 채권 포트폴리오를 조정할 필요가 없다.

③ 목표시기면역전략 수행에 있어서 다른 조건이 동일할 때 시간이 경과함에 따라 채권 포트폴리오의 듀레이션을 감소시키는 조정이 필요하다.

④ 다른 조건이 동일할 때 연간 이자지급횟수가 증가하면 채권의 듀레이션은 감소한다.

⑤ 영구채의 듀레이션은 시장이자율과 연간 이자지급횟수에 의하여 결정된다.

공인회계사 1차 2021년 제56회

2021년 | 제56회 **77**

29

무위험부채를 보유한 A기업의 현재 법인세율은 30%이고 주식베타는 2.0이다. A기업과 부채비율 이외의 모든 것이 동일한 무부채 기업인 B기업의 베타는 1.0, 기업가치는 50억원, 법인세율은 30%이다. CAPM과 MM수정이론(1963)을 가정할 때, A기업의 이자비용 절세효과(interest tax shield effect)의 현재가치(PV)에 가장 가까운 것은?(단, 금액은 억원 단위로 표시하고, 소수점 아래 셋째 자리에서 반올림한다)

① 2.71억원 ② 4.71억원
③ 6.71억원 ④ 8.71억원
⑤ 10.71억원

30

레버리지에 관한 설명으로 적절한 항목만을 <u>모두</u> 선택한 것은?

a. 손익분기점 미만의 매출액 수준에서는 영업레버리지도(DOL)가 음(−)의 값으로 나타난다.
b. 영업레버리지도(DOL)가 크다는 것은 영업이익 변화율에 비해 매출액 변화율이 크다는 것을 의미한다.
c. 레버리지효과가 없을 경우 영업레버리지도(DOL)와 재무레버리지도(DFL)는 모두 0과 1사이의 값으로 나타난다.
d. 재무레버리지도(DFL)와 결합레버리지도(DCL)가 각각 4, 8일 때, 매출액이 10% 증가하면, 영업이익은 20% 증가한다.
e. 재무레버리지는 이자비용 중에서 영업고정비의 비중 증가에 따른 순이익 확대효과를 의미한다.

① a, d ② b, d
③ c, d ④ a, c, d
⑤ a, c, e

31

배당평가모형에 따른 주식가치 평가에 관한 설명으로 적절한 항목만을 <u>모두</u> 선택한 것은?

a. 전액 배당하는 무성장 영구기업의 주가수익배수(PER)는 요구수익률과 정(+)의 관계를 갖는다.

b. A기업의 배당성장률(g)은 항상 2%이다. A기업의 현재 이론주가(P_0)가 10,000원, 주식투자자의 요구수익률이 10%일 때, 최근 지급된 배당액(D_0)은 750원보다 적다.

c. 유보율이 0인 무성장 영구기업의 경우 현재 이론주가(P_0)는 주당순이익(EPS_1) ÷ 자기자본비용(K_e)으로 추정할 수 있다.

d. 항상(일정)성장모형을 통해 주가 추정시 주주 요구수익률이 성장률보다 작을 경우에 한해 현재 이론주가(P_0)가 추정된다.

e. 배당평가모형은 미래배당을 현재가치화한 추정모형이다.

① a, b
② b, e
③ c, e
④ a, c, e
⑤ a, d, e

32

경제적 부가가치(EVA)에 관한 설명으로 적절한 항목만을 <u>모두</u> 선택한 것은?

a. EVA는 투하자본의 효율적 운영 수준을 나타낸다.

b. EVA는 영업 및 영업외 활동에 투자된 자본의 양적, 질적 측면을 동시에 고려한다.

c. EVA는 자기자본이익률과 가중평균자본비용의 차이에 투하자본을 곱해서 산출한다.

d. EVA는 투하자본의 기회비용을 반영해 추정한 경제적 이익의 현재가치의 합이다.

e. EVA는 당기순이익에 반영되지 않는 자기자본비용을 고려하여 산출한다.

① a, b
② b, c
③ a, e
④ b, c, e
⑤ b, d, e

33

무부채기업인 A기업의 자기자본은 10억원이다. A기업에서는 매년 0.7억원의 영구 무성장 세후영업이익이 발생하며, 법인세율은 30%이다. A기업은 이자율 5%의 영구채 5억원 발행자금 전액으로 자사주 매입소각 방식의 자본구조 변경을 계획 중이다. MM수정이론(1963)을 가정할 때, 자본구조 변경에 따른 가중평균자본비용에 가장 가까운 것은?(단, 자본비용은 % 기준으로 소수점 아래 셋째 자리에서 반올림한다)

① 6%   ② 8%

③ 10%   ④ 12%

⑤ 14%

34

주식배당에 관한 설명으로 가장 적절하지 <u>않은</u> 것은?

① 정보비대칭 하의 불완전자본시장을 가정할 경우 주식배당은 기업내부에 현금이 부족하다는 인식을 외부에 주는 부정적 효과가 있을 수 있다.

② 주식배당은 유보이익의 영구자본화를 가능하게 한다.

③ 완전자본시장의 경우 주식배당 실시 여부와 관계없이 주주의 부는 불변한다.

④ 주식배당은 주가를 상승시킴으로써 주식거래에 있어 유동성을 증가시킨다.

⑤ 주식배당의 경우 발행비용을 발생시켜 동일한 금액 수준의 현금배당보다 비용이 많이 들 수 있다.

35

자본자산가격결정모형(CAPM)이 성립할 때, 다음 중 가장 적절한 것은?

① 공매도가 허용될 때, 기대수익률이 서로 다른 두 개의 효율적 포트폴리오를 조합하여 시장포트폴리오를 복제할 수 있다.

② 시장포트폴리오의 위험프리미엄이 음(−)의 값을 가지는 경우가 발생할 수 있다.

③ 수익률의 표준편차가 서로 다른 두 포트폴리오 중에서 더 높은 표준편차를 가진 포트폴리오는 더 높은 기대수익률을 갖는다.

④ 비체계적 위험을 가진 자산이 자본시장선 상에 존재할 수 있다.

⑤ 베타가 0인 위험자산 Z와 시장포트폴리오를 조합하여 위험자산 Z보다 기대수익률이 높고 수익률의 표준편차가 작은 포트폴리오를 구성할 수 없다.

36

다음 표는 자산 A, B, C, D의 젠센(Jensen)지수를 나타낸다. 공매도가 허용된다고 가정할 때, 다음 중 가능한 경우만을 <u>모두</u> 선택한 것은?

자 산	A	B	C	D
젠센지수(%)	−2	−1	1	2

a. 자산 A와 자산 B로만 구성된 포트폴리오의 젠센지수가 1%인 경우

b. 자산 C의 샤프(Sharpe)지수가 자산 D의 샤프지수보다 큰 경우

c. 자산 C의 트레이너(Treynor)지수가 자산 D의 트레이너지수보다 큰 경우

① a   ② c

③ a, b   ④ a, c

⑤ a, b, c

다음 표는 2개의 공통요인만이 존재하는 시장에서, 비체계적위험이 모두 제거된 포트폴리오 A, B, C, D의 기대수익률과 각 요인에 대한 민감도를 나타낸다. 차익거래가격결정이론(APT)이 성립할 때, 포트폴리오 D의 요인 1에 대한 민감도에 가장 가까운 것은?

포트폴리오	요인 1에 대한 민감도	요인 2에 대한 민감도	기대수익률
A	1	1	7%
B	2	1	10%
C	2	2	12%
D	( )	3	20%

① 2

② 3

③ 4

④ 5

⑤ 6

다음 표는 채권 A, B, C의 액면이자율을 나타낸다. 현재($t=0$) 모든 채권의 만기수익률은 10%이며, 1년 후($t=1$)에도 유지된다고 가정한다. 채권들의 액면금액과 잔존만기(2년 이상)가 동일하며, 액면이자는 연 1회 지급된다. 다음 설명 중 가장 적절하지 <u>않은</u> 것은?(단, t시점 경상수익률 $= \dfrac{연간\ 액면이자}{t시점\ 채권가격}$)

채 권	액면이자율
A	9%
B	10%
C	11%

① 채권 A의 현재 가격은 채권 B의 현재 가격보다 작다.

② 채권 A의 현재 경상수익률은 채권 B의 현재 경상수익률보다 높다.

③ 채권 A의 1년 후 경상수익률은 현재 경상수익률에 비해 낮다.

④ 채권 C의 1년 후 경상수익률은 현재 경상수익률에 비해 높다.

⑤ 채권 C의 1년 후 듀레이션은 현재 채권 C의 듀레이션에 비해 작다.

39

주식 A는 배당을 하지 않으며, 현재 시장에서 4,000원에 거래되고 있다. 1년 후 이 주식은 72.22%의 확률로 5,000원이 되고, 27.78%의 확률로 3,000원이 된다. 주식 A가 기초자산이고 행사가격이 3,500원이며 만기가 1년인 유럽형 풋옵션은 현재 200원에 거래되고 있다. 주식의 공매도가 허용되고 무위험이자율로 차입과 대출이 가능하고 거래비용과 차익거래기회가 없다면, 1년 후 항상 10,000원을 지급하는 무위험자산의 현재 가격에 가장 가까운 것은?

① 9,000원
② 9,200원
③ 9,400원
④ 9,600원
⑤ 9,800원

40

배당을 지급하지 않는 주식 A의 현재 가격은 10달러이다. 현재 환율은 1달러 당 1,100원이고, 달러화에 대한 무위험이자율은 1%이며, 원화에 대한 무위험이자율은 3%이다. 주식 A를 1년 후에 원화로 구입하는 선도계약이 가능할 때, 선도가격에 가장 가까운 것은?(단, 무위험이자율로 차입과 대출이 가능하고, 공매도가 허용되며, 거래비용과 차익거래기회가 없다)

① 10,786원
② 11,000원
③ 11,110원
④ 11,330원
⑤ 11,443원

● Time   분 | 정답 및 해설편 237p

※ 각 문제의 보기 중에서 물음에 가장 합당한 답을 고르시오.

01

☑ 확인 Check! ○ △ ✕

성격 및 지각에 관한 설명으로 가장 적절하지 <u>않은</u> 것은?

① 외재론자(externalizer)는 내재론자(internalizer)에 비해 자기 자신을 자율적인 인간으로 보고 자기의 운명과 일상생활에서 당면하는 상황을 자기 자신이 통제할 수 있다고 믿는 경향이 있다.

② 프리드만과 로즈만(Friedman & Roseman)에 의하면 A형 성격의 사람은 B형 성격의 사람에 비해 참을성이 없고 과업성취를 서두르는 경향이 있다.

③ 지각과정에 영향을 미치는 요인에는 지각대상, 지각자, 지각이 일어나는 상황 등이 있다.

④ 외향적인 성향의 사람은 내향적인 성향의 사람보다 말이 많고 활동적인 경향이 있다.

⑤ 많은 자극 가운데 자신에게 필요한 자극에만 관심을 기울이고 이해하려 하는 현상을 선택적 지각(selective perception)이라고 한다.

02

☑ 확인 Check! ○ △ ✕

권력 및 리더십에 관한 설명으로 가장 적절하지 <u>않은</u> 것은?

① 서번트 리더십(servant leadership)은 리더가 섬김을 통해 부하들에게 주인의식을 고취함으로써 그들의 자발적인 헌신과 참여를 제고하는 리더십을 말한다.

② 리더십 특성이론은 사회나 조직체에서 인정되고 있는 성공적인 리더들은 어떤 공통된 특성을 가지고 있다는 전제하에 이들 특성을 집중적으로 연구하여 개념화한 이론이다.

③ 카리스마적 리더십(charismatic leadership)은 리더가 영적, 심적, 초자연적인 특질을 가질 때 부하들이 이를 신봉함으로써 생기는 리더십을 말한다.

④ 다양한 권력의 원천 가운데 준거적 권력(referent power)은 전문적인 기술이나 지식 또는 독점적 정보에 바탕을 둔다.

⑤ 임파워먼트(empowerment)는 부하직원이 스스로의 책임 하에 주어진 공식적 권력, 즉 권한을 행사할 수 있도록 해주는 것을 말하며, 조직 내 책임경영의 실천을 위해 중요하다.

03

동기부여 및 학습에 관한 설명으로 가장 적절한 것은?

① 브룸(Vroom)의 기대이론(expectancy theory)은 개인과 개인 또는 개인과 조직 간의 교환관계에 초점을 둔다.

② 스키너(Skinner)의 조작적 조건화(operant conditioning)에 의하면 학습은 단순히 자극에 대한 조건적 반응에 의해 이루어지는 것이 아니라 반응행동으로부터의 바람직한 결과를 작동시킴에 따라서 이루어진다.

③ 매슬로우(Maslow)의 욕구이론에서 성장욕구는 가장 상위위치를 점하는 욕구로서, 다른 사람들로부터 인정이나 존경을 받고 싶어 하는 심리적 상태를 말한다.

④ 맥그리거(McGregor)의 'X형·Y형이론'에 의하면 Y형의 인간관을 가진 관리자는 부하를 신뢰하지 않고 철저히 관리한다.

⑤ 형식지(explicit knowledge)는 개인이 체화하여 가지고 있으며 말로 하나하나 설명할 수 없는 내면의 비밀스러운 지식을 의미하고, 암묵지(tacit knowledge)는 전달과 설명이 가능하며 적절히 표현되고 정리된 지식을 의미한다.

04

조직문화 및 조직개발에 관한 설명으로 가장 적절하지 않은 것은?

① 조직문화(organizational culture)란 일정한 패턴을 갖는 조직활동의 기본가정이며, 특정 집단이 외부환경에 적응하고 내적으로 통합해 나가는 과정에서 고안, 발견 또는 개발된 것이다.

② 조직문화는 구성원들에게 조직 정체성(organizational identity)을 부여하고, 그들이 취해야 할 태도와 행동기준을 제시하여 조직체계의 안정성과 조직몰입을 높이는 기능을 한다.

③ 조직에서 변화(change)에 대한 구성원의 저항행동에 작용하는 요인에는 고용안정에 대한 위협감, 지위손실에 대한 위협감, 성격의 차이 등이 있다.

④ 적응적(adaptive) 조직문화를 갖는 조직에서 구성원들은 고객을 우선적으로 생각하며 변화를 가져올 수 있는 인적, 물적, 또는 제도나 과정 등의 내적 요소들에 많은 관심을 보인다.

⑤ 레윈(Lewin)의 조직변화 3단계 모델에 의하면, '변화' 단계에서는 구성원의 변화 필요성 인식, 주도세력 결집, 비전과 변화전략의 개발 등이 이루어진다.

05

보상제도에 관한 설명으로 가장 적절하지 <u>않은</u> 것은?

① 연공급(seniority-based pay)은 기업에서 종업원들의 근속연수나 경력 등의 연공요소가 증가함에 따라 그들의 숙련도나 직무수행능력이 향상된다는 논리에 근거를 둔다.

② 종업원에게 지급되는 직접적 형태의 보상에는 기본급(base pay), 변동급(variable pay), 복리후생 (benefits) 등이 있다.

③ 임금피크제(salary peak system)란 일정의 연령부터 임금을 조정하는 것을 전제로 소정의 기간 동안 종업원 의 고용을 보장하거나 연장하는 제도이다.

④ 이윤분배제도(profit-sharing plan)는 기업에 일정 수준의 이윤이 발생했을 경우 그중의 일정 부분을 사전 에 노사의 교섭에 의해 정해진 배분방식에 따라 종업원들에게 지급하는 제도이다.

⑤ 연봉제는 종업원 개인 간의 지나친 경쟁의식을 유발하여 위화감을 조성하고 조직 내 팀워크를 약화시키며, 단기 업적주의의 풍토를 조장할 수 있다는 단점이 있다.

06

직무분석 및 인사평가에 관한 설명으로 가장 적절하지 <u>않은</u> 것은?

① 직무분석은 인적자원의 선발, 교육훈련, 개발, 인사평가, 직무평가, 보상 등 대부분의 인적자원관리 업무에 서 기초자료로 활용할 정보를 제공한다.

② 다면평가란 상급자가 하급자를 평가하는 하향식 평가의 단점을 보완하여 상급자에 의한 평가 이외에도 평가자 자신, 부하직원, 동료, 고객, 외부전문가 등 다양한 평가자들이 평가하는 것을 말한다.

③ 설문지법(questionnaire method)은 조직이 비교적 단시일 내에 많은 구성원으로부터 직무관련 자료를 수집할 수 있다는 장점이 있다.

④ 과업(task)은 종업원에게 할당된 일의 단위를 의미하며 독립된 목적으로 수행되는 하나의 명확한 작업활동 으로 조직활동에 필요한 기능과 역할을 가진 일을 뜻한다.

⑤ 대조오류(contrast errors)란 피평가자가 속한 집단에 대한 지각에 기초하여 이루어지는 것으로 평가자가 생각하고 있는 특정집단 구성원의 자질이나 행동을 그 집단의 모든 구성원에게 일반화시키는 경향에서 발생한다.

07

☑ 확인Check! ○ △ ✕

인적자원계획, 모집 및 선발에 관한 설명으로 가장 적절하지 않은 것은?

① 현실적 직무소개(realistic job preview)란 기업이 모집단계에서 직무 지원자에게 해당 직무에 대해 정확한 정보를 제공하는 것을 말한다.

② 선발시험(selection test)에는 능력검사, 성격검사, 성취도검사 등이 있다.

③ 비구조적 면접(unstructured interview)은 직무기술서를 기초로 질문항목을 미리 준비하여 면접자가 피면접자에게 질문하는 것으로 이러한 면접은 훈련을 받지 않았거나 경험이 없는 면접자도 어려움 없이 면접을 수행할 수 있다는 이점이 있다.

④ 기업의 인력부족 대처방안에는 초과근무 활용, 파견근로 활용, 아웃소싱 등이 있다.

⑤ 외부노동시장에서 지원자를 모집하는 원천(source)에는 광고, 교육기관, 기존 종업원의 추천 등이 있다.

08

☑ 확인Check! ○ △ ✕

인적자원 개발 및 교육훈련에 관한 설명으로 가장 적절하지 않은 것은?

① E-learning은 인터넷이나 사내 인트라넷을 사용하여 실시하는 온라인 교육을 의미하며, 시간과 공간의 제약을 초월하여 많은 종업원을 대상으로 교육을 실시할 수 있다는 장점이 있다.

② 기업은 직무순환(job rotation)을 통해 종업원들로 하여금 기업의 목표와 다양한 기능들을 이해하게 하며, 그들의 문제해결 및 의사결정 능력 등을 향상시킨다.

③ 교차훈련(cross-training)이란 팀 구성원이 다른 팀원의 역할을 이해하고 수행하는 방법을 말한다.

④ 승계계획(succession planning)이란 조직이 조직체의 인적자원 수요와 구성원이 희망하는 경력목표를 통합하여 구성원의 경력진로(career path)를 체계적으로 계획·조정하는 인적자원관리 과정을 말한다.

⑤ 교육훈련 설계(training design)는 교육훈련의 필요성 평가로부터 시작되며, 이러한 평가는 조직분석, 과업분석, 개인분석 등을 포함한다.

09

구매행동에 관한 설명으로 가장 적절한 것은?

① 공정성이론(equity theory)에 의하면, 소비자의 만족 또는 불만족은 구매 전 기대에 비해 성과를 얼마나 공정하다고 지각하는 지에 따라 달라진다.

② 다양성추구(variety seeking)는 소비자가 이전에 선택한 브랜드에 싫증을 느끼거나 단지 새로운 것을 추구하려는 의도에서 다른 브랜드로 전환하는 것이다.

③ 동화효과(assimilation effect)는 소비자가 지각하는 성과가 기대와 다를 경우 기대를 성과에 동화시켜 지각하는 것이다.

④ 크루그만(Krugman)의 저관여 위계(low involvement hierarchy)는 소비자가 제품을 인지한 후 이에 대한 태도를 형성하고 이후 구매까지 이르는 과정을 설명한다.

⑤ 관성(inertia)은 제품경험이 없는 저관여 소비자가 의사결정의 과정을 단순화하기 위해 동일 브랜드를 반복적으로 구매하는 행동이다.

10

구매 후 부조화(postpurchase dissonance)의 발생가능성이 낮은 상황만을 모두 선택한 것은?

> a. 마음에 드는 선택 대안이 다수 있을 때
> b. 구매 이후 반품이나 환불이 가능할 때
> c. 구매 결정의 주체가 소비자 자신일 때
> d. 구매 결정의 중요성이 낮을 때
> e. 선택한 대안이 갖지 않은 장점을 선택하지 않은 대안이 갖고 있을 때

① a, b

② a, c

③ b, d

④ b, e

⑤ a, c, d

11

다음 표는 자외선 차단제에 대한 속성 점수를 나타낸 것이다. 세 가지 브랜드 중 B브랜드만을 선택하는 대안평가 방식을 모두 선택한 것은?(단, 비보완적 방식(noncompensatory rule)의 경우, 모든 속성에 대한 최소한의 수용기준(cutoff)은 3이다. 또한 분리식(disjunctive rule)의 경우, 중요도가 높은 두 개의 속성을 기준으로 평가한다)

속 성	중요도	브랜드		
		A	B	C
자외선 차단기능	50	4	5	3
지속성	30	2	4	3
가격 대비 용량	20	4	2	3

① 보완적 방식(compensatory rule), 사전편집식(lexicographic rule)
② 보완적 방식, 순차적 제거식(sequential elimination rule)
③ 사전편집식, 분리식
④ 순차적 제거식, 결합식(conjunctive rule)
⑤ 분리식, 결합식

12

소비자가 의사결정 이후 성과가 기대에 부정적으로 불일치하다고 느낄 때, 이 불일치를 외적귀인(external attribution)하도록 하는 상황만을 모두 선택한 것은?

    a. 결과의 원인이 지속적일 때
    b. 결과가 소비자 자신에 의해 유발되었을 때
    c. 발생한 결과가 기업에 의해 통제 가능했다고 판단할 때

① a   ② c
③ a, c   ④ b, c
⑤ a, b, c

13

소비자가 자극에 노출되었을 때, 자신이 기억 속에 가지고 있던 스키마(schema)를 기반으로 자극을 이해하는 현상에 관한 설명으로 가장 적절한 것은?

① 지각적 범주화(perceptual categorization)
② 지각적 조직화(perceptual organization)
③ 지각적 균형(perceptual equilibrium)
④ 지각적 방어(perceptual defense)
⑤ 지각적 경계(perceptual vigilance)

14

마케팅 전략에 관한 설명으로 가장 적절하지 <u>않은</u> 것은?

① 기업은 고객의 욕구와 경쟁사 전략의 변화에 대응할 수 있도록 지속적으로 자사의 포지션(position)을 파악하여 적응해 나가야 한다.
② 회사가 보유한 자원별로 표적시장전략(market targeting strategy)이 달라진다.
③ 제품 포지션은 경쟁제품들과 비교하여 어떤 제품에 대해 소비자들이 갖고 있는 지각, 인상(impression), 느낌 등의 조합이다.
④ 라인확장(line extension)은 현재의 브랜드명을 다른 제품범주의 신제품에 확장해 사용하는 것이다.
⑤ 마케터는 차별화 요소를 찾기 위해 자사의 제품과 서비스에 대한 고객의 다양한 경험을 최대한 고려해야 한다.

15

소비자의 브랜드 인식과 관련된 다차원척도법(multidimensional scaling)에 관한 설명으로 가장 적절하지 않은 것은?

① 기업은 다차원척도법을 활용하여 소비자들이 인식하고 있는 유사성을 기반으로 브랜드 간 거리를 산출하며, 이를 통해 평가 브랜드들의 절대적 위치를 알 수 있다.

② 기업은 다차원척도법을 활용하여 자사 브랜드의 포지션과 평가 브랜드들 간의 경쟁정도를 파악할 수 있다.

③ 다차원 상에서 평가한 속성들을 2차원이나 3차원과 같은 저차원의 공간 상에 점이나 벡터로 나타낼 수 있다.

④ 스트레스 값은 소비자의 인식과 지각도(perceptual map)상 자극점들(stimuli) 간의 불일치 정도를 나타낸다.

⑤ 다차원척도법은 기업이 소비자의 브랜드 인지 시 사용하는 평가차원의 수와 속성의 종류를 파악하는 데 유용하다.

16

어떤 제품을 비교적 낮은 가격으로 판매한 이후, 그 상품에 필요한 소모품이나 부품 등을 비교적 비싼 가격에 판매하는 가격관리방식으로 가장 적절한 것은?

① 캡티브 제품 가격(captive-product pricing)

② 시장 침투 가격(market-penetration pricing)

③ 경험 곡선 가격(experience-curve pricing)

④ 시장 스키밍 가격(market-skimming pricing)

⑤ 지각된 가치 가격(perceived-value pricing)

17

단순지수평활법(simple exponential smoothing)을 활용한 수요예측에 관한 설명으로 가장 적절하지 <u>않은</u> 것은?

① 당기예측치는 전기예측치에 전기예측오차(전기실제치와 전기예측치의 차)의 일정부분을 더하는 방식으로 계산한다.

② 평활상수의 값을 크게 하면 최근의 수요변화에 더 민감하게 반응하고, 작게 하면 평활효과(smoothing effect)가 커진다.

③ 평활상수의 값을 작게 하면 전기실제치에 부여되는 가중치가 작아진다.

④ 과거 수요의 변동이 크고 평활상수의 값이 1.0인 경우, 당기예측치는 전기예측치와 같다.

⑤ 과거 실제치에 대한 가중치는 현재로부터 멀어질수록 지수적으로 하락한다.

18

설비배치 유형에 관한 비교설명으로 가장 적절한 것은?

① 공정별배치(process layout)는 대량생산을 통한 원가의 효율성이 제품별배치(product layout)보다 상대적으로 높다.

② 제품별배치는 생산제품의 다양성과 제품설계변경에 대한 유연성이 공정별배치보다 상대적으로 높다.

③ 제품별배치는 설비의 활용률(utilization)이 공정별배치에 비해 상대적으로 낮다.

④ 제품별배치는 경로설정(routing)과 작업일정계획(scheduling)이 공정별배치에 비해 상대적으로 단순하다.

⑤ 공정별배치는 설비의 고장에 따른 손실이 제품별배치보다 상대적으로 크다.

19

관리도(control chart)를 활용한 공정관리에 관한 설명으로 가장 적절하지 <u>않은</u> 것은?

① 관리도의 관리한계선(control limit)의 폭이 넓을수록 공정에 발생한 이상변동(assignable variation)을 탐지하지 못할 가능성은 더 커진다.

② 관리도는 공정에 발생한 이상변동의 원인과 해결방안을 찾아주고 공정능력(process capability)을 향상시켜 준다.

③ 관리도를 계량형(변량형)과 계수형(속성형)으로 구분할 때, $\overline{X}-R$관리도는 계량형 관리도이며 p관리도(불량률관리도)는 계수형 관리도이다.

④ 3σ관리도를 사용하면, 관리상하한선 사이의 폭은 표준편차의 6배가 된다.

⑤ 우연변동(random variation)에 의해서도 타점(plot)이 관리한계선을 벗어날 가능성은 존재한다.

20

A제품의 수요는 일간 평균이 3인 정규분포를 따른다. 신규주문에 대한 리드타임(lead time)은 2일이며 확정적이다. 고정주문량모형(Q-시스템)을 사용한다고 가정할 때, 다음 설명 중 가장 적절하지 <u>않은</u> 것은? (단, Z가 표준정규분포를 따르는 확률변수라고 할 때, $\Pr(Z>1.28=0.10)$이고 $\Pr(Z>1.65=0.05)$이다)

① 서비스수준(service level) 50%를 위한 재주문점(reorder point)은 6이고 안전재고량(safety stock)은 0이다.

② 임의의 서비스수준을 충족하는 재주문점이 8.33이라면, 안전재고량은 2.33이다.

③ 서비스수준 90%를 충족하는 재주문점이 8.56이라면, 리드타임 동안 수요의 표준편차는 2이다.

④ 수요의 표준편차가 커질 경우, 안전재고량과 재주문점은 모두 증가할 것이다.

⑤ 서비스수준 95%를 충족하는 재주문점이 7.65라면, 서비스수준 90%에 대한 재주문점은 8.56이다.

21

☑ 확인Check! ○ △ ✕

B기업의 조립라인은 5개의 과업(task)으로 구성되는 작업을 수행하고 있으며, 각 과업의 수행시간과 과업 간의 선후관계는 아래 표와 같다. 주기시간(cycle time)을 1분으로 하는 라인밸런싱(line balancing)을 수행한다고 할 때, 다음 설명 중 가장 적절하지 <u>않은</u> 것은?

과 업	과업 수행시간(분)	직전 과업
a	0.5	–
b	1.0	–
c	0.3	a
d	0.2	b, c
e	0.7	d
합 계	2.7	

① 과업 b의 수행시간으로 인해 주기시간을 1분 미만으로 줄일 수는 없으며, 필요한 작업장(workstation) 수는 최소 3개이다.

② 과업 간의 선후관계로 인해 과업 a와 d는 같은 작업장에 할당될 수 없다.

③ 라인밸런싱의 결과로 전체 과업이 3개 작업장에 순서대로 [작업장 1 : 과업 a와 c] → [작업장 2 : 과업 b] → [작업장 3 : 과업 d와 e]와 같이 할당되었다면, 라인효율(밸런스효율, efficiency)은 90%이다.

④ 작업장 3개, 주기시간 1분인 조립라인의 총 유휴시간(idle time)은 0.3분이다.

⑤ 과업 b가 할당된 작업장이 병목공정(bottleneck)이 된다.

22

☑ 확인Check! ○ △ ✕

생산계획에 관한 설명으로 적절한 항목만을 <u>모두</u> 선택한 것은?

> a. 총괄계획(aggregate planning)을 수립할 때 재고유지비용이 크다면, 수요추종전략(chase strategy)이 생산수준 평준화전략(level strategy)보다 유리하다.
> b. 자재소요계획(MRP)을 통해 하위품목에 대한 조달일정이 정해진 이후, 완제품에 대한 주생산계획(MPS)을 수립한다.
> c. 로트크기(lot size)는 총괄계획의 주요결과물 중 하나이다.
> d. 주생산계획은 완제품의 생산시점과 생산량을 결정하고 이를 통해 그 제품의 예상재고를 파악할 수 있다.

① a, b   ② a, c

③ a, d   ④ b, c

⑤ a, c, d

23

생산시스템 지표들 간의 관계에 관한 설명으로 가장 적절하지 <u>않은</u> 것은?(단, 아래의 각 보기마다 보기 내에서 언급된 지표를 제외한 나머지 지표들과 생산환경은 변하지 않는다고 가정하며, 생산능력(capacity)은 단위시간당 생산되는 실제 생산량(산출량)을 나타낸다)

① 수요와 리드타임(lead time)의 변동성이 커지면 재고는 증가한다.

② 준비시간(setup time)이 길어지면 생산능력은 감소한다.

③ 주기시간(cycle time)을 단축하면 생산능력은 증가한다.

④ 설비의 고장과 유지보수로 인해 시간지연이 길어지면 처리시간(flow time)은 커지고 생산능력은 감소한다.

⑤ 로트크기(lot size)를 크게 하면 생산능력은 증가하고 재고는 감소한다.

24

식스시그마 방법론에 관한 설명으로 가장 적절한 것은?

① 하향식(top-down) 프로젝트활동보다는 품질분임조나 제안제도와 같은 자발적 상향식(bottom-up) 참여가 더 강조된다.

② 시그마수준(sigma level) 6은 품질특성의 표준편차(σ)를 지속적으로 감소시켜 규격상하한선(specification limit) 사이의 폭이 표준편차의 6배와 같아지는 상태를 의미한다.

③ 고객이 중요하게 생각하는 소수의 핵심품질특성(critical to quality ; CTQ)을 선택하여 집중적으로 개선하며, 블랙벨트와 같은 전문요원을 양성한다.

④ 품질자료의 계량적 측정과 통계적 분석보다는 정성적 품질목표의 설정과 구성원의 지속적 품질개선노력이 더 강조된다.

⑤ 품질특성의 표준편차가 감소하면 불량률과 시그마수준 모두 감소한다.

25

A씨는 1월 1일($t=0$)에 H은행에서 원리금균등분할상환 조건으로 1,000,000원을 대출받았다. 대출의 이자율과 만기는 각각 연 5%와 3년이고, 원리금은 매년 말 1회 상환된다. 1년 말($t=1$)에 상환되는 원리금에서 이자지급액의 원금상환액에 대한 비율(이자지급액/원금상환액)을 계산한 값에 가장 가까운 것은?(단, 연 1회 복리를 가정하고, $PVIF(5\%,\ 3)=0.8638$, $PVIFA(5\%,\ 3)=2.7232$이다)

① 7.32%

② 9.30%

③ 10.76%

④ 13.62%

⑤ 15.76%

26

S기업 보통주의 현재 내재가치(P_0)는 20,000원이다. 전기말($t=0$) 주당순이익(EPS_0)과 내부유보율은 각각 5,000원과 60%이다. 배당금은 연 1회 매년 말 지급되고 연 2%씩 영구히 성장할 것으로 예상된다. 무위험수익률은 2%이고 시장위험프리미엄은 6%일 때, 다음 중 가장 적절하지 <u>않은</u> 것은?(단, CAPM이 성립하고, 내부유보율, 무위험수익률, 시장위험프리미엄은 변하지 않는다고 가정한다)

① 당기말($t=1$) 기대배당금은 2,040원이다.

② 자기자본비용은 12.2%이다.

③ 주식의 베타는 1.6이다.

④ 만약 베타가 25% 상승한다면, 자기자본비용은 상승한다.

⑤ 만약 베타가 25% 상승한다면, 내재가치($t=0$)는 16,000원이 된다.

27

K기업은 새로운 투자안을 발굴하기 위해서 컨설팅비용으로 50만원을 지출하였다. 이 기업은 내용연수가 3년인 기계설비를 도입하는 투자안을 순현가(NPV)법으로 평가하고자 한다. 3,000만원인 기계설비의 구입비용은 투자시작 시점($t=0$)에서 전액 지출되며, 이 기계설비는 내용연수 동안 정액법으로 전액 감가상각되고, 투자안의 종료시점($t=3$)에서 500만원에 처분될 것으로 예상된다. 이 기계설비를 도입하면 매년($t=1\sim3$) 매출과 영업비용(감가상각비 제외)이 각각 2,000만원과 500만원 발생한다. 순운전자본은 투자시작 시점에 300만원 투하되고, 투자안이 종료되는 시점에서 전액 회수된다. 법인세율은 30%이고 투자안의 할인율은 10%이다. 이 투자안의 순현가에 가장 가까운 것은?(단, 연 1회 복리를 가정하고, $PVIF(10\%, 3)=0.7513$, $PVIFA(10\%, 3)=2.4868$이다)

① 4,955,250원

② 5,455,250원

③ 5,582,200원

④ 6,082,200원

⑤ 6,582,200원

28

D기업의 자본구조는 부채 20%와 자기자본 80%로 구성되어 있다. 이 기업의 최고경영진은 부채를 추가로 조달하여 자사주매입 후 소각을 통해 부채비율$\left(=\dfrac{부채}{자기자본}\right)$을 100%로 조정하고자 한다. 현재 무위험수익률은 3%이고, D기업 보통주의 베타는 2.3이며 법인세율은 40%이다. 부채를 추가로 조달한 후의 베타에 가장 가까운 것은?(단, CAPM 및 MM의 수정이론(1963)이 성립하고, 부채비용은 무위험수익률과 동일하다고 가정한다)

① 3.05

② 3.10

③ 3.15

④ 3.20

⑤ 3.25

29

확인Check! ○ △ ✕

N기업은 전기말($t=0$)에 주당 1,000원의 배당금을 지급하였고, 배당은 연 2%씩 영구히 성장할 것으로 예상된다. 현재 보통주의 시장가격과 내재가치는 동일하게 10,000원이고, 법인세율은 40%이며, 무위험수익률은 3%이다. N기업의 부채는 채권만으로 구성되어 있다고 가정하고, 채권의 이표이자율은 5%, 시장가격은 채권의 액면가와 동일하다. 만약 이 기업의 가중평균자본비용(WACC)이 8.98%라면, 다음 중 부채비율 $\left(=\dfrac{부채}{자기자본}\right)$에 가장 가까운 것은?(단, 내부유보율은 일정하다고 가정한다)

① 47.06%   ② 53.85%

③ 66.67%   ④ 72.41%

⑤ 81.82%

30

확인Check! ○ △ ✕

자본구조이론에서 고려하는 기업의 대리인문제와 가장 관련이 없는 것은?

① 잠식비용(erosion cost)

② 감시비용(monitoring cost)

③ 과소투자유인(under-investment incentive)

④ 확증비용(bonding cost)

⑤ 위험선호유인(risk incentive)

31

배당 이론 및 정책에 관한 설명으로 적절한 항목만을 <u>모두</u> 선택한 것은?

> a. 배당의 고객효과이론에 의하면 소득세율이 높은 고소득자는 저배당주를 선호하며, 소득세율이 낮은 저소득자는
>   고배당주를 선호한다.
> b. 안정배당이론에 의하면 기업의 순이익이 급증할 때 배당성향이 단기적으로 감소하는 경향이 있다.
> c. MM의 배당이론(1961)에 의하면 배당정책이 주주의 부에 영향을 미치지 않으며 주주들은 배당소득과 자본이득을
>   무차별하게 생각한다.
> d. 잔여배당이론에 의하면 수익성이 높은 투자기회를 다수 보유하는 기업의 배당성향이 낮은 경향이 있다.
> e. 현금배당 시 주당순이익(EPS) 및 부채비율은 변동하지 않으며 자사주매입 시 주당순이익 및 부채비율은 증가한다.

① a, e

③ a, b, c

⑤ a, b, c, d

② c, d

④ b, d, e

32

무부채기업인 A기업과 B기업의 시장가치는 각각 200억원, 300억원이고, 주식베타는 각각 1.5, 1.1이다.
두 기업은 합병하며 시너지는 발생하지 않는다. 합병기업은 위험부채를 발행하고 자사주를 매입하여 부채

비율$\left(=\dfrac{부채}{자기자본}\right)$이 150%가 되도록 자본구조를 변경할 계획이다. 위험부채의 베타는 0.3, 무위험이자율

은 5%, 시장포트폴리오의 기대수익률은 10%, 법인세율은 30%이다. 합병기업의 자기자본비용에 가장 가까
운 것은?(단, CAPM 및 MM의 수정이론(1963)이 성립한다고 가정한다. 소수점 아래 넷째 자리에서 반올림
하여 계산하시오)

① 10.3%

③ 14.2%

⑤ 18.4%

② 12.5%

④ 16.3%

33

채권에 관한 설명으로 적절한 항목만을 <u>모두</u> 선택한 것은?

a. 현재시점($t=0$)에서 수익률곡선이 우상향할 경우, t년 현물이자율 $_0i_t$보다 t기의 선도이자율 $_{t-1}f_t$가 더 높다.

b. 현재의 우상향 수익률곡선이 향후 변하지 않을 경우, 수익률곡선타기 채권투자전략으로 추가적인 자본이득을 얻을 수 있다.

c. 액면가, 만기, 만기수익률(YTM)이 동일한 일반사채의 경우, 이표이자율이 작을수록 볼록성이 커진다. 따라서 무이표채의 볼록성은 이표채보다 크다.

d. 다른 조건이 동일할 경우, 일반사채의 듀레이션보다 수의상환조건이 있는 채권의 듀레이션은 크며 일반사채의 듀레이션보다 상환청구권이 있는 채권의 듀레이션은 작다.

e. 고정이자부 채권으로 구성된 자산 포트폴리오의 듀레이션은 2.50이고 시장가치는 1,400억원이다. 고정이자부 부채 포트폴리오의 시장가치가 1,000억원일 경우, 순자산의 가치를 이자율위험에 대하여 완전면역화하는 부채 포트폴리오의 듀레이션은 3.50이다.

① a, b

② c, d

③ a, c, d

④ b, d, e

⑤ a, b, c, e

34

현재시점($t=0$)에서 1년 현물이자율($_0i_1$)은 6%, 2년 현물이자율($_0i_2$)은 9%, 1년 후 1년 동안의 유동성프리미엄($_1l_2$)은 1.5%이다. 유동성선호이론이 성립할 경우, 1년 후 1년 동안의 기대이자율 ($E(_1i_2)$)에 가장 가까운 것은? 소수점 아래 다섯째 자리에서 반올림하여 계산하시오.

① 10.58%

② 11.50%

③ 12.08%

④ 13.58%

⑤ 14.50%

35

다음의 조건을 만족하는 위험자산 A와 위험자산 B로 구성된 포트폴리오 p에 관한 설명으로 적절한 항목만을 모두 선택한 것은?(단, $E(R_A)$, $E(R_B)$ 그리고 $E(R_p)$는 각각 위험자산 A, 위험자산 B 그리고 포트폴리오 p의 기대수익률을 나타내고, σ_A와 σ_B는 각각 위험자산 A와 위험자산 B 수익률의 표준편차를 나타낸다)

〈조 건〉
- 위험자산 A 수익률과 위험자산 B 수익률 간의 상관계수(ρ)는 −1보다 크고 1보다 작다.
- 공매도(short sale)는 허용되지 않는다.

a. $0 < E(R_A) \leq E(R_B)$의 관계가 성립한다면, 상관계수(ρ)의 크기에 관계없이 $E(R_A) \leq E(R_p) \leq E(R_B)$ 이다.

b. $\sigma_A = \sigma_B$인 경우, 상관계수(ρ)의 크기에 관계없이 두 위험자산에 투자자금의 50%씩을 투자하면 최소분산포트폴리오를 구성할 수 있다.

c. 위험자산 A와 위험자산 B에 대한 투자비율이 일정할 때, 상관계수(ρ)가 작아질수록 포트폴리오 p 수익률의 표준편차는 작아진다.

① a
② a, b
③ a, c
④ b, c
⑤ a, b, c

36

시장포트폴리오와 무위험자산에 대한 투자비율이 각각 80%와 20%인 최적포트폴리오 A가 있다. CAPM이 성립한다고 가정할 때, 시장포트폴리오의 샤프비율과 최적포트폴리오 A의 샤프비율 사이의 차이 $\left(\dfrac{E(R_m) - R_f}{\sigma_m} - \dfrac{E(R_A) - R_f}{\sigma_A} \right)$는 얼마인가?(단, 시장포트폴리오의 기대수익률($E(R_m)$)과 무위험수익률 (R_f)은 각각 20%와 5%이며, 시장포트폴리오 수익률의 표준편차(σ_m)는 15%이다. $E(R_A)$와 σ_A는 각각 최적포트폴리오 A의 기대수익률과 수익률의 표준편차를 나타낸다)

① −1.0
② −0.5
③ 0
④ 0.5
⑤ 1.0

37

CAPM이 성립한다는 가정 하에 다음 문장의 (a)와 (b)에 들어갈 값으로 적절한 것은?

> 주식 A 수익률과 주식 B 수익률의 표준편차는 각각 10%와 20%이며, 시장포트폴리오 수익률의 표준편차는 10%이다. 시장포트폴리오 수익률은 주식 A 수익률과 상관계수가 0.4이고, 주식 B 수익률과는 상관계수가 0.80이다. 주식 A와 주식 B의 베타는 각각 0.4와 (a)이며, 주식 A와 주식 B로 구성된 포트폴리오의 베타가 0.76이기 위해서는 주식 B에 대한 투자비율이 (b)이어야 한다.

	(a)	(b)
①	0.8	30%
②	0.8	70%
③	1.0	30%
④	1.6	30%
⑤	1.6	70%

38

다음 표는 1개의 공통요인만 존재하는 시장에서 포트폴리오 A와 포트폴리오 B의 기대수익률과 공통요인에 대한 베타를 나타낸다. 차익거래의 기회가 존재하지 않는다고 할 때, 포트폴리오 B의 기대수익률은 얼마인가?(단, 무위험수익률은 5%이고, 포트폴리오 A와 포트폴리오 B는 모두 잘 분산투자된 포트폴리오이며 비체계적 위험이 없다고 가정한다)

포트폴리오	기대수익률	베 타
A	15%	0.8
B	( )	1.2

① 15%   ② 20%

③ 25%   ④ 27.5%

⑤ 30%

39

다음 상황에 관한 설명으로 가장 적절하지 <u>않은</u> 것은?

> 투자자 갑은 현재 주가가 45,000원인 주식 A 1주를 보유하고 있다. 투자자 갑은 "만기일인 한 달 후에 주식 A의 가격이 50,000원 이상이면 1주를 50,000원에 투자자 갑으로부터 매입할 수 있고 50,000원 미만이면 매입하지 않아도 되는 옵션"을 투자자 을에게 7,000원에 매도하였다.

① 투자자 갑은 투자자 을에게 콜옵션을 매도하였다.

② 이 옵션은 현재 외가격상태에 있다.

③ 이 옵션의 내재가치(intrinsic value)는 5,000원이다.

④ 이 옵션의 시간가치(time value)는 7,000원이다.

⑤ 이 옵션의 행사가격은 50,000원이다.

40

1기간 이항모형을 이용하여 기업 A의 주식을 기초자산으로 하는 유럽형 콜옵션의 이론적 가격을 평가하고자 한다. 현재 이 콜옵션의 만기는 1년이고, 행사가격은 10,000원이다. 기업 A의 주식은 배당을 하지 않으며, 현재 시장에서 10,000원에 거래되고 있다. 1년 후 기업 A의 주가가 12,000원이 될 확률은 60%이고, 8,000원이 될 확률은 40%이다. 현재 무위험이자율이 연 10%라고 할 때, 이 콜옵션의 이론적 가격에 가장 가까운 것은?

① 1,360원 ② 1,460원

③ 1,560원 ④ 1,660원

⑤ 1,760원

✔ Time   분 | 정답 및 해설편 244p

※ 각 문제의 보기 중에서 물음에 가장 합당한 답을 고르시오.

01

☑ 확인 Check! ○ △ ✕

동기부여 이론에 관한 설명으로 가장 적절한 것은?

① 아담스(Adams)의 공정성이론(equity theory)은 절차적 공정성과 상호작용적 공정성을 고려한 이론이다.

② 핵크만(Hackman)과 올드햄(Oldham)의 직무특성이론에서 직무의 의미감에 영향을 미치는 요인은 과업의 정체성, 과업의 중요성, 기술의 다양성이다.

③ 브룸(Vroom)의 기대이론에서 수단성(instrumentality)이 높으면 보상의 유의성(valence)도 커진다.

④ 인지적 평가이론(cognitive evaluation theory)에 따르면 내재적 보상에 의해 동기부여가 된 사람에게 외재적 보상을 주면 내재적 동기부여가 더욱 증가한다.

⑤ 허쯔버그(Herzberg)의 2요인이론(two factor theory)에서 위생요인은 만족을 증대시키고 동기요인은 불만족을 감소시킨다.

02

☑ 확인 Check! ○ △ ✕

조직에서 개인의 태도와 행동에 관한 설명으로 가장 적절한 것은?

① 조직몰입(organizational commitment)에서 지속적 몰입(continuance commitment)은 조직구성원으로서 가져야 할 의무감에 기반한 몰입이다.

② 정적 강화(positive reinforcement)에서 강화가 중단될 때, 변동비율법에 따라 강화된 행동이 고정비율법에 따라 강화된 행동보다 빨리 사라진다.

③ 감정지능(emotional intelligence)이 높을수록 조직몰입은 증가하고 감정노동(emotional labor)과 감정소진(emotional burnout)은 줄어든다.

④ 직무만족(job satisfaction)이 높을수록 이직의도는 낮아지고 직무관련 스트레스는 줄어든다.

⑤ 조직시민행동(organizational citizenship behavior)은 신사적 행동(sportsmanship), 예의바른 행동(courtesy), 이타적 행동(altruism), 전문가적 행동(professionalism)의 네 요소로 구성된다.

03

☑ 확인 Check! ○ △ ✕

비교경영연구에서 합스테드(Hofstede)의 국가간 문화분류의 차원으로 가장 적절하지 않은 것은?

① 고맥락(high context)과 저맥락(low context)

② 불확실성 회피성향(uncertainty avoidance)

③ 개인주의(individualism)와 집단주의(collectivism)

④ 권력거리(power distance)

⑤ 남성성(masculinity)과 여성성(femininity)

04

☑ 확인 Check! ○ △ ✕

리더십이론에 관한 설명으로 가장 적절한 것은?

① 허시(Hersey)와 블랜차드(Blanchard)의 상황이론에 따르면 설득형(selling) 리더십 스타일의 리더보다 참여형(participating) 리더십 스타일의 리더가 과업지향적 행동을 더 많이 한다.

② 피들러(Fiedler)의 상황이론에 따르면 개인의 리더십 스타일이 고정되어 있지 않다는 가정 하에 리더는 상황이 변할 때마다 자신의 리더십 스타일을 바꾸어 상황에 적응한다.

③ 블레이크(Blake)와 머튼(Mouton)의 관리격자이론(managerial grid theory)은 리더십의 상황이론에 해당된다.

④ 거래적 리더십(transactional leadership)이론에서 예외에 의한 관리(management by exception)란 과업의 구조, 부하와의 관계, 부하에 대한 권력행사의 예외적 상황을 고려하여 조건적 보상을 하는 것이다.

⑤ 리더 – 구성원 교환관계이론(leader-member exchange theory ; LMX)에서는 리더와 부하와의 관계의 질에 따라서 부하를 내집단(in-group)과 외집단(out-group)으로 구분한다.

05

조직구조에 관한 설명으로 가장 적절하지 <u>않은</u> 것은?

① 공식화(formalization)의 정도는 조직 내 규정과 규칙, 절차와 제도, 직무 내용 등이 문서화되어 있는 정도를 통해 알 수 있다.

② 번즈(Burns)와 스토커(Stalker)에 따르면 기계적 조직(mechanistic structure)은 유기적 조직(organic structure)에 비하여 집권화와 전문화의 정도가 높다.

③ 수평적 조직(horizontal structure)은 고객의 요구에 빠르게 대응할 수 있고 협력을 증진시킬 수 있다.

④ 민쯔버그(Mintzberg)에 따르면 애드호크라시(adhocracy)는 기계적 관료제(machine bureaucracy)보다 공식화와 집권화의 정도가 높다.

⑤ 네트워크 조직(network structure)은 공장과 제조시설에 대한 대규모 투자가 없어도 사업이 가능하다.

06

교육훈련 평가에 관한 커크패트릭(Kirkpatrick)의 4단계 모형에서 제시된 평가로 가장 적절하지 <u>않은</u> 것은?

① 교육훈련 프로그램에 대한 만족도와 유용성에 대한 개인의 반응평가

② 교육훈련을 통해 새로운 지식과 기술을 습득하였는가에 대한 학습평가

③ 교육훈련을 통해 직무수행에서 행동의 변화를 보이거나 교육훈련내용을 실무에 활용하는가에 대한 행동평가

④ 교육훈련으로 인해 부서와 조직의 성과가 향상되었는가에 대한 결과평가

⑤ 교육훈련으로 인해 인지능력과 감성능력이 향상되었는가에 대한 기초능력평가

07

직무에 관한 설명으로 가장 적절한 것은?

① 직무기술서(job description)와 직무명세서(job specification)는 직무분석(job analysis)의 결과물이다.

② 직무분석방법에는 분류법, 요소비교법, 점수법, 서열법 등이 있다.

③ 직무기술서는 해당 직무를 수행하기 위해 필요한 지식, 기술, 능력 등을 기술하고 있다.

④ 직무평가(job evaluation)방법에는 관찰법, 질문지법, 중요사건법, 면접법 등이 있다.

⑤ 수행하는 과업의 수와 다양성을 증가시키는 수평적 직무확대를 직무충실화(job enrichment)라 한다.

08

인사평가 및 선발에 관한 설명으로 가장 적절한 것은?

① 내부모집은 외부모집에 비하여 모집과 교육훈련의 비용을 절감하는 효과가 있고 새로운 아이디어의 도입 및 조직의 변화와 혁신에 유리하다.

② 최근효과(recency effect)와 중심화 경향(central tendency)은 인사 선발에 나타날 수 있는 통계적 오류로서 선발도구의 신뢰성과 관련이 있다.

③ 선발도구의 타당성은 기준관련 타당성, 내용타당성, 구성타당성 등을 통하여 측정할 수 있다.

④ 행위기준고과법(behaviorally anchored rating scales ; BARS)은 개인의 성과목표대비 달성 정도를 요소별로 상대 평가하여 서열을 매기는 방식이다.

⑤ 360도 피드백 인사평가에서는 전통적인 평가 방법인 상사의 평가와 피평가자의 영향력이 미치는 부하의 평가를 제외한다.

09

경쟁자 분석에 관한 설명으로 적절한 항목만을 <u>모두</u> 선택한 것은?

> a. 제품/시장 매트릭스(product/market matrix)를 이용한 경쟁자 파악 방법은 잠재적인 경쟁자들을 파악해 준다는 장점과 관리자의 주관적인 판단에 의존한다는 단점을 갖고 있다.
> b. 상표전환 매트릭스(brand switching matrix)를 이용한 경쟁자 파악 방법은 두 브랜드를 1 : 1로 비교하기 때문에 두 브랜드간의 경쟁관계 발생 유무와 경쟁관계 발생 원인을 설명해준다.
> c. 사용상황별 대체(substitution in-use)를 이용한 경쟁자 파악 방법은 경쟁의 범위를 폭 넓게 파악하는데 도움이 된다.

① a
② b
③ c
④ a, c
⑤ b, c

10

브랜드관리에 관한 설명으로 적절한 항목만을 <u>모두</u> 선택한 것은?

> a. 기존 브랜드와 다른 제품 범주에 속하는 신제품에 기존 브랜드를 붙이는 것은 라인확장(line extension)이다.
> b. 브랜드파워가 약한 경우에 타 기업의 유명 브랜드를 결합해서 같이 쓰는 것은 코브랜딩(co-branding) 전략에 속한다.
> c. 라인확장을 할 때 자기잠식(cannibalization)의 위험성은 하향 확장보다 상향 확장에서 높다.

① a
② b
③ c
④ a, b
⑤ b, c

11

아래의 경우에서 가장 적합하게 사용될 수 있는 가격결정 전략은?

- 잠재 구매자들이 가격 – 품질 연상을 강하게 갖고 있는 경우
- 가격을 높게 매겨도 경쟁자들이 들어올 가능성이 낮은 경우

① 사양제품 가격결정(optional-product pricing)
② 시장침투가격(market-penetration pricing)
③ 혼합 묶음가격(mixed bundling)
④ 이중요율(two-part tariff)
⑤ 스키밍 가격(market-skimming pricing)

12

촉진관리에 관한 설명으로 가장 적절한 것은?

① 정교화가능성 모델(ELM)에 의하면 고관여 소비자는 중심단서(例 제품정보)보다 주변단서(例 광고모델)에 의해 영향을 받는다.
② 홍보는 광고보다 상대적으로 비용과 신뢰성이 낮은 반면에 통제가능성은 높다.
③ 구매주기가 긴 제품인 경우에는 빈도(frequency)보다는 도달률(reach)을 높이는 것이 바람직하다.
④ 보너스 팩(bonus packs)은 일정 기간 동안 제품을 구입한 사람에게 구입가격의 일부를 금품으로 보상해 주는 것이다.
⑤ 구매 공제(buying allowances)는 소매업자가 신제품을 취급해 주는 대가로 제조업자가 제품대금의 일부를 공제해 주는 것이다.

13

☑ 확인Check! ○ △ ✕

유통관리에 관한 설명으로 가장 적절한 것은?

① 방문판매는 영업사원에 의해 판매되는 무점포형 소매상인 반면에 다단계판매는 '제조업자 – 도매업자 – 소매업자 – 소비자'와 같은 일반적인 유통경로를 거치는 점포형 소매상이다.

② 한정 서비스 도매상(limited-service wholesaler)은 상품을 소유하지 않는 대신 소수의 상품라인만을 취급한다.

③ 전문품에 적합한 경로 커버리지는 집약적 유통(intensive distribution)이다.

④ '도매상이 후원하는 자발적 체인(집단)'은 대형 도매상을 중심으로 중소 제조업체들이 자발적으로 만든 경로유형이다.

⑤ 구매자가 요구하는 서비스 수준이 높은 경우에는 통합적 유통경로(integrated distribution channel)를 갖게 될 가능성이 높아진다.

14

☑ 확인Check! ○ △ ✕

아래의 내용과 가장 가까운 태도변화 관련 이론은?

- 제품 메시지의 수용영역과 기각영역
- 동화효과(assimilation effect) 혹은 대조효과(contrast effect)

① 사회판단이론(social judgement theory)

② 균형이론(balance theory)

③ 합리적 행동이론(theory of reasoned action)

④ 인지부조화 이론(theory of cognitive dissonance)

⑤ 자기지각이론(self-perception theory)

15

소비자 의사결정과정에 관한 설명으로 가장 적절하지 <u>않은</u> 것은?

① 상기상표군(evoked set)은 외적 정보탐색과 관련이 있다.

② 사전편집식(lexicographic rule)은 비보완적 대안평가방식이다.

③ 결합식(conjunctive rule)은 비보완적 대안평가방식이다.

④ 구매경험이 있는 저관여 소비자가 구매노력을 덜기 위해 특정 브랜드를 반복 구매하는 것은 관성적 구매 (inertia)와 관련이 있다.

⑤ 특정 브랜드에 대해 호의적 태도를 가지고 반복 구매하는 것은 브랜드충성도와 관련이 있다.

16

마케팅조사에 관한 설명으로 적절한 항목만을 <u>모두</u> 선택한 것은?

a. 실험결과의 일반화는 내적 타당성과 관련이 있는 반면에 외생변수의 통제는 외적 타당성과 관련이 있다.

b. 표본프레임이 모집단과 정확하게 일치하지 못함으로써 발생하는 오류는 표본오류에 포함된다.

c. 표적집단면접법(FGI)과 투사법(projective technique)의 차이점 중 하나는 실시하고자 하는 조사목적을 조사 대상자에게 밝히는가의 여부이다.

① a

② b

③ c

④ a, b

⑤ b, c

17

라인밸런싱(line balancing)에 관한 설명으로 가장 적절하지 <u>않은</u> 것은?

① 밸런스 효율(balance efficiency)과 밸런스 지체(balance delay)를 합하면 항상 100%가 된다.

② 최다 후속작업 우선규칙이나 최대 위치가중치(positional weight) 우선규칙 등의 작업할당 규칙은 휴리스틱 (heuristic)이므로 최적해를 보장하지 않는다.

③ 주기시간(cycle time)은 병목(bottleneck) 작업장의 작업시간과 동일하다.

④ 주기시간을 줄이기 위해서는 작업장 수를 줄일 필요가 있다.

⑤ 작업장 수를 고정하면 주기시간을 줄일수록 밸런스 효율은 향상된다.

18

공급사슬관리(SCM)에 관한 설명으로 가장 적절하지 <u>않은</u> 것은?

① 수요 변동이 있는 경우에 창고의 수를 줄여 재고를 집중하면 수요처별로 여러 창고에 분산하는 경우에 비해 리스크 풀링(risk pooling) 효과로 인하여 전체 안전재고(safety stock)는 감소한다.

② 공급사슬의 성과척도인 재고자산회전율(inventory turnover)을 높이기 위해서는 재고공급일수(days of supply)가 커져야 한다.

③ 지연차별화(delayed differentiation)는 최종 제품으로 차별화하는 단계를 지연시키는 것으로 대량 고객화 (mass customization)의 전략으로 활용될 수 있다.

④ 크로스 도킹(cross docking)은 입고되는 제품을 창고에 보관하지 않고 재분류를 통해 곧바로 배송하는 것으로 재고비용과 리드타임(lead time)을 줄일 수 있다.

⑤ 묶음단위 배치주문(order batching)과 수량할인으로 인한 선구매(forward buying)는 공급사슬의 채찍효과 (bullwhip effect)를 초래하는 원인이 된다.

19

다음은 장기적인 생산능력(capacity)의 측정과 평가에 대한 설명이다. 가장 적절하지 <u>않은</u> 것은?

① 유효생산능력(effective capacity)은 설계생산능력(design capacity)을 초과할 수 없다.
② 실제산출률(실제생산능력)은 유효생산능력을 초과할 수 없다.
③ 생산능력 이용률(utilization)은 생산능력 효율(efficiency)을 초과할 수 없다.
④ 설계생산능력이 고정된 상태에서 실제산출률이 증가하면 생산능력 이용률은 향상된다.
⑤ 효과적인 생산관리 활동(제품 및 공정설계, 품질관리 등)을 통해 실제산출률은 증가하지만 유효생산능력은 변하지 않는다.

20

A제품의 수요는 연간 900개로 연중 균일하다. 1회 주문비용은 10만원이고 재고유지비용은 개당 연간 5만원이다. 현재는 2개월에 한번씩 150개를 주문하고 있으며, 리드타임(lead time)은 2일이다. 재고비용을 주문비용과 재고유지비용의 합이라고 할 때 다음 설명 중 가장 적절한 것은?

① 현재의 주문방식을 고수할 경우 연간 재고비용은 750만원이다.
② EOQ(경제적 주문량)로 주문량을 변경하면 현재에 비해 연간 135만원의 재고비용을 절감할 수 있다.
③ EOQ로 주문량을 변경하면 연간 주문비용은 200만원이 되고, 이는 연간 재고유지비용과 동일하다.
④ EOQ로 주문량을 변경하면 안전재고(safety stock)는 리드타임 동안의 수요량이 된다.
⑤ EOQ 재고모형은 고정주문량모형(fixed-order quantity model)이므로 현재의 수요량과 리드타임이 변경되더라도 EOQ의 변동은 없다.

21

품질경영에 관한 설명으로 가장 적절하지 <u>않은</u> 것은?

① CTQ(critical to quality)는 고객입장에서 판단할 때 중요한 품질특성을 의미하며, 집중적인 품질개선 대상이다.

② 전체 품질비용을 예방, 평가, 실패비용으로 구분할 때 일반적으로 예방비용의 비중이 가장 크다.

③ DMAIC은 6시그마 프로젝트를 수행하는 절차이며, 정의 – 측정 – 분석 – 개선 – 통제의 순으로 진행된다.

④ 품질특성의 표준편차가 작아지면 공정능력(process capability)은 향상되고 불량률은 감소한다.

⑤ TQM(total quality management)은 결과보다는 프로세스 지향적이고 고객만족, 전원참여, 프로세스의 지속적인 개선을 강조한다.

22

MRP(자재소요계획)에 관한 설명 중 적절한 항목만을 <u>모두</u> 선택한 것은?

a. MRP를 위해서는 재고기록, MPS(기준생산계획), BOM(자재명세서)의 입력 자료가 필요하다.
b. 각 품목의 발주시점은 그 품목에 대한 리드타임을 고려하여 정한다.
c. MRP는 BOM의 나무구조(tree structure)상 하위품목에서 시작하여 상위품목 방향으로 순차적으로 작성한다.
d. MRP를 위해서는 BOM에 표시된 하위품목에 대한 별도의 수요예측(forecasting) 과정이 필요하다.

① a, b
② a, c
③ b, c
④ b, d
⑤ c, d

23

P제조업체에서는 비용 - 조업도 분석(cost-volume analysis)을 활용하여 생산방식에 대한 두 가지 대안을 검토 중이다. 생산품목은 단일품목이고 판매가는 단위당 7만원이다. 각 대안에 대한 비용요소가 다음과 같을 때 분석 결과로 가장 적절하지 <u>않은</u> 것은?(단, 생산량은 발생하는 수요량과 동일하다고 가정한다)

| 대안 A | 고정비 8억원, 단위당 변동비 5만원 |
| 대안 B | 고정비 9억 3천만원, 단위당 변동비 1만원 |

① 대안 A의 BEP(손익분기점)는 40,000단위이다.
② 대안 B의 BEP는 15,500단위이다.
③ 대안 B의 이익(profit)이 9억 3천만원이 되기 위한 수요량은 31,000단위이다.
④ 생산량이 3,250단위 미만일 때는 대안 A가 대안 B보다 유리하다.
⑤ 다른 조건이 동일할 때, 대안 A의 단위당 변동비가 16,500원으로 변경되면 두 대안의 BEP는 같아진다.

24

K기업은 다양한 평가지표를 활용하여 두 가지 수요예측방법을 비교 중이다. 다음 표는 지난 3개 분기 동안에 발생한 실제 수요와 예측치를 나타낸 것이다. 3개 분기 자료를 모두 활용하여 평가지표를 계산한 결과로 가장 적절하지 <u>않은</u> 것은?

분 기	1	2	3
실제 수요	30	35	35
예측치(방법 A)	35	35	30
예측치(방법 B)	25	37.5	37.5

① 두 방법의 평균오차(mean error)값은 동일하다.
② 두 방법의 MAD(mean absolute deviation)값은 동일하다.
③ 두 방법의 MSE(mean squared error)값은 동일하다.
④ 두 방법의 MAPE(mean absolute percentage error)값은 동일하다.
⑤ 두 방법의 추적지표(tracking signal)값은 동일하다.

25

다음 세 가지 계산결과를 큰 순서대로 가장 적절하게 나열한 것은?

> a. 1년 만기 현물이자율이 8%이고 2년 만기 현물이자율이 10.5%일 때 1년 후부터 2년 후까지의 선도이자율($_1f_2$)
>
> b. 연간 실질이자율이 10%이고 연간 인플레이션율이 2%일 때 연간 명목이자율
>
> c. 연간 표시이자율(APR)이 12%이고 매 분기 이자를 지급하는 경우(분기복리) 연간 실효이자율(EAR)

① a > b > c
② a > c > b
③ b > a > c
④ c > a > b
⑤ c > b > a

26

(주)기해의 올해 말($t=1$) 주당순이익은 1,500원으로 예상된다. 이 기업은 40%의 배당성향을 유지할 예정이며, 자기자본순이익률(ROE)은 20%로 매년 일정하다. 주주들의 요구수익률이 연 15%라면, 현재 시점($t=0$)에서 이론적 주가에 기초한 주당 성장기회의 순현가(NPVGO)는 얼마인가?(단, 배당은 매년 말 연 1회 지급한다)

① 10,000원
② 16,000원
③ 20,000원
④ 24,000원
⑤ 28,000원

27

다음 중 자본예산에 관한 설명으로 가장 적절하지 <u>않은</u> 것은?

① 상호배타적인 두 투자안의 투자규모가 서로 다른 경우 순현가(NPV)법과 내부수익률(IRR)법에 의한 평가결과가 다를 수 있다.

② 순현가법은 자본비용으로 재투자한다고 가정하며, 가치의 가산원리가 적용된다.

③ IRR이 자본비용보다 큰 경우 수정내부수익률(MIRR)은 IRR보다 작은 값을 갖는다.

④ 수익성지수(PI)는 투자안의 부분적 선택이 가능한 자본할당(capital rationing)의 경우에 유용하게 사용된다.

⑤ PI법을 사용할 경우 PI가 0보다 크면 투자안을 채택하고, 0보다 작으면 투자안을 기각한다.

28

다음 정보를 이용하여 계산된 (주)명동의 가중평균자본비용과 가장 가까운 것은?

> (주)명동 주식의 베타는 1.2이고 부채비율$\left(=\dfrac{부채}{자기자본}\right)$은 150%이다. (주)명동이 발행한 회사채는 만기 2년, 액면가 1,000,000원인 무이표채이다. 현재 만기가 1년 남은 이 회사채의 시장가격은 892,857원이고, 이 회사의 다른 부채는 없다. 시장포트폴리오의 기대수익률은 연 10%이고 무위험수익률은 연 2%이며 법인세율은 30%이다.

① 9.68% ② 10.24%

③ 11.84% ④ 12.56%

⑤ 14.02%

29

다음은 자본구조이론에 대한 설명이다. 가장 적절하지 <u>않은</u> 것은?

① MM(1963)에 의하면 법인세가 존재할 경우 최적자본구조는 부채를 최대한 많이 사용하는 것이다.

② 대리비용이론에 따르면 부채의 대리비용과 자기자본의 대리비용의 합인 총 대리비용이 최소가 되는 점에서 최적자본구조가 존재한다.

③ 상충이론(또는 파산비용이론)에 따르면 부채사용으로 인한 법인세 절감효과와 기대파산비용을 고려할 경우 최적자본구조가 존재한다.

④ Miller(1977)에 의하면 법인세율과 개인소득세율이 같은 점에서 경제 전체의 균형부채량이 존재하며 이에 따라 개별기업의 최적자본구조도 결정된다.

⑤ DeAngelo와 Masulis(1980)에 의하면 투자세액공제 등 비부채성 세금절감효과를 고려할 경우 기업별 유효 법인세율의 차이로 인해 최적자본구조가 존재할 수 있다.

30

X기업은 신주를 발행하여 Y기업의 주식과 교환하는 방식으로 Y기업을 흡수합병하고자 한다. 두 기업의 합병 전 재무자료는 다음 표와 같다. 주식교환비율이 합병 전 주가를 기준으로 정해질 경우, 합병 후 주당순이익(EPS)과 가장 가까운 것은?(단, 합병에 의한 시너지 효과는 없다)

구 분	X기업	Y기업
주 가	20,000원	8,000원
EPS	2,000원	1,000원
발행주식수	3,000,000주	1,200,000주

① 2,000원
② 2,027원
③ 2,042원
④ 2,069원
⑤ 2,082원

31

두 투자자 각각의 최적 포트폴리오 A와 B의 베타는 0.8과 0.4이다. 다음 설명 중 가장 적절하지 <u>않은</u> 것은?(단, CAPM이 성립하고, 모든 투자자들은 CAPM에 따라 최적 포트폴리오를 구성하고 있다)

① 포트폴리오 A의 베타 1단위당 위험프리미엄 $\left(\dfrac{E(R_A) - R_f}{\beta_A} \right)$ 은 시장포트폴리오의 위험프리미엄과 같다. 단,

$E(R_A)$와 β_A는 포트폴리오 A의 기대수익률과 베타이고, R_f는 무위험수익률이다.

② 포트폴리오 B의 위험프리미엄이 4%이면, 포트폴리오 A의 위험프리미엄은 8%이다.

③ 포트폴리오 A 수익률의 표준편차는 포트폴리오 B 수익률의 표준편차의 2배이다.

④ 포트폴리오 A와 B의 기대수익률이 각각 6%와 4%가 되기 위해서는 무위험수익률은 3%이어야 한다.

⑤ 무위험수익률이 5%이고 시장포트폴리오의 위험프리미엄이 5%이면, 포트폴리오 A의 기대수익률은 9%이다.

32

만기가 1년 후이고 만기일 이전에는 현금흐름이 발생하지 않는 위험자산 A가 있다. 이 자산은 만기일에 경기가 호황인 경우 140원, 불황인 경우 80원을 투자자에게 지급한다. 위험자산 A의 현재 적정 가격이 100원이라면, 위험자산 A의 적정 할인율에 가장 가까운 것은?(단, 경기가 호황과 불황이 될 확률은 각각 50%이다)

① 연 8%   ② 연 10%

③ 연 14%   ④ 연 20%

⑤ 연 30%

33

두 개의 주식(A와 B)으로 포트폴리오를 구성하고자 한다. 공매도(short sale)가 허용된다고 가정할 때, 다음 중 수익률의 표준편차가 0인 포트폴리오를 구성할 수 있는 경우만을 <u>모두</u> 선택한 것은?(단, 두 주식 수익률의 표준편차는 모두 0보다 크다고 가정한다)

> a. 주식 A와 B 수익률의 상관계수가 −1인 경우
> b. 주식 A와 B 수익률의 상관계수가 0인 경우
> c. 주식 A와 B 수익률의 상관계수가 1인 경우

① a   ② a, b

③ a, c   ④ b, c

⑤ a, b, c

34

투자자 갑은 시장포트폴리오에 1,000만원을 투자하고 있으며, 그 가운데 주식 A와 B에 각각 100만원과 200만원을 투자하고 있다. 다음 문장의 빈칸 (a)와 (b)에 들어갈 내용으로 적절한 것은?(단, CAPM이 성립하고, 두 투자자(갑과 을)를 포함한 모든 투자자들은 CAPM에 따라 최적 포트폴리오를 구성한다고 가정한다)

> 투자자 을은 1,000만원을 시장포트폴리오와 무위험자산에 나누어 투자하고 있다. 전체 투자금액 가운데 300만원을 시장포트폴리오에 투자한다면, 투자자 을의 시장포트폴리오에 대한 투자금액 가운데 주식 A에 투자하는 비중은 (a)이다. 그리고 시장 전체에서 볼 때, 주식 A의 시가총액은 주식 B의 시가총액의 (b)이다.

	(a)	(b)
①	3%	$\frac{1}{2}$ 배
②	3%	2배
③	10%	$\frac{1}{2}$ 배
④	10%	2배
⑤	30%	$\frac{1}{2}$ 배

35

채권 A는 액면이자를 기말에 연 1회 지급한다. 현재 채권 A의 만기수익률(y)은 연 10%이며, 동 채권의 수정 듀레이션$\left(=-\dfrac{dP}{dy}\times\dfrac{1}{P},\ \text{단, } P\text{는 현재 채권가격}\right)$과 볼록성$\left(=\dfrac{d^2P}{dy^2}\times\dfrac{1}{P}\right)$은 각각 4와 50이다. 채권 A의 만기수익률이 0.1% 포인트 상승할 때, 채권가격의 변화율에 가장 가까운 것은?(단, 채권가격의 변화율은 채권가격의 만기수익률에 대한 테일러 전개식(Taylor series expansion)을 이용하여 계산하고 3차 이상의 미분 항들은 무시한다)

① -0.1500% ② -0.3611%

③ -0.3975% ④ -0.4025%

⑤ -0.4375%

36

이자율기간구조와 관련한 설명으로 가장 적절한 것은?

① 만기와 현물이자율 간의 관계를 그래프로 나타낸 수익률 곡선(yield curve)은 항상 우상향의 형태로 나타난다.

② 불편기대(unbiased expectation)이론에 의하면 투자자는 위험중립형이며 기대 단기이자율(또는 미래 기대 현물이자율)은 선도이자율과 동일하다.

③ 유동성프리미엄(liquidity premium)이론에 의하면 투자자는 위험회피형이며 선도이자율은 기대 단기이자율에서 유동성프리미엄을 차감한 값과 동일하다.

④ 시장분할(market segmentation)이론에 의하면 투자자는 선호하는 특정한 만기의 영역이 존재하나, 만일 다른 만기의 채권들에 충분한 프리미엄이 존재한다면 자신들이 선호하는 영역을 벗어난 만기를 가진 채권에 언제라도 투자할 수 있다.

⑤ 선호영역(preferred habitat)이론에 의하면 투자자는 선호하는 특정한 만기의 영역이 존재하고, 설령 다른 만기의 채권들에 충분한 프리미엄이 존재한다고 할지라도 자신들이 선호하는 영역을 벗어난 만기를 가진 채권에 투자하지 않는다.

37

현재의 시장가치가 1,000만원인 포트폴리오(P)는 주식 A와 B로 구성되어 있다. 현재 주식 A의 시장가치는 400만원이고 주식 B의 시장가치는 600만원이다. 주식 A와 주식 B의 수익률 표준편차는 각각 5%와 10%이고 상관계수는 −0.5이다. 주식수익률은 정규분포를 따른다고 가정한다. 99% 신뢰수준 하에서 포트폴리오(P)의 최대 가치하락을 측정하는 VaR(Value at Risk)는 아래 식에 의해 계산된다. 포트폴리오(P)의 VaR값과 가장 가까운 것은?

$$VaR = 2.33 \times \sigma_P \times \text{포트폴리오(P)의 시장가치}$$

단, σ_P는 포트폴리오(P) 수익률의 표준편차이다.

① 466,110원
② 659,840원
③ 807,350원
④ 1,232,920원
⑤ 2,017,840원

38

주식 C를 기초자산으로 하는 콜옵션 20계약을 매도하고 풋옵션 10계약을 매수하고자 한다. 해당 콜옵션의 델타(delta)는 0.5이고 풋옵션의 델타는 −0.3이다. 델타중립(delta-neutral) 포지션 구축을 위한 주식 C의 거래로 가장 적절한 것은?(단, 옵션 1계약 당 거래단위(승수)는 100주이다)

① 아무 거래도 하지 않음
② 700주 매수
③ 700주 매도
④ 1,300주 매수
⑤ 1,300주 매도

39

기업 D는 명목원금(notional principal) 1억원, 1년 만기 변동금리를 지급하고 8% 고정금리를 수취하는 5년 만기의 이자율 스왑계약을 3년 6개월 전에 체결하였다. 현재 동 스왑의 잔존만기는 1년 6개월이다. 현재가치 계산을 위해 활용되는 6개월과 1년 6개월 만기 현물이자율은 각각 연 10%와 연 11%이다. 직전 현금흐름 교환 시점의 1년 만기 변동금리는 연 10.5%였다. 기업 D의 관점에서 이 이자율 스왑 계약의 현재가치와 가장 가까운 것은?(단, 현금흐름은 기말에 연 1회 교환되고 이자율기간구조의 불편기대이론이 성립한다고 가정하며, $\frac{1}{1.10^{0.5}}=0.9535$, $\frac{1}{1.11^{1.5}}=0.8551$이다)

① $-5,382,950$원   ② $-4,906,200$원

③ 0원   ④ $4,906,200$원

⑤ $5,382,950$원

40

배당을 지급하지 않는 주식 E를 기초자산으로 하는 유럽형 옵션을 가정한다. 주식 E의 1주 당 시장가격은 현재 10,000원이다. 잔존만기 1년, 행사가격 11,000원인 유럽형 콜옵션과 풋옵션의 1계약 당 프리미엄은 현재 각각 1,500원과 500원으로 차익거래 기회가 존재한다. 차익거래 포지션의 만기일의 현금흐름을 0으로 할 때, 현재의 차익거래 이익에 가장 가까운 것은?(단, 무위험수익률은 연 10%이며 무위험수익률로 차입과 예금이 가능하다. 옵션 1계약 당 거래단위(승수)는 1주이며, 차익거래 포지션은 주식 E의 1주를 기준으로 구성한다)

① 800원   ② 900원

③ 1,000원   ④ 1,100원

⑤ 1,200원

● Time 분 | 정답 및 해설편 251p

※ 각 문제의 보기 중에서 물음에 가장 합당한 답을 고르시오.

01

☑ 확인Check! ○ △ ✕

리더십이론에 관한 설명으로 가장 적절한 것은?

① 변혁적 리더십(transformational leadership)은 영감을 주는 동기부여, 지적인 자극, 상황에 따른 보상, 예외에 의한 관리, 이상적인 영향력의 행사로 구성된다.

② 피들러(Fiedler)는 과업의 구조가 잘 짜여져 있고, 리더와 부하의 관계가 긴밀하고, 부하에 대한 리더의 지위권력이 큰 상황에서 관계지향적 리더가 과업지향적 리더보다 성과가 높다고 주장하였다.

③ 스톡딜(Stogdill)은 부하의 직무능력과 감성지능이 높을수록 리더의 구조주도(initiating structure)행위가 부하의 절차적 공정성과 상호작용적 공정성에 대한 지각을 높인다고 주장하였다.

④ 허쉬(Hersey)와 블랜차드(Blanchard)는 부하의 성숙도가 가장 낮을 때는 지시형 리더십(telling style)이 효과적이고 부하의 성숙도가 가장 높을 때는 위임형 리더십(delegating style)이 효과적이라고 주장하였다.

⑤ 서번트 리더십(servant leadership)은 리더와 부하의 역할교환, 명확한 비전의 제시, 경청, 적절한 보상과 벌, 자율과 공식화를 통하여 집단의 성장보다는 집단의 효율성과 생산성을 높이는 데 초점을 두고 있다.

02

☑ 확인Check! ○ △ ✕

조직구조와 조직설계에 관한 설명으로 가장 적절하지 <u>않은</u> 것은?

① 통제의 범위(span of control)는 부문간의 협업에 필요한 업무 담당자의 자율권을 보장해 줄 수 있도록 하는 부서별 권한과 책임의 범위이다.

② 부문별 조직(divisional structure)은 시장과 고객의 요구에 대응할 수 있으나 각 사업부 내에서 규모의 경제를 달성하기가 쉽지 않다.

③ 조직에서 의사결정권한이 조직 내 특정 부서나 개인에게 집중되어 있는 정도를 보고 해당 조직의 집권화 (centralization) 정도를 알 수 있다.

④ 기능별 조직(functional structure)은 기능별 전문성을 확보할 수 있으나 기능부서들 간의 조정이 어렵고 시장의 변화에 즉각적으로 대응하기가 쉽지 않다.

⑤ 매트릭스 조직(matrix structure)은 이중적인 보고체계로 인하여 보고담당자가 역할갈등을 느낄 수 있고 업무에 혼선이 생길 수 있다.

03

직무설계에서 핵크만(Hackman)과 올드햄(Oldham)의 직무특성이론에 관한 설명으로 가장 적절하지 않은 것은?

① 다양한 기술이 필요하도록 직무를 설계함으로써, 직무수행자가 해당 직무에서 의미감을 경험하게 한다.

② 자율성을 부여함으로써, 직무수행자가 해당 직무에서 책임감을 경험하게 한다.

③ 도전적인 목표를 제시함으로써, 직무수행자가 해당 직무에서 성장욕구와 성취감을 경험하게 한다.

④ 직무수행과정에서 피드백을 제공함으로써, 직무수행자가 해당 직무에서 직무수행 결과에 대한 지식을 가지게 한다.

⑤ 과업의 중요성을 높여줌으로써, 직무수행자가 해당 직무에서 의미감을 경험하게 한다.

04

동기부여 이론에 관한 설명으로 가장 적절한 것은?

① 허쯔버그(Herzberg)의 2요인이론(two factor theory)에서 승진, 작업환경의 개선, 권한의 확대, 안전욕구의 충족은 위생요인에 속하고 도전적 과제의 부여, 인정, 급여, 감독, 회사의 정책은 동기요인에 해당된다.

② 강화이론(reinforcement theory)에서 벌(punishment)과 부정적 강화(negative reinforcement)는 바람직하지 못한 행동의 빈도를 감소시키지만 소거(extinction)와 긍정적 강화(positive reinforcement)는 바람직한 행동의 빈도를 증가시킨다.

③ 브룸(Vroom)의 기대이론에 따르면 행위자의 자기 효능감(self efficacy)이 클수록 과업성취에 대한 기대(expectancy)가 커지고 보상의 유의성(valence)과 수단성(instrumentality)도 커지게 된다.

④ 매슬로우(Maslow)의 욕구이론에 따르면 생리욕구 – 친교욕구 – 안전욕구 – 성장욕구 – 자아실현욕구의 순서로 욕구가 충족된다.

⑤ 아담스(Adams)의 공정성 이론(equity theory)에 의하면 개인이 지각하는 투입(input)에는 개인이 직장에서 투여한 시간, 노력, 경험 등이 포함될 수 있고, 개인이 지각하는 산출(output)에는 직장에서 받은 급여와 유무형의 혜택들이 포함될 수 있다.

05

지각, 귀인, 의사결정에 관한 설명으로 가장 적절한 것은?

① 10명의 후보자가 평가위원과 일대일 최종 면접을 할 때 피평가자의 면접순서는 평가자의 중심화 경향 및 관대화 경향에 영향을 미칠 수 있으나 최근효과 및 대비효과와는 관련이 없다.

② 켈리(Kelley)의 귀인모형에 따르면 특이성(distinctiveness)과 합의성(consensus)이 낮고 일관성(consistency)이 높은 경우에는 내적귀인을 하게 되고 특이성과 합의성이 높고 일관성이 낮은 경우에는 외적귀인을 하게 된다.

③ 행위자 관찰자효과(actor observer effect)는 행위자 입장에서는 행동에 미치는 내적요인에 대한 이해가 충분하나, 관찰자 입장에서는 행위자의 능력과 노력 등의 내적요인을 간과하거나 무시하고 행위자의 외적요인으로 귀인하려는 오류이다.

④ 제한된 합리성(bounded rationality)하에서 개인은 만족할 만한 수준의 대안을 찾는 의사결정을 하기 보다는 인지적 한계와 탐색비용을 고려하지 않고 최적의 대안(optimal solution)을 찾는 의사결정을 한다.

⑤ 집단 사고(group think)는 응집력이 강한 대규모 집단에서 복잡한 의사결정을 할 때, 문제에 대한 토론을 진행할수록 집단내의 의견이 양극화되는 현상이다.

06

인사선발 및 인사평가에 관한 설명으로 가장 적절하지 않은 것은?

① 동일한 피평가자를 반복 평가하여 비슷한 결과가 나타나는 것은 신뢰성(reliability)과 관련이 있다.

② 신입사원의 입사시험 성적과 입사 이후 업무성과의 상관관계를 조사하는 방법은 선발도구의 예측타당성(predictive validity)과 관련이 있다.

③ 행위기준고과법(behaviorally anchored rating scales ; BARS)은 중요사건기술법과 평정척도법을 응용하여 개발된 인사평가 방법이다.

④ 평가도구가 얼마나 평가목적을 잘 충족시키는가는 타당성(validity)과 관련이 있다.

⑤ 선발도구의 타당성을 측정하는 방법에는 내적 일관성(internal consistency) 측정방법, 양분법(split half method), 시험 재시험(test-retest) 방법 등이 있다.

07

임금 및 보상에 관한 설명으로 가장 적절하지 <u>않은</u> 것은?

① 직무급은 해당기업에 존재하는 직무들을 평가하여 상대적 가치에 따라 임금을 결정하는 방식이다.

② 서열법, 분류법, 요소비교법, 점수법은 직무의 상대적 가치를 평가하는 방법이다.

③ 내재적 보상이 클수록 임금의 내부공정성이 높아지고, 외재적 보상이 클수록 임금의 외부공정성이 높아진다.

④ 직능급은 종업원이 보유하고 있는 직무수행능력을 고려하여 임금을 결정하는 방식이다.

⑤ 기업의 지불능력, 종업원의 생계비 수준, 노동시장에서의 수요와 공급 등은 기업의 임금수준을 결정하는 요인이다.

08

갈등과 협상에 관한 설명으로 가장 적절하지 <u>않은</u> 것은?

① 분배적 협상(distributive negotiation)의 동기는 제로섬(zero sum)에 초점을 맞추고 있고, 통합적 협상(integrative negotiation)의 동기는 포지티브섬(positive sum)에 초점을 맞추고 있다.

② 분배적 협상보다 통합적 협상에서 정보의 공유가 상대적으로 많이 이루어지는 경향이 있다.

③ BATNA(best alternative to a negotiated agreement)가 얼마나 매력적인가에 따라서 협상 당사자의 협상력이 달라진다.

④ 갈등관리유형 중 회피형(avoiding)은 자기에 대한 관심과 자기주장의 정도가 높고 상대에 대한 관심과 협력의 정도가 낮은 경우이다.

⑤ 통합적 협상에서는 제시된 협상의 이슈(issue)뿐만 아니라 협상당사자의 관심사(interests)에도 초점을 맞추어야 좋은 협상결과가 나온다.

경쟁자 분석에 관한 설명으로 적절한 항목만을 <u>모두</u> 선택한 것은?

> a. 마케팅 근시(marketing myopia)는 경쟁의 범위를 제품형태 수준이 아닌 본원적 편익 수준에서 바라보는 것이다.
>
> b. 제품 제거(product deletion)는 고객 지각에 기초한 경쟁자 파악 방법이고, 사용상황별 대체(substitution in-use)는 고객 행동에 기초한 경쟁자 파악 방법이다.
>
> c. 상표전환 매트릭스(brand switching matrix)를 활용한 경쟁자 파악 시, 구입자와 사용자가 동일인이 아닌 경우에도 상표전환이 나타날 수 있기 때문에 결과 해석에 주의해야 한다.

① a
② b
③ c
④ a, b
⑤ b, c

신제품 확산과 제품수명주기에 관한 설명으로 적절한 항목만을 <u>모두</u> 선택한 것은?

> a. 후기다수 수용자(late majority)는 조기 수용자(early adopters) 바로 다음에 신제품을 수용하는 소비자 집단이다.
>
> b. 단순성(simplicity)은 신제품의 이해나 사용상의 용이한 정도를 의미하며, 신제품 수용에 영향을 미치는 요인들 중의 하나다.
>
> c. 시장규모는 성숙기보다 성장기에서 더 크고, 제품원가는 도입기보다 성장기에서 더 높다.

① a
② b
③ c
④ a, b
⑤ b, c

11

브랜드 전략에 관한 설명으로 적절한 항목만을 <u>모두</u> 선택한 것은?

a. 희석효과(dilution effect)가 발생할 가능성은 상향 확장보다 하향 확장에서 더 높다.
b. 복수브랜드 전략은 새로운 제품 범주에서 출시하고자 하는 신제품을 대상으로 새로운 브랜드를 개발하는 경우이다.
c. 브랜드 확장 시, 두 제품 범주 간의 유사성은 브랜드 확장의 성공에 긍정적인 영향을 미치는 반면에 브랜드이미지와 제품 간의 유사성은 브랜드 확장의 성패에 영향을 미치지 않는다.

① a   ② b
③ c   ④ a, b
⑤ b, c

12

가격관리에 관한 설명으로 가장 적절하지 <u>않은</u> 것은?

① 최저수용가격(lowest acceptable price)은 구매자가 품질을 의심하지 않으면서 구매할 수 있는 가장 낮은 가격을 의미한다.
② 빈번한 세일로 인해 구매자의 준거가격(reference price)이 낮아질 가능성이 있다.
③ 가격결정방법에서 원가기준법(cost-plus pricing)은 경쟁자의 가격과 원가를 고려하지 않는다는 단점을 가지고 있다.
④ 신제품 도입 초기에 가격을 낮게 책정하는 전략은 시장침투가격(market-penetration pricing)과 관련이 있다.
⑤ 순수 묶음가격(pure bundling)은 여러 가지 제품들을 묶음으로도 판매하고 개별적으로도 판매하는 가격정책이다.

13

촉진관리에 관한 설명으로 가장 적절한 것은?

① 광고예산 결정방법에서 가용예산 할당법(affordable method)은 광고를 비용이 아닌 투자로 간주하고 있으며, 광고비의 과소지출보다는 과다지출을 초래하는 경우가 더 많다.

② GRP(gross rating points)는 청중 1,000명에게 광고를 도달시키는 데 드는 광고비용을 가리키는 용어이다.

③ 진열 공제(display allowances)와 입점 공제(slotting allowances)는 중간상 판매촉진(trade promotion) 수단이다.

④ 샘플(samples)은 신제품 시용 유도, 반복구매 촉진, 다른 판촉 방법들에 비해 낮은 비용 등의 장점이 있다.

⑤ 인적판매에서 내부 판매(inside selling)는 판매사원이 잠재 구매자를 방문하여 판매활동을 하는 것이다.

14

유통관리에 관한 설명으로 가장 적절한 것은?

① 상인 도매상(merchant wholesaler)과 대리점(agent)은 취급하는 제품의 소유권을 갖고 있는 반면에 브로커(broker)는 소유권 없이 단지 거래를 성사시켜 주는 역할을 한다.

② 수직적 마케팅 시스템(VMS)에서 소매상 협동조합은 관리형 VMS이고 프랜차이즈 조직은 계약형 VMS이다.

③ 판매량이 감소한 사실을 놓고, 프랜차이즈 본부의 해석(예 가맹점의 서비스 질에 문제가 있어서)과 가맹점의 해석(예 경쟁브랜드의 신규출점 때문에)이 서로 달라서 발생하는 갈등은 지각 불일치(perceptual differences)와 관련이 있다.

④ 제조업자가 중간상에게 계약에 의거하여 일정 수준의 재고를 유지하도록 요구할 수 있는 것은 전문적 파워와 관련이 있다.

⑤ 전속적 유통(exclusive distribution)은 중간상의 역할이 그다지 중요하지 않은 제품에 적합하며, 제조업체의 표적시장 범위가 넓을수록 유리하다.

15

소비자 정보처리과정에 관한 설명으로 가장 적절하지 <u>않은</u> 것은?

① 스팸성 광고물의 내용을 열어보지 않고 삭제해 버리는 것은 선택적 노출(selective exposure)의 예라 할 수 있다.

② 평소에 20도 소주를 마시던 소비자가 19도로 낮아진 소주는 구분 못하지만 18도로 낮아진 소주를 구분하는 것은 차이 식역(differential threshold)으로 설명될 수 있다.

③ 브랜드명, 보증기간, 원산지 등이 품질을 추론하는 단서로 이용되는 것은 지각적 추론(perceptual inference)과 관련이 있다.

④ 다이어트를 하는 학생들이 하지 않는 학생들에 비해 과거보다 식품 관련 광고가 더 많아졌다고 느끼는 것은 지각적 방어(perceptual defense)에 해당된다.

⑤ 다양한 제품정보에 노출되었을 때, 소비자는 맨 처음에 제시된 정보와 맨 나중에 제시된 정보를 중간에 제시된 정보보다 잘 기억하는 경향이 있다.

16

마케팅조사에 관한 설명으로 적절한 항목은 <u>모두</u> 몇 개인가?

> a. 패널조사와 실험설계는 탐색적 조사에서 이용되는 방법이다.
> b. 어의차이척도(semantic differential scale)는 응답자가 질문 항목에 대한 동의나 반대의 정도를 나타내도록 하는 질문 형태이다.
> c. 군집표본추출법(cluster sampling)은 모집단을 어떤 기준에 따라 서로 상이한 소집단들로 나누고, 각 소집단으로부터 표본을 무작위로 추출하는 방법이다.
> d. 체계적 오차는 타당성(validity)과 관련된 개념이며, 비체계적 오차는 신뢰성(reliability)과 관련된 개념이다.

① 0개   ② 1개

③ 2개   ④ 3개

⑤ 4개

☑ 확인Check! ○ △ ✕

공정성능을 나타내는 지표들에 관한 설명으로 가장 적절한 것은?

① 주기시간(cycle time)의 변동 없이 처리시간(flow 또는 throughput time)을 감소시키면 재공품재고도 감소되는 경향이 있다.

② 병목공정(bottleneck process)의 이용률(utilization)은 비병목공정의 이용률보다 낮다.

③ 생산능력(capacity)이 증가하면 이용률이 증가하는 경향이 있다.

④ 생산능력이 감소하면 주기시간이 짧아지는 경향이 있다.

⑤ 가동준비(setup)가 필요한 뱃치공정(batch process)에서 가동준비시간이 늘어나면 생산능력이 증가되는 효과가 있다.

☑ 확인Check! ○ △ ✕

다음 표는 6개의 활동(activity) A~F로 이루어진 프로젝트에서 각 활동의 활동시간과 직전 선행활동을 나타낸 것이다. B의 여유시간(slack time)은 0이며, 각 활동의 여유시간을 모두 합하면 8일이 된다. 프로젝트의 최단완료시간이 45일이라고 할 때, C의 활동시간은?

활 동	A	B	C	D	E	F
활동시간(일)	8	10	?	12	10	15
직전 선행활동	–	A	A	B, C	C	D, E

① 5일
② 6일
③ 7일
④ 8일
⑤ 9일

19

생산공정 및 설비배치에 관한 설명으로 가장 적절한 것은?

① 제품이 다양하고 뱃치크기(batch size)가 작을수록 잡숍공정(job shop process)보다는 라인공정이 선호된다.

② 주문생산공정은 계획생산공정보다 유연성이 높지만 최종제품의 재고수준이 높아지는 단점이 있다.

③ 제품별배치에서는 공정별배치에 비해 설비의 고장이나 작업자의 결근 등이 발생할 경우 생산시스템 전체가 중단될 가능성이 낮으며 노동 및 설비의 이용률이 높다.

④ 그룹테크놀로지(GT)를 이용하여 설계된 셀룰러배치는 공정별 배치에 비해 가동준비시간과 재공품재고가 감소되는 등의 장점이 있다.

⑤ 프로젝트공정에 주로 사용되는 고정위치배치에서는 장비와 인원 등이 작업장의 특정위치에 고정되므로 작업물의 이동경로 관리가 중요하다.

20

A사에서 판매하는 제품의 일일 수요는 평균이 20개이고 표준편차가 5개인 정규분포를 따르며 서로 독립이다. A사는 외부 업체로부터 제품을 조달하며, 주문 후 입고되기까지의 조달기간(lead time)은 9일이다. A사가 95%의 서비스수준(service level)을 충족하는 최소의 안전재고를 유지하고자 할 때, A사의 재고시스템에 관한 설명으로 가장 적절한 것은?(단, Z를 표준정규분포를 따르는 확률변수라고 할 때, $\Pr\{Z > 1.6\} = 0.05$로 가정하라)

① 정량발주시스템(Q시스템)을 사용하는 경우, 필요한 안전재고는 50개보다 많다.

② 정량발주시스템을 사용하는 경우, 재주문점(reorder point)은 180개이다.

③ 주문주기가 16일인 정기발주시스템(P시스템)을 사용하는 경우, 필요한 안전재고는 40개이다.

④ 주문주기가 16일인 정기발주시스템을 사용하는 경우, 최대 재고량의 목표치는 352개이다.

⑤ 주문주기가 16일인 정기발주시스템을 사용하는 경우, 주문시점에서 30개의 재고가 남아있었다면 주문량은 600개보다 많다.

21

토요타생산시스템(TPS)에 관한 설명으로 가장 적절한 것은?

① TPS 집을 구성하는 2가지 기둥은 JIT와 풀시스템이다.

② 생산평준화(heijunka)를 위해 지도카(jidoka), 자재소요계획(MRP) 등을 활용한다.

③ 전통적인 제조방식에 비해 다기능 작업자보다는 하나의 작업에 전문적인 능력을 갖춘 작업자의 육성을 강조한다.

④ 재작업, 대기, 재고 등을 낭비의 유형으로 간주한다.

⑤ 이용률 최대화 및 재공품의 안정적 흐름을 위해, 공정에 품질 등의 문제가 발생하더라도 공정을 계속적으로 운영할 것을 강조한다.

22

다음 표는 6개의 작업(task) A~F로 이루어진 조립라인에서 각 작업의 작업시간과 직전 선행작업을 나타낸 것이다. 이 조립라인에서는 하루 400분 동안 100개의 제품이 생산되도록 주기시간을 설정하고 작업장을 구성하였다. 또한, 작업장의 수가 최소가 되도록 각 작업을 작업장에 할당하였으며, 각 작업장에는 1명의 작업자를 배치하였다. 이 조립라인에 관한 설명으로 가장 적절한 것은?

작 업	A	B	C	D	E	F	합 계
작업시간(분)	2	1.5	1.5	2	2.5	2.5	12
직전 선행작업	–	A	A	B	C	D, E	

① 조립라인의 주기시간은 2.5분이다.

② 각 작업 간의 선후행 관계를 고려하지 않았을 때, 이론적 최소 작업장의 수는 2개이다.

③ 조립라인은 3개의 작업장으로 구성된다.

④ A와 D는 같은 작업장에 할당된다.

⑤ F만으로 하나의 작업장이 구성된다.

23

수요예측 및 생산계획에 관한 설명으로 가장 적절한 것은?

① 시계열분석기법에서는 과거 수요를 바탕으로 평균, 추세, 계절성 등과 같은 수요의 패턴을 분석하여 미래 수요를 예측한다.

② 지수평활법은 최근의 수요일수록 적은 가중치가 부여되는 일종의 가중이동평균법이다.

③ 예측치의 편의(bias)가 커질수록 예측오차의 누적값은 0에 가까워지며 예측오차의 평균절대편차(MAD)는 증가한다.

④ 총괄생산계획(APP)을 통해 제품군 등을 기준으로 월별 혹은 분기별 생산량과 재고수준을 결정한 후, 주일정계획(MPS)을 통해 월별 혹은 분기별 인력운영 및 하청 계획을 수립한다.

⑤ 자재소요계획은 전사적자원관리(ERP)가 생산부문으로 진화·발전된 것으로, 원자재 및 부품 등의 필요량과 필요시기를 산출한다.

24

품질경영에 관한 설명으로 가장 적절하지 <u>않은</u> 것은?

① 품질분임조(QC서클)는 품질, 생산성, 원가 등과 관련된 문제를 해결하기 위해 모이는 작업자 그룹이다.

② ZD(zero defect)프로그램에서는 불량이 발생되지 않도록 통계적 품질관리의 적용이 강조된다.

③ 품질비용은 일반적으로 통제비용과 실패비용의 합으로 계산된다.

④ 6시그마 품질수준은 공정평균(process mean)이 규격의 중심에서 '1.5×공정표준편차(process standard deviation)'만큼 벗어났다고 가정한 경우, 100만개 당 3.4개 정도의 불량이 발생하는 수준을 의미한다.

⑤ 데밍(Deming)에 의해 고안된 PDCA 사이클은 품질의 지속적 개선을 위한 도구로 활용된다.

25

확인 Check! ○ △ ✕

김씨는 2017년 1월 1일에 원리금 균등분할상환 조건으로 100,000원을 차입하였다. 원리금은 매년말 1회 상환하며 만기는 5년이다. 이자율은 연 4%이고, 당해 발생이자는 당해에 지급된다. 다음 중 가장 적절하지 <u>않은</u> 것은?(단, $PVIFA(4\%, 5)=4.4518$이며, 모든 금액은 반올림하여 원단위로 표시한다)

① 매년 원리금상환액은 22,463원이다.

② 2018년 1월 1일 기준 차입금 잔액은 81,537원이다.

③ 2018년 원리금상환액 중 원금상환액은 19,202원이다.

④ 2019년 원리금상환액 중 이자지급액은 1,880원이다.

⑤ 매년 원리금상환액 중 원금상환액이 차지하는 부분은 만기가 다가올수록 커진다.

26

확인 Check! ○ △ ✕

(주)버젯은 내용연수가 3년인 기계를 구입하려고 한다. 이 기계는 정액법으로 상각되며, 3년 후 잔존가치는 없지만 처분가치는 1,000 만원으로 예상된다. 이 기계를 도입할 경우($t=0$), 향후 3년 동안($t=1\sim3$) 매년 6,000만원의 매출액과 3,000만원의 영업비용(감가상각비 제외)이 발생한다. 자본비용은 10%이고 법인세율은 30%이다. 순현가(NPV)법으로 투자안을 평가할 경우, (주)버젯이 기계 구입비용으로 지불할 수 있는 최대금액과 가장 가까운 것은?(단, $PVIFA(10\%, 3)=2.4869$, $PVIF(10\%, 3)=0.7513$)

① 7,536만원   ② 7,651만원

③ 7,749만원   ④ 7,899만원

⑤ 7,920만원

136 공인회계사 1차 경영학(문제편)

27

무부채기업인 (주)도봉과 1,000억원의 부채를 사용하고 있는 (주)관악은 자본구조를 제외한 모든 면에서 동일하다. 법인세율은 25%이고, 투자자의 개인소득세율은 채권투자 시 X%, 주식투자 시 Y%일 때 다음 설명 중 옳은 항목만을 <u>모두</u> 선택한 것은?(단, 법인세 및 개인소득세가 존재하는 것 이외에 자본시장은 완전하다고 가정한다)

---

a. X와 Y가 같다면, 기업가치는 (주)관악이 (주)도봉보다 더 크다.

b. X가 25이고 Y가 0일 때, 기업가치는 (주)도봉이 (주)관악보다 더 크다.

c. X가 15이고 Y가 0일 때, 두 기업의 기업가치 차이는 250억원 보다 작다.

---

① a

② a, b

③ a, c

④ b, c

⑤ a, b, c

28

완전자본시장을 가정했을 때 배당정책의 효과에 관한 설명으로 가장 적절하지 <u>않은</u> 것은?(단, 자사주는 시장가격으로 매입한다고 가정한다)

① 주식배당 시, 발행주식수는 증가하며 주가는 하락한다.

② 자사주 매입 시, 발행주식수는 감소하며 주가는 변하지 않는다.

③ 현금배당 시, 발행주식수의 변화는 없으며 주가는 하락한다.

④ 현금배당 또는 자사주 매입 시, 주가이익비율(PER)은 증가한다.

⑤ 현금배당 또는 자사주 매입 시, 기존주주의 부는 변하지 않는다.

29

(주)남산은 초기투자액이 3,000억원이며, 매년 360억원의 영업이익이 영구히 발생하는 신규 사업을 고려하고 있다. 신규 사업에 대한 목표부채비율(B/S)은 150%이다. 한편 대용기업으로 선정된 (주)충무의 부채비율(B/S)은 100%이고 주식베타는 1.44이다. (주)남산과 (주)충무의 부채비용은 무위험이자율이다. 시장기대수익률은 10%, 무위험이자율은 2%, 법인세율은 40%이다. 신규 사업의 순현가와 가장 가까운 것은?(단, 자본비용은 % 기준으로 소수점 넷째자리에서 반올림한다)

① 89억원
② 97억원
③ 108억원
④ 111억원
⑤ 119억원

30

행동재무학(behavioral finance)과 투자자의 비합리성에 관한 설명으로 가장 적절하지 않은 것은?

① 투자자의 비합리성과 차익거래의 제약으로 인하여 금융시장은 비효율적일 수 있다.
② 보수주의(conservatism)의 예로 어떤 기업의 수익성이 악화될 것이라는 뉴스에 대해 투자자가 초기에는 과소반응을 보여 이 정보가 주가에 부분적으로만 반영되는 현상을 들 수 있다.
③ 동일한 투자안이더라도 정보가 제시되는 방법(예 이익을 얻을 가능성만 강조되는 경우, 반대로 손실을 입을 가능성만 강조되는 경우)에 따라 투자의사결정이 달라지는 현상은 액자(framing) 편향으로 설명될 수 있다.
④ 투자자가 이익(gain)의 영역에서는 위험회피적 성향을, 손실(loss)의 영역에서는 위험선호적 성향을 보이는 것은 전망이론(prospect theory)과 관련이 있다.
⑤ 다수의 의견이 틀리지 않을 것이라는 믿음 하에 개별적으로 수집·분석한 정보를 무시한 채 대중이 움직이는 대로 따라가는 현상을 과신(overconfidence)이라고 한다.

31

할인율이 연 10%로 일정할 때, 주어진 현가표를 참조하여 계산한 세 가지 금액 a, b, c의 크기 순서로 가장 적절한 것은?(단, 현재시점은 1차년도 1월 1일이다)

구 분	$n=3$	$n=4$	$n=5$	$n=6$	$n=7$
$PVIF(10\%,\ n)$	0.7513	0.6830	0.6209	0.5645	0.5132
$PVIFA(10\%,\ n)$	2.4869	3.1699	3.7908	4.3553	4.8684

a. 현재 3,200원을 대출받고 1차년도부터 매년말 800원씩 갚아나가면 상환 마지막 해 말에는 800원보다 적은 금액을 갚게 된다. 상환 마지막 해 말에 갚아야 하는 금액

b. 4차년도부터 8차년도까지 매년말 110원씩 받는 연금의 현재가치

c. 1차년도부터 5차년도까지 매년초 70원씩 받는 연금의 현재가치

① a > b > c

② a > c > b

③ b > a > c

④ b > c > a

⑤ c > b > a

32

다음 표는 A은행의 현재 시장가치 기준 자산·부채와 듀레이션을 보여주고 있다. 다음 설명 중 가장 적절하지 <u>않은</u> 것은?

자 산	금 액	듀레이션	부채·자본	금 액	듀레이션
현 금	100억원	0년	고객예금	600억원	1.0년
고객대출	500억원	1.2년	발행사채	300억원	5.5년
회사채	400억원	6.0년	자기자본	100억원	

① 부채의 듀레이션은 2.5년이다.

② 듀레이션 갭은 0.5년이다.

③ 금리가 상승하면 자기자본가치가 하락한다.

④ 금리가 하락하면 자산가치의 증가분이 부채가치의 증가분보다 크다.

⑤ 순자산가치 면역전략은 듀레이션 갭이 0이 되도록 하는 포트폴리오 관리 기법이다.

33

다음의 조건을 갖는 국채 A, B, C가 있다. 이자율은 모두 연 이자율이며, 이표채는 연 1회 이자를 지급한다. 다음 설명 중 가장 적절한 것은?

국 채	만 기	액면금액	액면이자율	만기수익률
A	1년	1,000원	10.0%	10.0%
B	2년	1,000원	20.0%	15.0%
C	3년	1,000원	0%	15.2%

① 2년 만기 현물이자율은 16.8%이다.

② 수익률곡선은 우상향한다.

③ 1년이 지나도 수익률곡선이 현재와 동일하게 유지된다고 예상하는 투자자 갑이 있다. 현재 시점에서 국채 C를 매입하고 1년 후 매도한다면 투자자 갑이 예상하는 투자수익률은 14.6%이다.

④ 1년 후부터 2년 후까지의 선도이자율 ($_1f_2$)은 22.7%이다.

⑤ 2년 후부터 3년 후까지의 선도이자율 ($_2f_3$)은 15.7%이다.

34

다음 표는 시장모형을 만족시키는 두 주식 A와 B에 대한 정보를 보여준다. 시장포트폴리오의 표준편차는 20%이다. 다음 설명 중 가장 적절하지 <u>않은</u> 것은?

주 식	베 타	표준편차
A	0.4	30%
B	1.2	40%

① 주식 A와 주식 B 간의 공분산은 0.0192이다.

② 주식 B와 시장포트폴리오 간의 공분산은 0.048이다.

③ 분산으로 표시된 주식 B의 체계적 위험은 0.0576이다.

④ 분산으로 표시된 주식 B의 비체계적 위험은 0.1224이다.

⑤ 주식 A에 80%, 주식 B에 20% 투자된 포트폴리오의 베타는 0.56이다.

35

블랙 – 숄즈(1973) 또는 머튼(1973)의 모형을 이용하여 무배당주식옵션의 가치를 평가하려 한다. 다음 설명 중 적절한 것은?(단, $N(d_1)$은 유럽형 콜옵션의 델타이고, $d_2 = d_1 -$ **변동성**$\times \sqrt{만기}$ 이다)

① 옵션가를 계산하기 위해 주식의 현재 가격 및 베타, 행사가격, 이자율 등의 정보가 모두 필요하다.

② $N(d_1) - 1$은 유럽형 풋옵션의 델타이다.

③ $N(d_2)$는 만기에 유럽형 풋옵션이 행사될 위험중립확률이다.

④ $N(d_1)$은 유럽형 콜옵션 한개의 매수 포지션을 동적헤지하기 위해 보유해야 할 주식의 갯수이다.

⑤ 이 모형은 옵션만기시점의 주가가 정규분포를 따른다고 가정한다.

36

다음의 표는 잔존만기와 기초자산이 동일한 유럽형 옵션의 시장가를 정리한 것이다. 잔존만기와 무위험이자율이 양수라고 가정할 때, 다음 중 차익거래가 나타날 수 있는 포지션은?(단, 괄호 안은 행사가격을 나타낸다)

행사가격	콜가격	풋가격
100	9.0	3.0
105	5.2	6.0
110	2.0	11.5

① 콜(100) 1개 매수, 콜(105) 1개 매도

② 풋(105) 1개 매수, 풋(110) 1개 매도

③ 콜(100) 1개 매수, 콜(105) 2개 매도, 콜(110) 1개 매수

④ 풋(100) 1개 매수, 풋(105) 2개 매도, 풋(110) 1개 매수

⑤ 콜(100) 1개 매수, 풋(100) 1개 매수

37

확인 Check! ○ △ ✕

외환시장에서 1년 후 유로화의 현물환율이 1유로당 1,900원으로 상승하거나 1,500원으로 하락하는 두 가지 경우만 존재한다고 가정하자. 잔존만기가 1년인 유로선물환율은 현재 1유로당 1,800원에 거래되고 있다. 다음 중 적절하지 않은 것은?(단, 유로옵션은 유럽형이고 잔존 만기가 1년이며, 시장은 완전하고 차익거래의 기회가 없다고 가정한다)

① 국내시장의 무위험이자율이 EU시장의 무위험이자율보다 크다.

② 유로화의 현물환율이 1년 후 1,900원으로 상승할 위험중립확률은 0.75이다.

③ 행사가격이 1,800원인 유로콜의 가격은 동일 행사가격의 유로풋 가격과 같다.

④ 행사가격이 1,600원인 유로콜의 가격은 동일 행사가격의 유로풋 가격보다 크다.

⑤ 국내시장의 무위험이자율이 10%일 때, 행사가격이 1,570원인 유로콜의 1기간 이항모형가격은 225원이다.

38

확인 Check! ○ △ ✕

두 위험자산 A와 B의 기대수익률과 표준편차가 다음 표와 같다. 시장에서 CAPM이 성립하고 차익거래의 기회가 없다고 가정한다. 다음 중 적절하지 않은 것은?

자 산	기대수익률	표준편차
A	12%	6%
B	10%	15%

① 자산 A의 베타가 자산 B의 베타보다 크다.

② 자산 A의 비체계적위험이 자산 B의 비체계적위험보다 작다.

③ 무위험자산과 자산 A를 각각 40%와 60%의 비율로 구성한 포트폴리오의 표준편차는 2.4%이다.

④ 무위험이자율이 4.5%인 경우, 자산 A의 샤프지수는 1.25이다.

⑤ 시장포트폴리오의 표준편차가 5%인 경우, 자산 A의 베타는 1.2보다 크지 않다.

39

CAPM과 APT 등 위험프리미엄의 가격모형에 관한 다음 설명 중 적절하지 <u>않은</u> 것은?(단, CAPM에서 시장이 균형상태라고 가정한다)

① 자본시장선에 존재하는 두 위험포트폴리오 간의 상관계수는 1이다.

② CAPM에서 시장포트폴리오는 효율적 포트폴리오이다.

③ APT모형은 차익거래의 기회가 지속되지 않는다는 조건 등을 이용하여 적정 위험프리미엄을 도출한다.

④ 파마 – 프렌치의 3요인모형은 시장포트폴리오의 수익률, 기업규모, 주가순자산비율(PBR)을 반영한 세 가지 공통요인으로 주식의 수익률을 설명한다.

⑤ 자본시장선보다 아래에 존재하는 자산은 증권시장선에 놓이지 않을 수 있다.

40

지배원리를 이용하여 두 위험자산 A, B에서만 자산을 선택하려고 한다. 두 자산 A와 B의 기대수익률과 표준편차가 다음 표와 같다. 두 자산 간의 상관계수가 0이라고 가정할 때, 다음 설명 중 적절하지 <u>않은</u> 것은?

자 산	기대수익률	표준편차
A	12%	10%
B	5%	20%

① 상호배타적 투자의 경우, 모든 위험회피적 투자자는 자산 A를 선택한다.

② 상호배타적 투자의 경우, 모든 위험중립적 투자자는 자산 A를 선택한다.

③ 상호배타적 투자의 경우, 자산 A를 선택하는 위험선호적 투자자가 존재할 수 있다.

④ 두 자산으로 분산투자하는 경우, 모든 위험회피적 투자자는 자산 A를 양의 비율로 보유한다.

⑤ 두 자산으로 분산투자하는 경우, 자산 A와 B를 각각 70%와 30%의 비율로 보유하는 위험회피적 투자자가 존재할 수 있다.

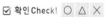

● Time · 분 | 정답 및 해설편 259p

※ 각 문제의 보기 중에서 물음에 가장 합당한 답을 고르시오.

01

☑ 확인Check! ○ △ ✕

동기부여 이론에 관한 설명으로 가장 적절한 것은?

① 목표설정이론에 따르면 구체적인 목표보다 일반적인 목표를 제시하는 것이 구성원들의 동기부여에 더 효과적이다.

② 공정성이론에 따르면 분배공정성, 절차공정성, 상호작용공정성의 순서로 동기부여가 이루어지는데, 하위차원의 공정성이 달성된 이후에 상위차원의 공정성이 동기부여에 영향을 미친다.

③ 교육훈련이나 직무재배치는 기대이론(expectancy theory)에서 말하는 1차 결과(노력 – 성과 관계)에 대한 기대감을 높여주는 방법이다.

④ 앨더퍼(Alderfer)가 제시한 ERG 이론에 따르면 한 욕구의 충족을 위해 계속 시도함에도 불구하고 좌절되는 경우 개인은 이를 포기하는 대신 이보다 상위욕구를 달성하기 위해 노력한다.

⑤ 핵크만(Hackman)과 올드햄(Oldham)의 직무특성모형(job characteristics model)에 의하면, 다양한 기능을 사용하는 직무기회를 제공하는 경우보다 자신이 잘하는 한 가지 기능만 사용하는 직무를 부여하는 경우에 동기부여 수준이 더 높다.

02

☑ 확인Check! ○ △ ✕

리더십 이론에 관한 설명으로 가장 적절하지 않은 것은?

① 하급자에게 분명한 업무를 부여하는 행위는 오하이오주립대학교(Ohio State University) 리더십 행동연구에서 구조주도(initiating structure) 측면에 해당한다.

② 허쉬(Hersey)와 블랜차드(Blanchard)의 상황적 리더십이론(situational leadership theory)은 과업특성에 따라 리더십 스타일의 유효성이 달라진다고 주장한다.

③ 피들러(Fiedler)의 리더십 상황모형에서 높은 LPC(Least Preferred Co-worker) 점수는 관계지향적 리더십 스타일을 의미한다.

④ 리더십 대체이론(substitutes for leadership)에 따르면 집단의 높은 응집력은 리더의 관계지향적 행위를 대체할 수 있다.

⑤ '부하가 상사를 카리스마 리더로 인식할 때 조직 성과가 높아지는 것이 아니라, 조직 성과가 높은 경우 상사를 카리스마 리더로 인식하는 정도가 강해진다'는 연구결과는 리더십 귀인이론(attribution theory of leadership)의 예이다.

03

다음 중 적절한 항목만을 <u>모두</u> 선택한 것은?

a. 프렌치(French)와 레이븐(Raven)이 제시한 권력의 원천 중 준거적 권력(referent power)은 개인의 특성보다는 조직의 특성에 기반을 둔 권력이다.
b. 집단의사결정 방식 중 구성원간 상호작용을 제한하는 정도는 브레인스토밍(brainstorming)보다 명목집단법 (nominal group technique)이 더 강하다.
c. 자원의 크기가 고정되어 있을 때, 이해관계가 상반되는 양 당사자가 자신의 몫을 극대화하려는 협상방식을 분배적 협상(distributive bargaining)이라고 한다.
d. 몰입상승(escalation of commitment)이란 의사결정의 속도와 질을 높여주는 의사결정 현상을 말한다.

① b
② c
③ a, d
④ b, c
⑤ b, c, d

04

보상관리에 관한 설명 중 가장 적절한 것은?

① 보상관리 전략은 기업 성장주기(life cycle)와 관련이 있는데, 초기와 성장기에는 복리후생을 중시하고 안정기와 쇠퇴기에는 성과급을 강조하는 것이 일반적이다.
② '동일노동 동일임금'의 원칙을 실시하기 위해서는 연공급보다 직무급이 더 적합하다.
③ 임금조사(wage survey)를 통해 경쟁사 및 유사한 조직체의 임금자료를 조사하는 것은 보상관리의 내적 공정성을 확보하기 위해서이다.
④ 연공급의 문제점을 극복하기 위한 방안으로 제시된 직능급에서는 직무의 중요도, 난이도, 위험도 등이 반영된 직무의 상대가치를 기준으로 보상수준이 결정된다.
⑤ 스캔론 플랜과 럭커 플랜은 개인의 업무성과를 기초로 임금수준을 정하는 개인성과급 제도이다.

05

종업원 모집 및 선발에 관한 설명 중 가장 적절하지 <u>않은</u> 것은?

① 선발도구의 타당성(validity)이란 선발대상자의 특징을 측정한 결과가 일관성 있게 나타나는 것을 말한다.

② 사내공모제(job posting)는 지원자가 직무에 대한 잘못된 정보로 인해 회사를 이직할 가능성이 낮은 모집 방법이다.

③ 평가센터법(assessment center)은 비용상의 문제로 하위직보다 주로 상위 관리직 채용에 활용된다.

④ 지원자의 특정 항목에 대한 평가가 다른 항목의 평가 또는 지원자에 대한 전반적 평가에 영향을 주는 것을 후광효과(halo effect)라고 한다.

⑤ 다수의 면접자가 한 명의 피면접자를 평가하는 방식을 패널면접 (panel interview)이라고 한다.

06

복리후생에 관한 설명으로 가장 적절하지 <u>않은</u> 것은?

① 복리후생은 근로자의 노동에 대한 간접적 보상으로서, 임금은 이에 포함되지 않는다.

② 허쯔버그(Herzberg)의 2요인이론(two-factor theory)에 따르면 경제적 복리후생은 동기요인에 해당하며 직원 동기부여에 긍정적 영향을 미친다.

③ 우리나라에서 산전·후휴가 및 연차유급휴가는 법정 복리후생에 해당한다.

④ 우리나라에서 고용보험 보험료는 근로자가 일부 부담하지만, 산업재해보상보험 보험료는 회사가 전액 부담한다.

⑤ 카페테리아(cafeteria)식 복리후생제도는 여러 복리후생 프로그램 중 종업원 자신이 선호하는 것을 선택할 수 있도록 하는 제도를 말한다.

07

조직구조에 관한 설명 중 적절하지 <u>않은</u> 것만을 <u>모두</u> 선택한 것은?

> a. 기능별 구조(functional structure)에서는 기능부서간 협력과 의사소통이 원활해지는 장점이 있다.
> b. 글로벌기업 한국지사의 영업담당 팀장이 한국지사장과 본사 영업담당 임원에게 동시에 보고하는 체계는 네트워크 조직(network organization)의 특징을 보여준다.
> c. 단순 구조(simple structure)에서는 수평적 분화와 수직적 분화는 낮으나, 공식화 정도는 높다.

① a
② c
③ a, c
④ b, c
⑤ a, b, c

08

다음 중 가장 적절하지 <u>않은</u> 설명은?

① 교차 라이센싱(cross-licensing)은 기업들이 필요한 기술을 서로 주고받는 제휴 형태로서, 합작투자(joint venture)에 비해 자원 및 위험의 공유정도가 낮다.
② 포터(Porter)의 가치사슬 분석에 의하면 기업활동은 주활동과 보조활동으로 구분되는데, 기술개발은 보조활동에 해당한다.
③ 자동차 생산회사가 생산에 필요한 강판을 안정적으로 확보하기 위해 철강회사를 인수하는 것은 후방통합(backward integration)의 예이다.
④ 경영전략을 기업전략, 사업전략, 기능전략으로 구분할 때, 포터(Porter)가 제시한 본원적 전략 중의 하나인 차별화(differentiation)는 기업전략에 해당한다.
⑤ BCG 매트릭스에서 상대적 시장점유율은 높지만 시장성장률이 낮은 사업군을 자금 젖소(cash cow)라고 한다.

09

경쟁자 파악방법, 시장세분화, 표적시장 선택에 관한 설명으로 적절한 항목만을 <u>모두</u> 선택한 것은?

> a. 상표전환 매트릭스는 고객행동에 기초한 경쟁자 파악방법이다.
>
> b. 시장세분화 기준변수를 크게 고객행동변수와 고객특성변수로 구분하였을 때, 사용상황은 고객특성변수로 분류된다.
>
> c. 차별적 마케팅(세분화 마케팅) 전략은 기업이 세분시장의 차이를 무시하고 하나의 제품으로 전체시장을 공략하는 시장범위 전략이다.

① a

② b

③ a, b

④ a, c

⑤ b, c

10

제품관리에 관한 설명으로 가장 적절하지 <u>않은</u> 것은?

① 제품라인(product line) 내에 새로운 품목을 추가할 경우 자기시장잠식(cannibalization) 문제가 발생할 수 있다.

② 신제품개발 프로세스에서 '마케팅믹스 개발'은 '컨셉트 개발 및 테스트' 후에 실시된다.

③ 브랜드와 관련된 이미지(연상)가 호의적이고(유리하고), 독특하고, 강력할수록 브랜드 자산이 커진다.

④ 제품수명주기는 브랜드 수준에서만 사용되는 것이며, 제품범주 수준에서는 사용될 수 없다.

⑤ 상향 확장(upward line extension)의 경우, 신제품의 고급(프리미엄) 이미지 구축에 실패할 가능성이 있다.

11

아래의 사례를 가장 적절하게 설명할 수 있는 가격결정방법은?

> • 프린터를 싸게 판매한 이후에 토너는 비싼 가격에 판매함
> • 면도기를 싸게 판매한 다음에 면도날은 비싸게 판매함

① 순수 묶음제품 가격결정(pure bundling pricing)
② 혼합 묶음제품 가격결정(mixed bundling pricing)
③ 스키밍 가격결정(market-skimming pricing)
④ 시장침투 가격결정(market-penetration pricing)
⑤ 종속제품 가격결정(captive product pricing)

12

촉진관리에 관한 설명으로 가장 적절한 것은?

① 효과계층모형(인지 → 지식 → 호감 → 선호 → 확신 → 구매)에서 잠재구매자의 단계별 반응에 미치는 광고의 영향력은 판촉의 영향력과 차이가 없다.
② 광고모델의 매력도와 신뢰성은 각각 동일시(identification) 과정과 내면화(internalization) 과정을 거쳐 소비자를 설득시킨다.
③ 소비자 판촉 수단에서 준거가격이 낮아질 위험은 가격할인판촉보다 리베이트에서 더 높다.
④ 진열공제(display allowances)는 소매업자가 신상품을 취급해 주는 대가로 제조업자가 소매업자에게 상품 대금 일부를 공제해 주는 것이다.
⑤ 홍보(publicity)는 기업과 관련이 있는 여러 집단들(투자자, 정부, 국회, 시민단체 등)과 좋은 관계를 구축하고 유지하는 총체적인 활동이기 때문에 PR(public relations)보다 대상범위가 넓다.

13

유통관리에 관한 설명으로 가장 적절한 것은?

① 유통경로는 생산된 제품을 소비시점까지 보관하여 시간상의 불일치를 해소한다.
② 도매상 중에서 판매 대리점(selling agents)은 구매자(소매상)와의 계약에 의한 구매대행활동을 하며, 제품에 대한 소유권을 보유하고 있다.
③ 소매상 협동조합은 대형 도매상을 중심으로 소형 소매상들이 자발적으로 만든 체인이다.
④ 유통경로 갈등의 원인 중 목표 불일치는 경로구성원 간에 각자의 역할이나 영역에 대하여 합의가 이루어지지 않은 것을 말한다.
⑤ 전문점(specialty store)의 경쟁적 우위는 저렴한 제품가격에 있다.

14

마케팅조사에 관한 설명으로 적절한 항목만을 <u>모두</u> 선택한 것은?

> a. 표본의 수가 증가할수록 비표본오류는 작아지고 표본오류는 커진다.
> b. 단일집단 사후실험설계는 순수실험설계 방법에 포함된다.
> c. 할당표본추출(quota sampling)은 비확률표본추출방법이다.

① a   ② b
③ c   ④ a, c
⑤ b, c

15

소비자행동에서 아래의 주장과 관련성이 가장 높은 것은?

> 고관여 소비자를 대상으로 하는 광고의 경우 구체적인 제품정보를 설득력 있게 제시하는 것이 효과적이다. 반면에 저관여 소비자를 표적으로 하는 경우에는 제품정보보다 광고모델에 초점을 두는 것이 더 효과적이다.

① 정교화가능성모델(elaboration likelihood model)
② 수단 – 목적사슬모델(means-end chain model)
③ 사회판단이론(social judgement theory)
④ 계획적 행동이론(theory of planned behavior)
⑤ 저관여 하이어라키모델(low involvement hierarchy model)

16

소비자 정보처리과정에 관한 설명으로 가장 적절하지 <u>않은</u> 것은?

① 가격 – 품질 연상(price-quality association)은 지각적 추론(perceptual inference)과 관련이 있다.
② 정보 내용들이 차례로 제시된 경우 처음에 제시된 부분에 많은 비중을 두어 지각하는 것을 초기효과(primacy effect)라 한다.
③ 절대적 식역(absolute threshold)은 두 개의 자극이 지각적으로 구분될 수 있는 최소한의 차이를 말하며, JND(just noticeable difference)라고도 한다.
④ 정보과부하(information overload) 가설에 의하면, 소비자가 제한된 시간에 처리할 수 있는 정보의 양은 제한적이기 때문에 처리능력을 초과할 정도로 많은 정보가 주어지면 오히려 최선의 제품을 선택할 가능성이 낮아진다.
⑤ 장기기억으로부터 정보인출을 못하는 이유는 쇠퇴이론(decay theory)과 방해이론(interference theory)에 의해 설명될 수 있다.

17

테일러(Taylor)의 과학적 관리법과 포드(Ford)의 이동컨베이어 시스템에 관한 설명으로 가장 적절하지 않은 것은?

① 과학적 관리법은 전사적품질경영(TQM)에서 시작된 것으로, 개별 과업 뿐 아니라 전체 생산시스템의 능률 및 품질향상에 기여하였다.

② 과학적 관리법은 방임관리를 지양하고 고임금·저노무비용의 실현을 시도하였다.

③ 과학적 관리법의 주요 내용인 과업관리의 방법으로는 작업의 표준화, 작업조건의 표준화, 차별적 성과급제 등이 있다.

④ 이동컨베이어 시스템은 컨베이어에 의해 작업자와 전체 생산시스템의 속도를 동시화함으로써 능률 향상을 시도하였다.

⑤ 이동컨베이어 시스템을 효율적으로 이용하기 위해 장비의 전문화, 작업의 단순화, 부품의 표준화 등이 제시되었다.

18

제시된 생산운영관리의 목표를 달성하기 위한 방안 및 이에 관한 설명으로 가장 적절한 것은?

① 원가절감 : 설비 가동률의 최소화를 통한 규모의 경제(economies of scale) 달성

② 제품개발 시간의 단축 : 지도카(Jidoka) 및 안돈(Andon)의 도입을 통한 제품개발 프로세스 개선 및 고객중심 설계 적용

③ 제품 믹스(mix)의 유연성 강화 : 작업준비시간(set-up time)의 단축 및 차별화지연(delayed differentiation) 등의 활용

④ 품질향상 : 식스시그마(Six Sigma)의 적용을 통한 프로세스 변동성(variation)의 최대화

⑤ 흐름시간(flow/throughput time)의 단축 : 프로세스 개선을 통한 재공품(work-in-process)재고 및 주기시간(cycle time)의 최대화

19

다음 그림은 병렬로 배치된 공정 A와 B에서 각각 생산된 부품을 공정 C에서 조립한 후 공정 D에서 마무리 작업을 실시하는 생산시스템을 나타낸 것이다. 버퍼(buffer)는 존재하지 않으며, 각 공정의 (   )안에 표시된 숫자는 공정의 작업시간(단위 : 분)이다. 생산시스템은 최소주기시간에 맞추어 운영되고 있으며, 생산시스템 가동 전 모든 공정에는 작업가능한 재공품이 존재한다. 이 생산시스템에 관한 설명으로 가장 적절한 것은?

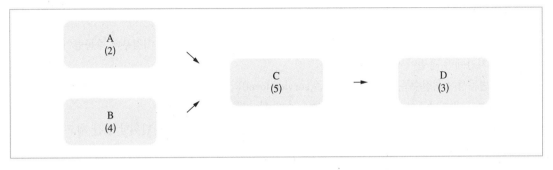

① A는 병목공정(bottleneck process)이다.
② B에 작업자 1명을 더 투입하여 작업시간을 단축시키면, B의 이용률(utilization)은 증가한다.
③ C에서는 작업공전(starving)과 작업장애(blocking)가 동시에 발생한다.
④ 흐름시간(flow/throughput time)은 10분이다.
⑤ 시간당 12개의 제품 생산이 가능하다.

20

수요예측에 관한 설명 중 가장 적절한 것은?

① 정량적 수요예측 기법에는 시장조사법(market research), 유추법(historical analogy), 시계열분석법 (time series analysis), 인과분석법(causal analysis) 등이 있다.
② 가중이동평균법(weighted moving average)의 일종인 단순지수평활법(simple exponential smoothing) 에서는 다음 시점의 수요예측치로 이번 시점의 수요예측치와 실제 수요의 가중평균을 사용한다.
③ 평균절대편차(MAD)는 예측오차의 절대적인 크기 뿐 아니라 예측치의 편향(bias) 정도를 측정하기 위해서도 사용된다.
④ 수요는 평균수준, 추세, 계절적 변동, 주기적 변동, 우연 변동 등으로 구성되며, 이 중 우연 변동에 대한 예측 정확도가 수요예측의 정확도를 결정한다.
⑤ 일반적으로 단기예측보다는 장기예측의 정확도가 더 높다.

21

☑ 확인 Check! ○ △ ✕

재고관리시스템에 관한 설명 중 가장 적절한 것은?

① 정량발주시스템(Q시스템)은 주문시점마다 재고수준을 점검하고, 정기발주시스템(P시스템)은 재고에 변동이 발생할 때마다 재고수준을 점검한다.

② 정량발주시스템은 재고수준이 재주문점(reorder point) 이하로 떨어지는 경우 사전에 결정한 주문량과 현 재고 수준과의 차이만큼을 주문하고, 정기발주시스템은 일정 시점마다 사전에 결정한 주문량만큼을 주문한다.

③ 정량발주시스템에서는 품절이 발생하지 않으며, 정기발주시스템에서는 주문시점부터 주문량이 도착할 때까지의 기간에만 품절이 발생한다.

④ 수요의 변동성이 커질수록, 특정 서비스수준(service level)의 달성을 위해 정량발주시스템에서는 재주문점이 증가하고 정기발주시스템에서는 주문량이 증가하는 것이 일반적이다.

⑤ 정량발주시스템에서 EOQ모형을 사용하는 경우, 주문량은 1회 주문비용 및 단위당 연간 재고유지비용에 정비례한다.

22

☑ 확인 Check! ○ △ ✕

품목 A의 생산을 위해 품목 B 2개가 필요하다. A의 현재 보유재고는 20개, 조달기간(lead time)은 1주이며, A의 발주에는 필요한 만큼씩만 발주하는 L4L(lot for lot) 방식이 사용된다. A의 주차별 총소요(gross requirements)가 다음 표와 같을 때, 자재소요계획(MRP)의 전개에 따른 B의 2주차 총소요는?(단, A와 B 모두 안전재고(safety stock)는 필요 없으며, 계획된 예정입고(scheduled receipts)는 없다)

주 차	1	2	3
품목 A의 총소요(개)	0	0	40

① 0개   ② 20개
③ 40개   ④ 60개
⑤ 80개

23

다음은 8개의 활동(activity) A~H로 구성된 프로젝트에서 각 활동들의 직전 선행활동을 나타낸 표와 간트차트(Gantt chart)이다. 이에 관한 설명으로 가장 적절한 것은?

활 동	A	B	C	D	E	F	G	H
직전 선행활동	–	A	A	B	B	C	E, F	D, G

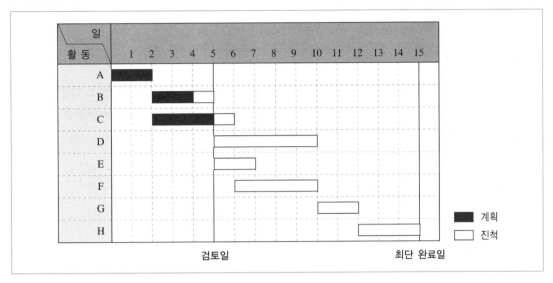

① 검토일 현재 B가 1일 지체되었으므로 프로젝트의 최단 완료일도 늦어진다.

② C의 활동시간(activity time)이 1일 증가되어 C가 7일차에 종료되더라도 프로젝트의 최단 완료일은 변하지 않는다.

③ 활동시간이 가장 긴 D가 지체되면 프로젝트 최단 완료일은 D가 지체된 만큼 늦어진다.

④ B가 6일차에 종료되고 E의 활동시간이 1일 증가되더라도 프로젝트의 최단 완료일과 후속 활동들의 시작일은 영향을 받지 않는다.

⑤ F의 활동시간이 단축되더라도 프로젝트의 최단 완료일은 변하지 않는다.

24

적시생산(JIT) 시스템에 관한 설명으로 가장 적절한 것은?

① 사전에 수립된 자재소요계획에 따라 실제 생산이 이루어지도록 지시하는 일종의 풀(pull) 시스템이다.

② 각 제품의 수요율과 생산율을 최대한 일치시키고자 필요한 만큼씩만 생산하게 되므로 로트크기 감소를 위한 생산준비시간의 단축이 중요한 요소가 된다.

③ 칸반(kanban)시스템을 통해 공급자에게 소규모의 빈번한 조달을 요구해야 하므로 다수의 공급자를 유지하고 공급자와 단기계약을 체결하는 것이 중요하다.

④ 무결함(zero defect) 생산을 추구하므로 불량품이 재고에 의해 보충되도록 적정 수준의 안전재고를 유지하는 것이 중요하다.

⑤ 생산시스템의 효율을 극대화하기 위해 생산준비 이후 동일 제품을 최대한 많이 생산하고 다음 제품으로 생산 전환을 하는 혼류생산(mixed-model production) 및 생산평준화(production leveling)를 실시한다.

25

재무비율에 관한 설명으로 가장 적절하지 않은 것은?

① 회계적 이익을 가능한 한 적게 계상하는 회계처리방법을 사용하는 기업의 경우 주가수익비율(PER)은 상대적으로 높게 나타날 수 있다.

② 자산의 시장가치가 그 자산의 대체원가보다 작은 경우 토빈의 q(Tobin's q)는 1보다 작다.

③ 매출액순이익률이 2%, 총자산회전율이 3.0, 자기자본비율이 50%일 경우 자기자본순이익률(ROE)은 3%이다.

④ 유동비율이 높은 기업은 유동성이 양호한 상태라고 판단될 수 있으나, 과도하게 높은 유동비율은 수익성 측면에서 비효율적일 수 있다.

⑤ 주가장부가치비율(PBR)은 일반적으로 수익전망이 높은 기업일수록 높게 나타난다.

26

상호배타적인 투자안 A, B가 있다. 두 투자안의 투자규모 및 투자수명은 같으며, 투자안 A의 내부수익률 (IRR)은 16%, 투자안 B의 내부수익률은 20%이다. 자본비용이 7%일 때 투자안 A의 순현가(NPV)가 투자안 B의 순현가보다 높다. 다음 설명 중 가장 적절한 것은?(단, 현재(0시점)에 현금유출이 발생하고, 이후 현금유입이 발생하는 투자형 현금흐름을 가정한다)

① 자본비용이 7%보다 클 때 투자안 A의 순현가는 투자안 B의 순현가보다 항상 높다.

② 두 투자안의 순현가를 같게 하는 할인율은 7%보다 높다.

③ 자본비용이 5%일 때 투자안 B의 순현가는 투자안 A의 순현가보다 높다.

④ 투자안 B는 투자안 A에 비하여 투자기간 후기에 현금유입이 상대적으로 더 많다.

⑤ 자본비용이 16%일 때 투자안 B의 순현가는 0이다.

27

자본구조와 기업가치에 관련된 설명으로 가장 적절하지 않은 것은?

① 파산비용이론(trade-off theory ; 상충이론)에 의하면 부채 사용 시 법인세 절감효과에 따른 기업가치 증가와 기대파산비용의 증가에 따른 기업가치 감소 간에 상충관계가 존재한다.

② 자본조달순위이론에 따르면 경영자는 수익성이 높은 투자안이 있을 경우 외부금융(external financing)보다는 내부금융(internal financing)을 선호한다.

③ 부채를 사용하는 기업의 주주들이 위험이 높은 투자안에 투자함으로써 채권자의 부를 감소시키고 자신들의 부를 증가시키려는 유인을 위험선호유인(risk incentive)이라 한다.

④ 과소투자유인(under-investment incentive)이란 부채를 과다하게 사용하여 파산가능성이 있는 기업의 주주들이 투자안의 순현가가 0보다 크다고 하더라도 투자를 회피하려는 유인을 말한다.

⑤ 소유경영자의 지분율이 100%일 때 지분의 대리인비용(agency cost of equity)이 가장 크게 나타나며, 소유경영자 지분율이 낮아지고 외부주주 지분율이 높아질수록 지분의 대리인 비용은 감소한다.

28

현재 채권시장에서 (주)한국의 1년 만기 액면가 1,000원의 순수할인채권은 909.09원에, 2년 만기 액면가 1,000원의 순수할인채권은 783.15원에 거래되고 있다. (주)한국이 액면가 1,000원, 만기 2년, 액면이자율 10%(이자는 연 1회 후급조건)인 회사채를 발행하려 한다면, 이 회사채의 발행가격과 가장 가까운 금액은?

① 952.32원

② 966.21원

③ 967.83원

④ 983.23원

⑤ 1,000원

29

무부채기업인 (주)백제의 발행주식수는 10,000주이며 자기자본가치는 5억원이다. 이 기업은 이자율 10%로 영구사채 3억원을 발행하여 전액 자기주식을 매입소각하는 방법으로 자본구조를 변경하고자 한다. (주)백제의 기대영업이익은 매년 1억원으로 영구히 지속되며, 법인세율은 40%이다. 시장은 준강형 효율적이고 MM의 수정이론(1963)이 성립한다고 가정할 때 다음 중 가장 적절하지 <u>않은</u> 것은?(단, 자본비용은 % 기준으로 소수점 셋째 자리에서 반올림한다)

① 자본구조 변경 전 자기자본비용은 12%이다.

② 채권발행에 대한 공시 직후 부채의 법인세효과로 인하여 주가는 24% 상승할 것이다.

③ 채권발행 공시 직후의 주가로 자사주를 매입한다면, 채권발행에 따라 매입할 수 있는 자기주식 수는 근사치로 4,839주이다.

④ 자본구조 변경 후 자기자본비용은 13.13%이다.

⑤ 자본구조 변경 후 가중평균자본비용은 8.33%이다.

30

기업 배당정책에 관련된 설명 중 가장 적절하지 <u>않은</u> 것은?

① 일반적으로 기업들은 주당배당금을 일정하게 유지하려는 경향이 있다.

② 배당을 많이 지급함으로써, 외부주주와 경영자간 발생할 수 있는 대리인 비용을 줄일 수 있다.

③ 배당의 고객효과(clientele effect)에 따르면 높은 한계세율을 적용받는 투자자들은 저배당기업을 선호하며, 낮은 한계세율을 적용받는 투자자들은 고배당기업을 선호한다.

④ 수익성 있는 투자기회를 많이 가지고 있는 기업일수록 고배당정책을 선호한다.

⑤ 정보의 비대칭성이 존재하는 경우 경영자는 시장에 기업정보를 전달하는 수단으로 배당을 사용할 수 있다.

31

투자자 갑이 구성한 최적포트폴리오(optimal portfolio)의 기대수익률과 표준편차는 각각 10%와 12%이다. 시장포트폴리오의 표준편차는 15%이고 무위험수익률은 5%라면, 시장포트폴리오의 기대수익률은?(단, CAPM이 성립한다고 가정한다)

① 6.50%

② 8.25%

③ 11.25%

④ 12.50%

⑤ 17.50%

32

☑ 확인 Check! ○ △ ✕

주식 A와 주식 B의 기대수익률은 동일하다. 주식 A와 시장포트폴리오의 상관계수는 주식 B와 시장포트폴리오의 상관계수의 2배이다. CAPM이 성립하고 주식 A의 표준편차가 10%라면, 주식 B의 표준편차는?

① 5%

② 10%

③ 15%

④ 20%

⑤ 25%

33

☑ 확인 Check! ○ △ ✕

A기업의 내부유보율(retention ratio)은 40%이고, 내부유보된 자금의 재투자수익률(ROE)은 20%이다. 내부유보율과 재투자수익률은 영원히 지속될 것으로 기대된다. A기업에 대한 주주들의 요구수익률은 14%이고 현재 주가가 10,000원이라면, A기업의 배당수익률 $\left(\dfrac{D_1}{P_0}\right)$ 은?(단, 일정성장배당평가모형(constant growth dividend discount model)이 성립하고, 현재 주가는 이론적 가격과 같다)

① 2%

② 4%

③ 6%

④ 8%

⑤ 10%

34

☑ 확인 Check! ○ △ ✕

A기업의 재무레버리지도(DFL)는 2이고 결합레버리지도(DCL)는 6이다. 현재 A기업의 영업이익(EBIT)이 20억원이라면, 이 기업의 고정영업비용은?

① 20억원

② 25억원

③ 30억원

④ 35억원

⑤ 40억원

35

다음 그룹 A~C는 각각 두 가지 채권의 액면이자율(coupon rate), 만기수익률(yield to maturity), 만기를 제시하고 있다. 각각의 그룹에서 제시된 두 가지 채권 가운데 듀레이션이 작은 채권만을 선택한 것은?(단, 각 그룹에서 제시된 채권은 일반채권(옵션적 성격이 없는 채권)이고, 주어진 정보 이외에 다른 조건은 모두 동일하다고 가정한다)

그룹 A	가. 액면이자율 10%, 만기수익률 10%인 10년 만기 이표채권
	나. 액면이자율 10%, 만기수익률 10%인 20년 만기 이표채권
그룹 B	다. 액면이자율 10%, 만기수익률 8%인 10년 만기 이표채권
	라. 액면이자율 8%, 만기수익률 8%인 10년 만기 이표채권
그룹 C	마. 액면이자율 10%, 만기수익률 10%인 10년 만기 이표채권
	바. 액면이자율 10%, 만기수익률 8%인 10년 만기 이표채권

	그룹 A	그룹 B	그룹 C
①	가	다	마
②	가	다	바
③	가	라	마
④	나	다	바
⑤	나	라	바

36

위험회피적인 투자자 갑은 무위험자산과 위험자산 A를 이용하여 자신의 효용을 극대화하는 포트폴리오를 구성하고자 한다. 투자자 갑의 효용을 극대화하는 포트폴리오에서 위험자산 A가 차지하는 투자비중에 관한 다음 설명 중 옳은 것만을 모두 선택한 것은?(단, 위험자산 A의 기대수익률은 무위험수익률보다 높고, 투자자 갑의 효용함수는 $U = E(R_p) - \frac{1}{2} \times \gamma \times \sigma_p^2$과 같다고 가정한다. 여기서, $E(R_p)$와 σ_p는 각각 위험자산 A와 무위험자산이 결합한 포트폴리오의 기대수익률과 표준편차이다. 그리고 γ는 투자자 갑의 위험회피도 (위험회피계수)이다)

a. 다른 조건은 일정할 때, 위험자산 A의 기대수익률이 높을수록 위험자산 A에 대한 투자비중도 높다.
b. 다른 조건은 일정할 때, 투자자 갑의 위험회피도가 클수록 위험자산 A에 대한 투자비중도 높다.
c. 다른 조건은 일정할 때, 위험자산 A의 표준편차가 클수록 위험자산 A에 대한 투자비중도 높다.

① a ② b
③ c ④ a, c
⑤ b, c

37

현재 미국의 \$1에 대해서 현물환율은 1,000원이고 1년 만기 선물환율은 1,020원이다. 무위험이자율은 한국에서 연 5%이고 미국에서는 연 2%이다. 무위험이자율로 차입과 대출이 가능하고 거래비용이 없을 때, 차익거래의 방법으로 가장 적절한 것은?

① 선물 매수,   달러 차입,   원화로 환전,   원화 대출
② 선물 매수,   원화 차입,   달러로 환전,   달러 대출
③ 선물 매도,   달러 차입,   원화로 환전,   원화 대출
④ 선물 매도,   원화 차입,   달러로 환전,   달러 대출
⑤ 선물 매도,   원화 차입,   달러로 환전,   원화 대출

38

유럽형 옵션의 이론적 가격에 관한 설명 중 가장 적절하지 <u>않은</u> 것은?

① 풋옵션의 가격은 행사가격의 현재가치보다 작거나 같다.
② 배당을 지급하지 않는 주식을 기초자산으로 하는 콜옵션의 가격은 주식가격(S_0)과 행사가격(X)의 현재가치와의 차이($S_0 - PV(X)$)보다 크거나 같다.
③ 다른 조건이 동일할 때, 배당을 지급하는 주식을 기초자산으로 하는 콜옵션의 가격은 배당을 지급하지 않는 주식을 기초자산으로 하는 콜옵션 가격보다 낮거나 같다.
④ 다른 조건이 동일할 때, 배당을 지급하는 주식을 기초자산으로 하는 풋옵션의 가격은 배당을 지급하지 않는 주식을 기초로 하는 풋옵션 가격보다 높거나 같다.
⑤ 다른 조건이 동일할 때, 행사가격이 높은 콜옵션의 가격은 행사가격이 낮은 콜옵션의 가격보다 높거나 같다.

39

1기간 이항모형이 성립하고 무위험이자율이 연 10%라고 가정하자. (주)가나의 주가는 현재 9,500원이며 1년 후에는 60%의 확률로 11,000원이 되거나 40%의 확률로 9,000원이 된다. (주)가나의 주식에 대한 풋옵션 (만기 1년, 행사가격 10,000원)의 현재 이론적 가격에 가장 가까운 것은?

① 350원   ② 325원

③ 300원   ④ 275원

⑤ 250원

40

아래의 표와 같은 고정금리 차입조건 하에서 한국의 (주)대한은 1,000만엔, (주)민국은 10만달러를 차입하려고 한다. (주)대한은 비교우위를 갖고 있는 달러화시장에서 10만달러, (주)민국은 엔화시장에서 1,000만엔을 차입한 후, (주)대한은 1,000만엔에 대한 연 5.5%의 이자를 (주)민국에게 직접 지급하고 (주)민국은 10만달러에 대한 연 3%의 이자를 (주)대한에게 직접 지급하는 통화스왑계약을 체결하려고 한다. 이 통화스왑에서 정기적인 이자지급 외에도 (주)대한은 계약시점에서 1,000만엔을 받고 10만달러를 주고, 만기시점에서는 10만달러를 돌려받고 1,000만엔을 돌려주어야 한다. 현재 환율이 100엔/달러일 때, 통화스왑으로 인해 발생하는 결과로 가장 적절한 것은?

구 분	달러화 차입금리	엔화 차입금리
(주)대한	3%	6%
(주)민국	5%	7%

① (주)대한은 달러화 환위험에 노출된다.

② (주)민국은 달러화와 엔화 환위험에 노출된다.

③ (주)대한은 달러화차입비용을 0.5%p 줄일 수 있게 된다.

④ (주)민국은 달러화차입비용을 0.5%p 줄일 수 있게 된다.

⑤ (주)민국은 엔화차입비용을 0.5%p 줄일 수 있게 된다.

● Time 분 | 정답 및 해설편 266p

※ 각 문제의 보기 중에서 물음에 가장 합당한 답을 고르시오.

01

☑ 확인Check! ○ △ ✕

귀인(attribution)에 관한 설명으로 가장 적절한 것은?

① 내적 귀인(internal attribution)은 사건의 원인을 행위자의 운과 맡은 과업의 성격 탓으로 귀인하는 것이고 외적 귀인(external attribution)은 행위자의 외향적 성격과 대인관계 역량에 귀인하는 것이다.
② 켈리(Kelley)의 귀인모형에서 합의성(consensus)이 높으면 행위자의 내적 요인에 귀인하는 경향이 있다.
③ 근원적 귀인오류(fundamental attribution error)는 사건의 원인에 대해서 외적 요인을 간과하거나 무시하고 행위자의 내적 요인으로 귀인하려는 오류이다.
④ 자존적 편견(self-serving bias)은 사건의 결과를 실패로 보지 않고 성공을 위한 학습으로 지각하여 실패를 행위자 자신의 탓으로 돌리려는 귀인오류이다.
⑤ 켈리(Kelley)의 귀인모형에서 특이성(distinctiveness)이 높으면 행위자의 내적 요인에 귀인하는 경향이 있다.

02

☑ 확인Check! ○ △ ✕

학습 및 동기부여 이론에 관한 설명으로 가장 적절한 것은?

① 알더퍼(Alderfer)의 ERG이론, 브룸(Vroom)의 기대이론(expectancy theory), 허쯔버그(Herzberg)의 2요인이론(two factor theory)은 동기부여의 과정이론(process theory)에 해당된다.
② 강화이론(reinforcement theory)에서 긍정적인 강화(positive reinforcement)와 부정적인 강화(negative reinforcement)는 바람직한 행동의 빈도를 증가시킨다.
③ 브룸(Vroom)의 기대이론에 따르면 유의성(valence)은 행위자의 성장욕구가 높을수록 크고 존재욕구가 높을수록 작으며 수단성에 영향을 미친다.
④ 매슬로우(Maslow)의 욕구단계이론에 따르면 성장욕구의 충족이 좌절되었을 때 관계욕구를 충족시키려는 좌절 - 퇴행(frustration regression)의 과정이 발생한다.
⑤ 아담스(Adams)의 공정성 이론(equity theory)에 의하면 절차적 공정성, 분배적 공정성, 상호작용적 공정성 순서로 동기부여가 일어난다.

03

리더십이론에 관한 설명으로 가장 적절한 것은?

① 거래적 리더십(transactional leadership)은 조건적 보상, 예외에 의한 관리(management by exception), 지적인 자극, 이상적인 영향력의 행사로 구성된다.

② 피들러(Fiedler)의 리더십 모형은 리더를 둘러싼 상황을 과업의 구조, 부하와의 관계, 부하의 성취욕구, 작업환경으로 구분한다.

③ 브룸(Vroom)과 예튼(Yetton)의 리더십 모형은 리더십의 스타일을 리더와 부하의 관계의 질에 따라 방임형, 민주형, 절충형, 독재형의 4가지 형태로 나눈다.

④ 허쉬(Hersey)와 블랜차드(Blanchard)는 부하의 성숙도를 부하의 능력(ability)과 의지(willingness), 두 가지 측면에서 파악하여 4가지로 나누었다.

⑤ 블레이크(Blake)와 머튼(Mouton)은 (1,1)형 리더를 이상적인 리더십 스타일로 규정하였다.

04

케플란(Kaplan)과 노튼(Norton)의 균형성과표(Balanced Scorecard ; BSC)에서 제시한 4가지 관점으로 가장 적절하지 않은 것은?

① 재무적 관점

② 고객관점

③ 학습과 성장 관점

④ 내부 프로세스 관점

⑤ 사회적 책임 관점

05

조직에서의 기술에 관한 설명으로 가장 적절하지 <u>않은</u> 것은?

① 페로우(Perrow)에 따르면 장인(craft)기술을 사용하는 부서는 과업의 다양성이 낮으며 발생하는 문제가 비일상적이고 문제의 분석가능성이 낮다.

② 톰슨(Thompson)에 따르면 집합적(pooled) 상호의존성은 집약형 기술을 사용하여 부서 간 상호조정의 필요성이 높고 표준화, 규정, 절차보다는 팀웍이 중요하다.

③ 우드워드(Woodward)에 따르면 연속공정생산기술은 산출물에 대한 예측가능성이 높고 기술의 복잡성이 높다.

④ 페로우에 따르면 공학적(engineering) 기술을 사용하는 부서는 과업의 다양성이 높고 잘 짜여진 공식과 기법에 의해서 문제의 분석가능성이 높다.

⑤ 페로우에 따르면 비일상적(nonroutine) 기술을 사용하는 부서는 과업의 다양성이 높고 문제의 분석가능성이 낮다.

06

직무평가(job evaluation) 방법으로 가장 적절한 것은?

① 요소비교법(factor comparison method)
② 강제할당법(forced distribution method)
③ 중요사건기술법(critical incident method)
④ 행동기준평가법(behaviorally anchored rating scale)
⑤ 체크리스트법(check list method)

07

임금 및 보상에 관한 설명으로 가장 적절하지 않은 것은?

① 직무급은 종업원이 맡은 직무의 상대적 가치에 따라 임금을 결정하는 방식이다.
② 해당 기업의 종업원이 받는 임금수준을 타 기업 종업원의 임금수준과 비교하는 것은 임금의 외부공정성과 관련이 있다.
③ 해당 기업 내 종업원간의 임금수준의 격차는 임금의 내부공정성과 관련이 있다.
④ 직능급은 종업원이 보유하고 있는 직무수행능력을 기준으로 임금을 결정하는 방식이다.
⑤ 기업의 임금체계와 임금의 내부공정성은 해당 기업의 지불능력, 생계비 수준, 노동시장에서의 임금수준에 의해 결정된다.

08

인사평가 및 선발에 관한 설명으로 가장 적절한 것은?

① 중심화경향은 평가자가 피평가자의 중심적인 행동특질을 가지고 피평가자의 나머지 특질을 평가하는 경향이다.
② 인사평가의 실용성 및 수용성을 파악하기 위해서는 관대화경향, 중심화경향, 후광효과, 최근효과, 대비효과를 지표로 측정하여야 한다.
③ 시험 - 재시험 방법(test-retest method), 내적 일관성(internal consistency) 측정방법, 양분법(split half method)은 선발도구의 신뢰도 측정에 사용되는 방법이다.
④ 신입사원의 입사 시험성적과 입사 후 일정기간이 지난 후의 직무태도를 비교하여 상관관계를 조사하는 방법은 선발도구의 현재 타당도(concurrent validity)를 조사하는 방법이다.
⑤ 인사평가의 신뢰성은 특정의 평가도구가 얼마나 평가목적을 잘 충족시키느냐에 관한 것이다.

09

☑ 확인Check! ○ △ ✕

세분시장의 요건으로 적절한 항목은 <u>모두</u> 몇 개인가?

---

a. 측정가능성
b. 규모의 실체성(충분한 시장규모)
c. 접근가능성
d. 세분시장 내 동질성과 세분시장 간 이질성(차별적 반응)

---

① 0개
② 1개
③ 2개
④ 3개
⑤ 4개

10

☑ 확인Check! ○ △ ✕

신제품 확산(diffusion)에 관한 설명으로 가장 적절한 것은?

① 상대적 이점, 단순성, 커뮤니케이션 가능성, 부합성은 확산에 영향을 미치는 신제품 특성 요인에 포함된다.
② 로저스(Rogers)는 수용이 이루어지는 시점에 따라 소비자를 4개의 수용자 범주로 분류하였다.
③ 수용시점에 따른 수용자 유형에서 조기다수자(early majority)는 혁신소비자(innovator) 바로 다음에 수용하는 소비자 집단이다.
④ 기술의 표준화는 신제품 확산 속도를 느리게 한다.
⑤ 확산 곡선의 기울기는 제품유형에 따라 다르지 않다.

11

☑ 확인Check! ○ △ ✕

제품관리에 관한 설명으로 가장 적절하지 <u>않은</u> 것은?

① 제품은 핵심제품(core product/benefit), 실제제품(actual/tangible product), 확장제품(augmented product)과 같은 세 가지 수준의 개념으로 분류될 수 있다.

② 선매품(shopping goods)은 브랜드 충성도가 강하며 브랜드 대안 간 비교가 이루어지지 않는 제품이다.

③ 제품라인(product line)은 상호 밀접하게 관련되어 있는 제품들의 집합이다.

④ 하향 확장(downward line extension)의 경우 확장된 신제품이 기존 브랜드의 이미지를 약화시킬 수 있는 위험이 있다.

⑤ 우리 회사의 브랜드와 다른 회사의 브랜드를 결합해서 사용하는 것은 공동브랜딩(co-branding)의 일종이다.

12

☑ 확인Check! ○ △ ✕

가격관리에서 아래의 현상을 가장 적절하게 설명할 수 있는 것은?

> 500원의 가격인상이 5,000원짜리 제품에서는 크게 여겨지는 반면에 50,000원짜리 제품에서는 작게 여겨진다.

① 웨버의 법칙(Weber's Law)

② 준거가격(reference price)

③ 가격 – 품질 연상(price-quality association)

④ 유보가격(reservation price)

⑤ JND(just noticeable difference)

13

논리적이라는 장점을 갖고 있지만 실제 현실에 적용하여 사용하기가 쉽지 않은 광고예산 결정방법으로 다음 중 가장 적절한 것은?

① 매출액 비율법(percentage-of-sales method)
② 가용예산 할당법(affordable method)
③ 목표 과업법(objective-and-task method)
④ 경쟁자 기준법(competitive-parity method)
⑤ 전년도 광고예산 기준법

14

유통관리에 관한 설명으로 가장 적절한 것은?

① 수직적 마케팅 시스템(VMS)에서 소매상 협동조합은 관리형 VMS에 포함된다.
② 거래규모가 작고 거래가 드물게 발생하는 경우 제조업체가 통합적 유통경로(기업형 VMS)를 갖게 될 가능성이 높아진다.
③ 유통경로 갈등의 원인 중 영역 불일치(domain dissensus)는 동일한 사안을 놓고도 경로구성원들이 다르게 인식하는 것이다.
④ 제조업체 도매상(manufacturers' sales branches and offices)은 독립적인 도매상이 아니며 제조업체에 의해 직접 소유·운영된다.
⑤ 전문적 힘(expert power)은 경로구성원 A가 B에 대해 일체감을 갖고 있거나 갖게 되기를 바라기 때문에 발생하는 힘이다.

15

피쉬바인 확장모델(Fishbein's extended model)은 합리적 행동이론(theory of reasoned action)에 토대를 두고 개발된 것이다. 이 모델의 내용(요소)에 포함될 수 있는 적절한 항목은 모두 몇 개인가?

> a. 구매행동의도(behavioral intention)를 통한 구매행동 예측
> b. 대상과 관련된 구매행동에 대한 태도가 아닌 대상에 대한 태도
> c. 주관적 규범(subjective norm)
> d. 중심경로(central route)와 주변경로(peripheral route)

① 0개
② 1개
③ 2개
④ 3개
⑤ 4개

16

마케팅 조사에 관한 설명으로 가장 적절하지 <u>않은</u> 것은?

① 타당성(validity)은 측정 도구가 측정하고자 하는 개념이나 속성을 얼마나 정확하게 측정할 수 있는가를 나타내는 지표이다.
② 표적집단면접(focus group interview), 문헌조사, 전문가 의견조사는 기술조사(descriptive research) 방법에 포함된다.
③ 척도에 따라 변수가 갖게 되는 정보량의 크기는 서열척도(ordinal scale)보다 등간척도(interval scale)가 더 크다.
④ 단순무작위표본추출과 군집표본추출은 확률표본추출방법이다.
⑤ 조사현장의 오류와 자료처리의 오류는 관찰오류(survey error)에 포함된다.

17

생산·서비스 공정 및 설비배치에 관한 설명으로 가장 적절한 것은?

① 배치공정(batch process)은 조립라인공정(assembly line process)에 비해 일정계획 수립 및 재고통제가 용이하고 효율성이 높다.

② 주문생산공정(make-to-order process)은 원하는 서비스수준(service level)을 최소 비용으로 충족시키는 것이 주요 목적이며, 재고생산공정(make-to-stock process)은 생산시간을 최소화하는 것이 주요 목적이다.

③ 고객접촉의 정도가 높을수록 서비스공정의 불확실성이 낮아지고 비효율성이 감소하게 된다.

④ 공정별배치를 셀룰러(cellular)배치로 변경함으로써 생산준비시간을 단축시키는 것이 가능하다.

⑤ 제품별배치에서는 제품이 정해진 경로를 따라 이동하지만 프로젝트배치와 공정별배치에서는 다양한 이동경로를 갖는다.

18

식스시그마(Six Sigma) DMAIC 방법론의 M(Measure) 단계에서 수행되는 활동으로 가장 적절한 것은?

① 품질의 현재 수준을 파악한다.

② 핵심인자(vital few)를 찾아낸다.

③ 통계적 방법을 활용하여 핵심인자의 최적 운영 조건을 도출한다.

④ 관리도(control chart)를 이용하여 개선 결과를 측정하고 관리하는 방안을 마련한다.

⑤ 고객의 니즈(needs)를 바탕으로 핵심품질특성(Critical to Quality ; CTQ)을 파악한다.

19

아래의 도구 중 프로젝트의 완료시간을 계산하는 데 사용되는 적절한 도구만을 <u>모두</u> 선택한 것은?

a. PERT/CPM

b. 간트차트(Gantt Chart)

c. 이시가와 다이어그램(Ishikawa Diagram)

d. 파레토차트(Pareto Chart)

① a
② b
③ a, b
④ a, d
⑤ c, d

20

주기시간(cycle time)마다 일련의 작업장을 통과하는 이동 컨베이어 시스템이 설치된 조립라인에 관한 설명 중 적절한 항목만을 <u>모두</u> 선택한 것은?

a. 조립라인의 변경 없이 주기시간을 늘리는 경우, 조립라인 균형의 효율성은 감소한다.

b. 조립라인의 생산능력(capacity) 비교를 위해 각 조립라인의 주기시간 당 생산되는 제품의 수가 활용된다.

c. 조립라인에 존재하는 재공품이 20개이고 주기시간이 2분인 경우, 조립라인의 처리시간(flow/throughput time)은 30분 이내이다.

d. 주기시간은 가장 짧은 작업시간을 갖는 작업장과 가장 긴 작업시간을 갖는 작업장의 작업시간 사이의 값을 갖는다.

① a
② c
③ a, b
④ b, c
⑤ c, d

21

☑ 확인 Check! ○ △ ✕

재고관리에 관한 설명으로 가장 적절한 것은?

① 주문량은 주기재고(cycle inventory)에 직접적인 영향을 미치며, 판매촉진 활동 등으로 인해 예상되는 수요 증가는 안전재고(safety stock)에 직접적인 영향을 미친다.

② 경제적 주문량(EOQ) 모델에 기초하였을 때, 연간 재고유지비용은 연간 주문비용보다 작게 된다.

③ EOQ 모델의 기본 가정 하에서는 정량발주모형(fixed-order quantity model)보다 정기발주모형(fixed-order interval model)의 평균 재고수준이 높게 된다.

④ 단일기간(single-period) 재고모형은 정기간행물, 부패성 품목 등 수명주기가 짧은 제품의 주문량 결정 뿐 아니라 호텔 객실 등의 초과예약수준 결정에도 활용될 수 있다.

⑤ ABC 재고분류에서 세심한 관리가 필요한 A항목에 포함된 품목은 높은 재고수준을 감수하고서라도 발주간 격을 늘리는 것이 바람직하다.

22

☑ 확인 Check! ○ △ ✕

공급사슬관리(SCM)에 관한 설명으로 가장 적절하지 <u>않은</u> 것은?

① 공급사슬 참여자간에 원활한 정보공유가 이루어지지 않는 경우, 공급사슬에서 고객과의 거리가 멀어질수록 주문의 변동 폭이 증가하는 채찍효과(bullwhip effect)가 발생할 수 있다.

② 하우 리(Hau Lee)에 의하면 수요의 불확실성 정도 뿐 아니라 공급의 불확실성 정도에 따라서도 공급사슬 전략에 차이가 발생하게 된다.

③ 재고일수는 확보하고 있는 물량으로 공급이 가능한 기간을 의미하며, 재고일수가 짧을수록 재고회전율은 높게 된다.

④ 대량고객화(mass customization)의 구현을 위해 제품의 모듈화 설계(modular design), 차별화 지연 (process postponement) 등이 활용될 수 있다.

⑤ 공급자재고관리(vendor managed inventory)를 활용하면, 구매자의 재고유지 비용은 빈번한 발주와 리드 타임 증가로 인해 상승하고 공급자의 수요예측 정확도는 낮아진다.

23

☑ 확인Check! ○ △ ✕

적시생산(JIT)시스템에 관한 설명으로 가장 적절한 것은?

① 생산리드타임(production lead time) 단축, 생산준비시간(set-up time) 단축, 생산평준화(production leveling) 등을 추구한다.

② 로트(lot)의 크기를 최대화하여 단위 제품당 생산시간과 생산비용을 최소화한다.

③ 선후행 작업장 사이에 발생하는 재고의 양은 칸반(Kanban)의 수에 반비례하므로 칸반의 수를 최대화하고 재고를 줄이기 위한 방안을 지속적으로 강구한다.

④ 품질향상을 위해 품질비용 중 예방비용(prevention cost)의 최소화를 목표로 한다.

⑤ 수요의 변동이 생산시스템에 미치는 영향을 최소화하기 위해 자재소요계획(MRP)을 기반으로 생산 및 통제를 실시한다.

24

☑ 확인Check! ○ △ ✕

A 기업은 단순지수평활법(simple exponential smoothing)을 이용하여 수요를 예측하고 있다. 다음 표는 1월과 2월의 수요 예측치와 실제 수요를 나타낸 것이다. 3월의 수요 예측치와 가장 가까운 것은?

구 분	1월	2월	3월
수요 예측치	35	33.5	?
실제 수요	30	40	

① 34.5

② 35.5

③ 36.5

④ 37.5

⑤ 38.5

A 기업은 2015년에 비유동자산을 처분(장부가액 10,000원, 처분손익은 발생하지 않음)하였으며 8,000원의 장기부채를 신규로 차입하였다. 다음은 A 기업의 2014년과 2015년 재무제표 정보이며 법인세율은 30%이다. 다음 설명 중 가장 적절한 것은?

재무상태표의 일부

(단위 : 원)

자 산	2014년말	2015년말	부채와 자본	2014년말	2015년말
유동자산	5,000	5,500	유동부채	2,000	2,200
비유동자산	25,000	30,000	비유동부채	20,000	26,000

2015년도 포괄손익계산서의 일부

(단위 : 원)

매출액	150,000
매출원가	80,000
감가상각비	10,000
이자비용	2,000

① 2015년 비유동자산 취득액은 24,000원이다.

② 2015년 영업현금흐름은 53,000원이다.

③ 2015년 채권자의 현금흐름은 -5,000원이다.

④ 2015년 비유동부채 상환액은 2,000원이다.

⑤ 2015년 순운전자본은 500원 증가하였다.

26

☑ 확인Check! ○ △ ✕

채권의 듀레이션에 관한 설명으로 가장 적절하지 <u>않은</u> 것은?(단, 이표채의 잔존만기는 1년을 초과한다고 가정한다)

① 영구채의 듀레이션은 $\dfrac{1+\text{만기수익률}}{\text{만기수익률}}$ 이다.

② 다른 조건이 동일할 때, 액면이자율이 낮은 이표채의 듀레이션이 더 길다.

③ 모든 채권은 발행 이후 시간이 경과하면 그 채권의 듀레이션은 짧아진다.

④ 다른 조건이 동일할 때, 만기수익률이 상승하면 이표채의 듀레이션은 짧아진다.

⑤ 이표채의 듀레이션은 만기보다 짧다.

27

☑ 확인Check! ○ △ ✕

이자율과 할인율이 연 10%로 일정할 때 아래의 세 가지 금액의 크기 순서로 가장 적절한 것은?(단, $PVIFA$ (10%, 6)=4.3553, $FVIFA$(10%, 6)=7.7156)

> A : 5차년도부터 10차년도까지 매년 말 255원씩 받는 연금의 현재가치
>
> B : 5차년도부터 10차년도까지 매년 말 96원씩 받는 연금의 10차년도 말 시점에서의 미래가치
>
> C : 3차년도 말에서 45원을 받고 이후 매년 말마다 전년 대비 5%씩 수령액이 증가하는 성장형 영구연금의 현재가치

① A > B > C
③ B > C > A
⑤ C > B > A

② A > C > B
④ C > A > B

28

☑ 확인Check! ○ △ ✕

영업레버리지도(DOL), 재무레버리지도(DFL), 결합레버리지도(DCL)에 관한 설명으로 가장 적절하지 <u>않은</u> 것은?

① 영업이익(EBIT)이 영(0)보다 작은 경우, 음($-$)의 DOL은 매출액 증가에 따라 영업이익이 감소함을 의미한다.

② 고정영업비가 일정해도 DOL은 매출액의 크기에 따라 변화한다.

③ DCL은 DOL과 DFL의 곱으로 나타낼 수 있다.

④ 이자비용이 일정해도 DFL은 영업이익의 크기에 따라 변화한다.

⑤ 영업이익이 이자비용(이자비용 > 0)보다 큰 경우, 영업이익이 증가함에 따라 DFL은 감소하며 1에 수렴한다.

공인회계사 1차 2016년 제51회

29

B 출판사는 현재 사용하고 있는 구형 윤전기를 대체할 3년 수명의 신형 윤전기 구입을 고려하고 있다. 구형 윤전기는 완전상각되어 있으며 잔존 시장가치도 없다. 72억원인 신형 윤전기를 구입함으로 인해 3년 동안 연간 매출액이 구형 윤전기에 비해 28억원 증가하고, 매출원가는 변동이 없을 것으로 추정한다. 신형 윤전기는 정액법으로 3년 동안 100% 감가상각할 예정이나 3년 후($t=3$) 처분가치는 6억원일 것으로 추정하고 있다. 윤전기를 도입하면 초기($t=0$)에 3억원의 순운전자본이 소요되며, 이 순운전자본은 3년 후 시점에서 전액 회수된다. 법인세율이 30%라면 3년 후 시점에서의 증분현금흐름은 얼마인가?

① 26.3억원

② 34.0억원

③ 35.8억원

④ 50.8억원

⑤ 52.6억원

30

법인세를 고려한 MM의 수정이론(1963)이 성립한다고 가정하자. C 기업은 1년 후부터 영원히 매년 10억원의 영업이익을 예상하고 있다. C 기업은 현재 부채가 없으나 차입하여 자사주를 매입·소각하는 방식으로 자본재구성을 하려고 한다. C 기업의 자기자본비용은 10%이며, 법인세율은 30%일 때 가장 적절하지 <u>않은</u> 것은?

① C 기업의 무부채 기업가치(V_U)는 70억원이다.

② C 기업이 무부채 기업가치(V_U)의 50%만큼을 차입한다면 기업가치(V_L)는 80.5억원이 된다.

③ C 기업이 무부채 기업가치(V_U)의 100%만큼을 차입한다면 기업가치(V_L)는 91억원이 된다.

④ 부채비율$\left(\dfrac{\text{부채}}{\text{자기자본}}\right)$이 100%인 자본구조를 갖는 기업가치($V_L$)는 85억원이다.

⑤ 부채 대 자산비율$\left(\dfrac{\text{부채}}{\text{자기자본}+\text{부채}}\right)$이 100%인 자본구조를 갖는 기업가치($V_L$)는 100억원이다.

31

다음 설명 중 옳은 항목만을 <u>모두</u> 선택한 것은?(단, 자본자산가격 결정모형(CAPM)이 성립한다고 가정한다)

a. 투자자의 효용을 극대화시키는 최적포트폴리오의 베타 값은 그 투자자의 시장포트폴리오에 대한 투자비율과 동일하다.
b. 투자자의 위험회피성향이 높아질수록 최적포트폴리오를 구성할 때 시장포트폴리오에 대한 투자비율이 낮아진다.
c. 시장포트폴리오와 개별 위험자산의 위험프리미엄은 항상 0보다 크다.

① a
② b
③ a, b
④ a, c
⑤ a, b, c

32

시장포트폴리오와 상관계수가 1인 포트폴리오 A의 기대수익률은 12%이고, 무위험수익률은 5%이다. 시장포트폴리오의 기대수익률과 수익률의 표준편차는 각각 10%와 25%이다. 포트폴리오 A 수익률의 표준편차에 가장 가까운 것은?(단, CAPM이 성립한다고 가정한다)

① 30%
② 35%
③ 40%
④ 45%
⑤ 50%

33

주식 A와 주식 B로 위험포트폴리오를 구성하고자 한다. 주식 A와 주식 B의 기대수익률은 10%로 같으며, 주식 A 수익률의 표준편차와 주식 B 수익률의 표준편차는 각각 20%와 40%이다. 샤프비율$\left(\dfrac{E(R_i) - R_f}{\sigma_i}\right)$에 관한 다음 설명 중 옳은 것만을 <u>모두</u> 선택한 것은?(단, $E(R_i)$와 σ_i는 각각 주식(포트폴리오) i의 기대수익률과 수익률의 표준편차이고, 주식 A와 주식 B에 대한 투자비율의 합은 1이며, 무위험수익률(R_f)은 5%이다. 공매도는 허용하지 않는다고 가정한다)

a. 주식 A의 샤프비율은 주식 B의 샤프비율의 두 배이다.
b. 주식 A와 주식 B 사이의 상관계수가 1인 경우, 주식 B에 대한 투자비율이 높아질수록 위험포트폴리오의 샤프비율은 하락한다.
c. 주식 A와 주식 B 사이의 상관계수가 0인 경우, 위험포트폴리오 가운데 최소분산포트폴리오의 샤프비율이 가장 크다.

① a
② b
③ a, c
④ b, c
⑤ a, b, c

34

고정성장배당평가모형(constant growth dividend discount model)에 관한 설명으로 가장 적절하지 <u>않은</u> 것은?

① 계속기업(going concern)을 가정하고 있다.
② 고정성장배당평가모형이 성립하면, 주가는 배당성장률과 동일한 비율로 성장한다.
③ 고정성장배당평가모형이 성립하면, 주식의 투자수익률은 배당수익률과 배당성장률의 합과 같다.
④ 다른 조건은 일정하고 재투자수익률(ROE)이 요구수익률보다 낮을 때, 내부유보율을 증가시키면 주가는 상승한다.
⑤ 다른 조건이 일정할 때, 요구수익률이 하락하면 주가는 상승한다.

35

위험자산 A, B, C의 기대수익률과 수익률의 표준편차는 다음과 같다. 지배원리를 이용하여 투자자 갑은 이들 세 가지 위험자산 가운데 두 가지 효율적 자산을 선택하고, 이 두 가지 효율적 자산에 각각 50%씩 투자하여 포트폴리오 K를 구성하고자 한다. 포트폴리오 K 수익률의 표준편차에 가장 가까운 것은?(단, 각 위험자산 사이의 상관계수는 모두 0이라고 가정한다)

위험자산	A	B	C
기대수익률	9%	12%	10%
표준편차	13%	15%	10%

① 7%
③ 9%
⑤ 11%

② 8%
④ 10%

36

CAPM을 이용하여 주식 A, B, C의 과대/과소/적정 평가 여부를 판단하고자 한다. 주식 A, B, C의 베타와 현재 가격에 내재된 기대수익률은 다음과 같다. 다음 설명 중 가장 적절하지 <u>않은</u> 것은?(단, 시장포트폴리오 의 기대수익률과 무위험수익률(R_f)은 각각 10%와 5%이다)

주 식	베 타	현재 가격에 내재된 기대수익률
A	0.5	8.5%
B	0.8	7.0%
C	1.2	11.0%

① 주식 A는 과소평가되어 있다.

② 주식 A의 위험보상률$\left(\dfrac{E(R_A) - R_f}{\beta_A} \right)$은 시장위험프리미엄과 같다(단, β_A와 $E(R_A)$는 각각 주식 A의 베타와 현재 가격에 내재된 기대수익률이다).

③ 주식 B는 증권시장선(SML)보다 아래에 위치한다.

④ 주식 B의 현재 가격에 내재된 기대수익률은 균형수익률(요구수익률)보다 작다.

⑤ 주식 C의 알파 값은 0이다.

37

(주)가나의 현재 주가는 100,000원이다. (주)가나의 주가는 1년 후 120,000원이 될 확률이 70%이고 80,000원이 될 확률이 30%인 이항모형을 따른다. (주)가나의 주식을 기초자산으로 하는 만기 1년, 행사가격 90,000원의 유럽형 콜옵션과 풋옵션이 현재 시장에서 거래되고 있다. 무위험이자율이 연 10%일 때 풋옵션의 델타와 콜옵션의 델타로 가장 적절한 것은?

	풋옵션델타	콜옵션델타
①	−0.25	0.25
②	−0.50	0.50
③	−0.25	0.75
④	−0.50	0.75
⑤	−0.75	0.75

38

적대적 M&A 위협에 대한 방어 전략에 포함될 수 있는 적절한 항목은 <u>모두</u> 몇 개인가?

---

a. 독약 조항(poison pill)

b. 이사진의 임기분산

c. 황금 낙하산(golden parachute)

d. 초다수결조항

e. 백기사(white knight)

---

① 1개　　　　　　　　　　　② 2개
③ 3개　　　　　　　　　　　④ 4개
⑤ 5개

39

옵션 투자전략에 관한 설명으로 가장 적절하지 <u>않은</u> 것은?

① 보호풋(protective put) 전략과 방비콜(covered call) 전략은 일종의 헤지(hedge)전략이다.
② 약세 스프레드(bear spread) 전략은 행사가격이 낮은 옵션을 매도하고 행사가격이 높은 옵션을 매입하는 전략이다.
③ 박스 스프레드(box spread) 전략은 콜옵션을 이용한 강세 스프레드와 풋옵션을 이용한 약세 스프레드를 결합한 전략이다.
④ 스트래들(straddle) 매입 전략은 만기와 행사가격이 동일한 콜옵션과 풋옵션을 동시에 매입하는 전략이다.
⑤ 스트립(strip) 전략은 만기와 행사가격이 동일한 콜옵션을 2개 매입하고 풋옵션을 1개 매입하는 전략이다.

40

올해 1월 1일 현재 채권시장에서 (갑), (을), (병) 세 가지 종류의 무이표 국고채가 거래되고 있다. (갑) 채권은 액면가 10,000원, 만기 1년이고 만기수익률이 2%이다. (을) 채권은 액면가 10,000원, 만기 2년이고 만기수익률이 4%이며, (병) 채권은 액면가 10,000원, 만기 3년이고 만기수익률이 5%이다. (갑), (을), (병) 채권으로 복제포트폴리오를 구성하여 액면가 1,000,000원, 액면이자율 2%, 만기 3년이며 이자를 1년에 한번씩 연말에 지급하는 국고채의 가격을 구할 때 차익거래가 발생하지 않기 위한 채권가격과 가장 가까운 것은?(단, 현재 시장에서는 거래비용이 없다고 가정한다)

① 920,000원
② 940,000원
③ 960,000원
④ 980,000원
⑤ 1,000,000원

● Time 분 | 정답 및 해설편 273p

※ 각 문제의 보기 중에서 물음에 가장 합당한 답을 고르시오.

01

☑ 확인 Check! ○ △ ✕

경영전략에 관한 설명으로 가장 적절한 것은?

① 보스톤 컨설팅 그룹(BCG)의 사업포트폴리오 매트릭스에서 문제아(problem child, question marks)의 경우에 자금을 투입하기도 한다.

② 관련다각화 전략을 사용하면 반드시 규모의 경제(economy of scale)가 실현된다.

③ 포터(Porter)의 가치사슬(value chain) 모형에 의하면 본원적 활동(primary activities)에는 기획, 구매, 물류, 생산, 판매, 유통, 사후관리가 포함된다.

④ 포터(Porter)의 산업구조분석 모형에 의하면 구매자의 교섭력이 강하고, 공급자의 교섭력이 약하며, 대체재가 적을수록 수익성이 높아진다.

⑤ 보스톤 컨설팅 그룹(BCG)의 사업포트폴리오 매트릭스에서 상대적 시장점유율이 1보다 크다는 것은 시장점유율이 50% 이상이라는 것을 의미한다.

02

☑ 확인 Check! ○ △ ✕

동기부여 이론에 관한 설명으로 가장 적절한 것은?

① 브룸(Vroom)의 기대이론(expectancy theory)에 의하면, 수단성(instrumentality)을 높이기 위해서 종업원이 선호하는 보상 수단을 조사할 필요가 있다.

② 허쯔버그(Herzberg)의 이요인이론(two factor theory)에 의하면, 임금을 높여주거나 작업환경을 개선하는 것으로는 종업원의 만족도를 높일 수 없다.

③ 브룸의 기대이론에서 기대(expectancy)는 노력했을 때 성과가 나타날 수 있는 객관적 확률이다.

④ 브룸의 기대이론에 의하면, 연공급을 도입하면 기대(expectancy)가 높아진다.

⑤ 아담스(Adams)의 공정성 이론(equity theory)에 의하면, 과다보상을 받았다고 느끼는 경우에는 만족도가 높기 때문에 행동의 변화가 나타나지 않는다.

03

리더십 이론에 관한 설명으로 가장 적절한 것은?

① 피들러(Fiedler)의 상황이론에 의하면, 리더가 처한 상황이 매우 호의적이거나 매우 비호의적인 경우에는 LPC(least preferred co-worker) 점수가 높은 리더가 적합하다.

② 리더 – 구성원 교환관계이론(leader-member exchange theory ; LMX)은 상사와 모든 부하의 관계가 동질적이라고 가정하고 있다.

③ 허시(Hersey)와 블랜차드(Blanchard)의 상황이론에 의하면, 부하의 성숙도가 매우 낮거나 매우 높은 경우에는 위임형 리더십 스타일이 적합하다.

④ 블레이크(Blake)와 머튼(Mouton)의 관리격자모형(managerial grid model)에서는 리더가 처한 상황에 따라 리더십 스타일이 달라진다고 하였다.

⑤ 하우스(House)의 경로 – 목표이론(path-goal theory)에서는 리더의 유형을 지시적, 지원적(후원적), 참여적, 성취지향적 리더십으로 구분하였다.

04

태도와 성격에 관한 설명으로 가장 적절하지 않은 것은?

① 켈리(Kelly)의 귀인이론에서는 행동의 원인을 특이성, 합의성, 일관성으로 구분하여 파악한다.

② 자존적 편견(self-serving bias)은 평가자가 자신의 자존심을 지키기 위하여, 자신이 실패했을 때는 자신의 내부적 요인에서 원인을 찾고, 자신의 성공에 대해서는 외부적 요인에서 원인을 찾으려는 경향을 의미한다.

③ 성격유형을 A형과 B형으로 구분할 때, A형은 B형보다 업무처리 속도가 빠르고, 인내심이 부족한 편이다.

④ 조직시민행동(organizational citizenship behavior)이란 조직에서의 공식적인 역할이 아니더라도, 조직을 위해 자발적으로 희생하고 노력하며 동료를 돕는 행동을 의미한다.

⑤ 마이어(Meyer)와 알렌(Allen)이 주장하는 조직몰입 중 지속적(continuance) 몰입은 조직을 떠나면 경제적 비용이 많이 발생하기 때문에 조직에 머물러 있으려는 태도를 의미한다.

05

보상관리에 관한 설명으로 가장 적절한 것은?

① 회사 재직 중에 종업원의 직무가 변하지 않을 경우, 직무급을 도입하면 종업원의 장기근속을 유도할 수 있다.

② 임금수준이란 개인이 받는 임금의 크기를 의미하며, 임금수준을 결정할 때에는 기업의 지불능력을 고려해야 한다.

③ 직능급을 도입할 경우, 우수 인재를 계속 보유하고 능력개발을 유도하는 장점이 있다.

④ 직무급은 직무담당자의 능력, 태도, 성과에 의해 결정된다.

⑤ 럭커 플랜(Rucker plan)은 매출액을 기준으로 성과배분액을 계산하며 종업원 제안제도를 채택하고 있다.

06

직무관리에 관한 설명으로 가장 적절한 것은?

① 요소비교법을 사용하여 직무평가를 할 때, 직무의 평가요소와 기준직무를 선정하는 것이 필요하다.

② 핵크만(Hackman)과 올드햄(Oldham)이 주장한 직무특성이론(job characteristics theory)에서 핵심직무특성에는 기능다양성(skill variety), 과업정체성(task identity), 과업중요성(task significance), 직무독립성(task independence), 피드백(feedback)이 포함된다.

③ 직무충실화(job enrichment)란 과업의 다양성을 증진시키기 위해 직무의 수를 증가시키는 것을 의미한다.

④ 서열법을 사용하여 직무평가를 할 때에는 등급분류 기준을 설정해야 한다.

⑤ 핵크만(Hackman)과 올드햄(Oldham)의 직무특성이론에서 중요심리상태에는 작업에 대한 만족감, 작업결과에 대한 책임감, 직무수행 결과에 대한 지식이 포함된다.

07

인사평가에 관한 설명으로 가장 적절한 것은?

① 행위기준고과법(behaviorally anchored rating scales ; BARS)에서는 개인의 성과목표와 행동기준을 설정하고, 목표대비 달성 정도를 평가한다.
② 후광효과(halo effect)는 피평가자 개인의 특성보다는 출신학교나 출신지역에 근거해 평가할 때 나타나는 오류이다.
③ 서열법은 피평가자의 강약점이나 절대적인 성과 수준을 파악할 수 없다는 단점이 있다.
④ 행위기준고과법은 체크리스트법과 중요사건법을 결합한 것으로 피평가자의 구체적 행동에 근거하여 평가하는 방법이다.
⑤ 평가의 타당성(validity)이란 동일한 피평가자를 반복하여 평가하여도 비슷한 결과가 나타나는지를 의미한다.

08

인력계획에 관한 설명으로 가장 적절하지 <u>않은</u> 것은?

① 마코프체인 기법(Markov chain method)에서는 전이확률행렬을 이용하여 인력의 수요량을 예측한다.
② 마코프체인 기법은 경영환경이 급격하게 변할 경우에는 적합하지 않다.
③ 기능목록(skill inventory)에는 종업원 개인의 학력, 직무경험, 기능, 자격증, 교육훈련 경험이 포함된다.
④ 델파이 기법(Delphi method)은 전문가들이 면대면(face to face) 토론을 통해 인력의 공급량을 예측하는 방법이다.
⑤ 조직의 규모가 급격하게 성장하고, 전략적 변화가 필요할 때에는 외부모집이 적절하다.

09

고객의 지각(perception)에 기초한 경쟁자 파악 방법으로 적절한 항목은 <u>모두</u> 몇 개인가?

> a. 상품제거(product deletion)
> b. 상표전환 매트릭스(brand switching matrix)
> c. 지각도(perceptual map)
> d. 수요의 교차탄력성(cross-elasticity of demand)

① 0개 ② 1개
③ 2개 ④ 3개
⑤ 4개

10

소비자행동에서 아래의 상황을 가장 적절하게 설명할 수 있는 것은?

> 소비자는 자신이 좋아하는 연예인이 출연한 광고에 노출되면 그 광고 제품에 대한 태도가 호의적으로 변할 수 있다. 그러므로 자사상표에 대한 소비자들의 태도가 부정적일 때 소비자들이 좋아하는 연예인을 광고에 출연시킴으로써 태도변화를 시도할 수 있다.

① 균형이론(balance theory)
② 합리적 행동이론(theory of reasoned action)
③ 다속성태도모형(multi-attribute attitude model)
④ 정교화가능성모형(elaboration likelihood model)
⑤ 단순노출효과(mere exposure effect)

11

제품관리에 관한 설명으로 가장 적절하지 <u>않은</u> 것은?

① 혁신소비자(innovator), 조기수용자(early adopter), 조기다수자(early majority), 후기다수자(late majority), 지각수용자(laggard)는 소비자들을 신제품 수용 시점에 따라 구분한 것이다.

② 신상품 개발 프로세스는 일반적으로 아이디어 창출 및 심사 → 컨셉트 개발 및 테스트 → 마케팅 믹스 개발 → 사업성 분석 → 시장테스트 → 시제품 생산 → 출시 순서로 이루어진다.

③ 브랜드 계층구조(brand hierarchy)는 브랜드를 기업 브랜드(corporate brand), 패밀리 브랜드(family brand), 개별 브랜드(individual brand), 브랜드 수식어(brand modifier)로 구분한 것이다.

④ 전형적인 제품수명주기(product life cycle)는 도입기, 성장기, 성숙기, 쇠퇴기 단계를 갖는다.

⑤ 브랜드 확장은 '기존 브랜드와 동일한 상품 범주에 출시된 신상품에 기존 브랜드를 사용하는 라인 확장(line extension)'과 '기존 브랜드와 다른 범주에 속하는 신상품에 기존 브랜드를 사용하는 카테고리 확장 (category extension)'으로 구분할 수 있다.

12

가격관리에서 아래의 상황을 가장 적절하게 설명할 수 있는 것은?

1,000원짜리 제품에서 150원 미만의 가격인상은 느끼지 못하지만, 150원 이상의 가격인상은 알아차린다.

① JND(just noticeable difference)
② 단수가격(odd-number pricing)
③ 유보가격(reservation price)
④ 스키밍가격(market-skimming pricing)
⑤ 웨버의 법칙(Weber's Law)

13

촉진관리에 관한 설명으로 가장 적절한 것은?

① 광고예산 결정 방법에서 매출액 비율법(percentage-of-sales method)의 단점은 광고비를 매출액의 결과가 아니라 원인으로 보는 것이다.

② 구매 공제(buying allowances)는 소비자 판매촉진(consumer promotion)에 포함된다.

③ 광고 공제(advertising allowances)는 소비자 판매촉진(consumer promotion)에 포함된다.

④ 홍보(publicity)는 PR(public relations) 활동에 포함된다.

⑤ 회상 테스트(recall test)는 소비자에게 다수의 브랜드명을 제시한 후 자신이 본 광고의 브랜드를 표시하게 하는 것이다.

14

유통경로구성원에 관한 설명으로 가장 적절하지 <u>않은</u> 것은?

① 소매업 수레바퀴 가설(Wheel of Retailing)은 소매환경 변화에 따른 소매업태 변화를 설명하는 것이다.

② 전문점(specialty store)과 비교하여 전문할인점(specialty discount store or category killer)은 상대적으로 낮은 수준의 서비스와 저렴한 가격을 갖고 있다.

③ 상인 도매상(merchant wholesaler)은 취급하는 상품의 소유권을 가지고 있지 않다.

④ 방문판매(direct sales), 자동 판매기(vending machine), 다이렉트 마케팅(direct marketing)은 무점포 소매상에 포함된다.

⑤ 판매 대리점(selling agents)은 거래제조업자의 품목을 판매할 수 있는 계약을 맺고 판매활동을 한다.

15

마케팅 조사에 관한 설명으로 가장 적절하지 <u>않은</u> 것은?

① 표본조사에서 불포함 오류(non-inclusion error)와 무응답 오류(non-response error)는 비관찰 오류 (non-survey error)에 포함된다.

② 표본추출과정은 모집단의 확정 → 표본프레임의 결정 → 표본추출방법의 결정 → 표본크기의 결정 → 표본 추출 단계로 이루어진다.

③ 신뢰성(reliability)은 측정하고자 하는 현상이나 대상을 얼마나 일관성 있게 측정하였는가를 나타내는 것 이다.

④ 등간척도(interval scale)는 속성의 절대적 크기를 측정할 수 있기 때문에 사칙연산이 가능하다.

⑤ 통제집단 사후설계(after-only with control group design)는 순수실험설계(true experimental design) 에 포함된다.

16

마케팅과 관련된 윤리적 문제에 포함될 수 있는 적절한 항목은 <u>모두</u> 몇 개인가?

---

a. 가격경쟁을 제한하는 행위
b. 오도광고(misleading advertising)
c. 유통경로구성원의 경로 파워 남용
d. 개인정보 유출
e. 제품의 계획적인 진부화(planned obsolescence)

---

① 1개　　　　　　　　　　　　　② 2개
③ 3개　　　　　　　　　　　　　④ 4개
⑤ 5개

17

☑ 확인 Check! ○ △ ✕

생산시스템은 유형의 제품과 무형의 서비스에 대한 생산으로 구분된다. 제품과 서비스에 관한 설명으로 가장 적절하지 <u>않은</u> 것은?

① 제품은 서비스에 비해 상대적으로 투입물과 산출물의 균질성이 높다.

② 서비스는 제품에 비해 수요와 공급을 일치(matching supply with demand)시키기가 용이하다.

③ 서비스는 제품에 비해 생산프로세스에 대한 특허취득이 어렵다.

④ 서비스는 제품에 비해 산출물 품질에 대한 측정과 품질보증이 어렵다.

⑤ 서비스는 제품에 비해 생산프로세스에 대한 고객참여도가 높다.

18

☑ 확인 Check! ○ △ ✕

수요예측에 관한 설명으로 가장 적절하지 <u>않은</u> 것은?

① 예측기법의 정확도가 높을수록 추적지표(Tracking Signal ; TS) 값은 상승한다.

② 시계열(time series) 자료의 변동요인에는 추세, 계절변동, 순환변동, 불규칙변동이 포함된다.

③ 시계열 예측법은 과거의 수요패턴이 미래에도 계속 이어진다고 가정한다.

④ 지수평활법(exponential smoothing)은 최근 자료에 높은 가중치를 부여하고 현재로부터 먼 과거자료일수록 낮은 가중치를 부여하는 예측방법이다.

⑤ 단순회귀분석(simple regression analysis)에서는 회귀선 부근의 변동이 우연변동(random variation)이라고 가정한다.

19

재고관리에 관한 설명으로 가장 적절하지 <u>않은</u> 것은?

① 확률적 고정주문량모형(fixed-order quantity model, Q-system)에서는 재고수준이 재주문점(reorder point)에 도달할 때 새로운 주문을 하게 된다.

② 확률적 고정주문량모형에서 주문주기(order cycle)는 일정하지 않다.

③ 투빈시스템(two-bin system)은 주기별 주문량이 일정한 고정주문량모델이다.

④ 조달기간(lead time) 동안의 평균수요가 커지면 안전재고량은 증가한다.

⑤ 서비스수준(service level)을 높이면 품절확률은 감소하고 안전재고량은 증가한다.

20

공정능력분석에 사용되는 공정능력비율(process capability ratio, C_p)에 관한 설명으로 가장 적절하지 <u>않은</u> 것은?

① 공정능력비율은 공정이 설계규격(specification)에 적합한 제품을 생산하는 능력이 어느 정도인지를 측정하는 도구이다.

② 공정능력비율이 증가하면 일반적으로 제품 불량률은 감소한다.

③ 설계규격한계(specification limit)가 일정할 때 공정변동(표준편차)이 감소하면 공정능력비율은 증가한다.

④ 공정능력비율이 증가하면 공정의 시그마수준(sigma level)도 증가한다.

⑤ 공정능력비율이 1.0 미만이면 공정이 안정상태(under control)를 벗어났다고 판단한다.

21

라인밸런싱(line balancing)에 관한 설명으로 가장 적절하지 않은 것은?

① 라인밸런싱은 제품별배치(product layout)의 설계를 위해 사용한다.

② 라인밸런싱의 목적은 작업장(work-station)별 작업시간의 균형을 이루어 유휴시간(idle time)을 최소화하는 것이다.

③ 생산라인의 주기시간(cycle time)은 병목(bottleneck) 작업장의 작업시간보다 작다.

④ 생산라인의 총유휴시간이 감소하면 라인효율(efficiency)은 증가한다.

⑤ 생산라인의 총유휴시간이 감소하면 밸런스지체(balance delay)는 감소한다.

22

총괄생산계획(aggregate production planning)에 관한 설명 중 적절한 항목만으로 구성된 것은?

a. 총괄생산계획은 주생산계획(master production schedule) 이후에 수립한다.

b. 수요추종전략(chase strategy)은 설비의 확장 및 축소를 통해 공급량을 조절하는 전략이다.

c. 혼합전략은 수요추종전략이나 평준화전략(level strategy)에 비해 총비용이 증가하는 단점이 있다.

d. 평준화전략은 수요추종전략에 비해 재고수준의 변동폭이 크다.

e. 총괄생산계획을 위해 도표법, 선형계획법, 휴리스틱이 사용된다.

① a, b

② b, c

③ c, d

④ d, e

⑤ a, e

23

다음의 설계기법과 이에 대한 설명을 가장 적절하게 연결한 것은?

(ㄱ) VE(value engineering)

(ㄴ) DFA(design for assembly)

(ㄷ) QFD(quality function deployment)

(ㄹ) Robust Design

a. 부품수 감축, 조립 방법 및 순서에 초점을 맞추는 설계

b. 품질에 나쁜 영향을 미치는 노이즈(noise)로부터 영향정도를 최소화 할 수 있도록 설계

c. 제품의 원가대비 기능의 비율을 개선하려는 노력

d. 고객의 다양한 요구사항과 제품의 기능적 요소들을 상호 연결함

① (ㄱ) – a, (ㄴ) – c, (ㄷ) – d

② (ㄱ) – c, (ㄴ) – a, (ㄹ) – d

③ (ㄱ) – a, (ㄷ) – b, (ㄹ) – d

④ (ㄱ) – c, (ㄷ) – a, (ㄹ) – b

⑤ (ㄱ) – a, (ㄷ) – d, (ㄹ) – b

24

K기업에서는 전자제품의 조립에 필요한 어떤 부품을 자체생산할지, 외부 협력업체로부터 구매할지를 선택해야 한다. 총 3가지 대안에 대한 비용요소는 다음과 같다.

대안 1	고정비 3천5백만원, 단위당 변동비 2천원으로 자체생산
대안 2	고정비 2천만원, 단위당 변동비 4천원으로 자체생산
대안 3	첫 5,000단위까지는 단가 6천원, 초과분은 단가 5천원으로 구매

비용 – 조업도 분석(cost–volume analysis)을 활용하여 총비용에 대한 대안비교의 결과로 가장 적절하지 <u>않은</u> 것은?(단, 생산량 또는 구매량은 발생하는 수요량과 동일하다고 가정한다)

① 7,500단위를 생산할 경우 대안 1과 대안 2의 총비용은 동일하다.

② 대안 2가 가장 유리한 수요구간은 존재하지 않는다.

③ 수요가 10,000단위 미만일 때는 대안 3이 가장 유리하다.

④ 수요가 12,000단위라면 대안 1이 가장 유리하다.

⑤ 수요가 7,500단위 미만일 때는 대안 2가 가장 유리하다.

25

A기업은 기대영업이익이 매년 2,000만원으로 영구히 일정할 것으로 예상되며 영구채를 발행하여 조달한 부채 2,000만원을 가지고 있다. B기업은 영구채 발행을 통해 조달한 부채 6,000만원을 가지고 있다는 점을 제외하고는 모든 점(기대영업이익과 영업위험)에서 A기업과 동일하다. 모든 기업과 개인은 10%인 무위험이자율로 차입과 대출이 가능하다. A기업과 B기업의 자기자본비용은 각각 20%와 25%이며 자본시장은 거래비용이나 세금이 없는 완전시장으로 가정한다. 다음 중 가장 적절한 것은?

① B기업이 A기업에 비해 과소평가되어 있다.

② A기업의 자기자본가치는 1.0억원이다.

③ B기업의 자기자본가치는 1.2억원이다.

④ 차익거래 기회가 존재하지 않기 위해서는 A기업과 B기업의 자기자본비용이 같아야 한다.

⑤ B기업의 주식을 1% 소유한 투자자는 자가부채(homemade leverage)를 통하여 현재가치 기준으로 6만원의 차익거래 이익을 얻을 수 있다.

26

C기업은 기존의 기계설비를 새로운 기계설비로 교체할 것을 고려하고 있다. 기존의 기계설비는 3년 전 2,400만원에 취득했으며 구입시 내용연수는 8년, 잔존가치는 없는 것으로 추정하였다. 기존의 기계는 현재 시장에서 1,000만원에 처분할 수 있다. 내용연수가 5년인 새로운 기계설비는 2,500만원이며 투자종료시점에서의 잔존가치 및 매각가치는 없다. 기존의 기계설비를 사용하는 경우에 매출액은 1,500만원, 영업비용은 700만원이고, 새로운 기계설비를 사용하는 경우 매출액은 1,800만원, 영업비용은 600만원이다. C기업의 감가상각방법은 정액법, 법인세율은 30%로 가정하였을 때, 새로운 기계설비를 도입할 경우 5년 후 시점($t=5$)에서 발생하는 증분현금흐름은 얼마인가?

① 310만원   ② 340만원

③ 370만원   ④ 400만원

⑤ 430만원

27

올해로 31세가 된 투자자 A는 32세말($t=2$)부터 매 1년마다 납입하는 4년 만기의 정기적금 가입을 고려하고 있다(즉, $t=2{\sim}5$ 기간에 4회 납입). 투자자 A는 36세말($t=6$)부터 40세말($t=10$)까지 매년 3,000만원이 필요하다. 이자율과 할인율이 연 10%일 때, 투자자 A가 32세말부터 4년간 매년 말에 납입해야 할 금액에 가장 가까운 것은?(단, PVFA(10%, 4년)=3.1699, PVFA(10%, 5년)=3.7908, PVF(10%, 5년)=0.6209이다)

① 2,450만원 ② 2,475만원

③ 2,500만원 ④ 2,525만원

⑤ 2,550만원

28

A기업은 자동차부품 사업에 진출하는 신규투자안을 검토하고 있다. 신규투자안과 동일한 사업을 하고 있는 B기업은 주식 베타가 1.5이며 타인자본을 사용하지 않는다. A기업은 신규 투자안에 대해서 목표부채비율(B/S)을 100%로 설정하였다. 필요한 차입금은 10%인 무위험이자율로 조달할 수 있으며 법인세율은 40%, 시장포트폴리오의 기대수익률은 15%이다. A기업이 신규투자안의 순현가를 구하기 위해 사용해야 할 할인율은 얼마인가?

① 10% ② 12%

③ 14% ④ 18%

⑤ 22%

29

☑ 확인 Check! ○ △ ✕

자본조달순위이론(pecking order theory)에 관한 설명으로 가장 적절하지 <u>않은</u> 것은?

① 경영자는 외부투자자에 비해 더 많은 기업정보를 알고 있다고 가정한다.

② 자본조달시 고평가된 기업이라고 하더라도 신주발행보다 부채발행을 선호한다.

③ 최적자본구조에 대해서는 설명하지 못한다.

④ 수익성이 높은 기업은 파산비용 등 재무적 곤경비용의 부담이 작기 때문에 수익성이 낮은 기업보다 높은 부채비율을 가질 것으로 예측한다.

⑤ 기업들이 여유자금(financial slack)을 보유하려는 동기를 설명한다.

30

☑ 확인 Check! ○ △ ✕

(주)XYZ는 금년도($t=0$)에 1,000원의 주당순이익 가운데 60%를 배당으로 지급하였고, 내부유보된 자금의 재투자수익률(ROE)은 10%이다. 내부유보율과 재투자수익률은 영원히 지속될 것으로 기대된다. (주)XYZ에 대한 주주들의 요구수익률은 9%이다. 다음 중 가장 적절하지 <u>않은</u> 것은?(단, 일정성장배당평가모형(constant dividend growth model)이 성립하고, 주가는 이론적 가격과 동일하며, 또한 이론적 가격과 동일하게 변동한다고 가정한다)

① 다른 조건이 일정할 때, 재투자수익률이 상승하면 (주)XYZ의 현재($t=0$) 주가는 하락할 것이다.

② 다른 조건이 일정할 때, (주)XYZ가 내부유보율을 증가시키면 배당성장률은 상승한다.

③ 1년 후($t=1$) (주)XYZ의 주당 배당은 624원이다.

④ (주)XYZ의 현재($t=0$) 주가는 12,480원이다.

⑤ (주)XYZ의 주가수익비율(주가순이익비율, PER)은 매년 동일하다.

31

시장에는 두 개의 위험자산 A와 B만 존재한다고 가정하자. 이 두 위험자산의 기대수익률은 동일하며, 위험(표준편차) 역시 서로 동일하다. 위험회피적인 투자자 갑은 두 개의 위험자산 A와 B로 포트폴리오를 구성하려고 한다. 투자자 갑의 최적 포트폴리오에서 위험자산 A에 대한 투자비율은 얼마인가?(단, 이 두 자산 사이의 공분산($Cov(R_A, \ R_B)$은 0이다)

① 0.0

② $\dfrac{1}{4}$

③ $\dfrac{1}{3}$

④ $\dfrac{1}{2}$

⑤ $\dfrac{2}{3}$

32

시장포트폴리오의 기대수익률과 표준편차는 각각 15%와 20%이다. 그리고 무위험자산의 수익률은 5%이다. 효율적 포트폴리오 A의 기대수익률이 10%라고 하면, 포트폴리오 A의 베타는 얼마인가? 그리고 포트폴리오 A와 시장포트폴리오와의 상관계수는 얼마인가?(단, CAPM이 성립한다고 가정한다)

	베 타	상관계수
①	$\dfrac{1}{3}$	0.5
②	$\dfrac{1}{3}$	1.0
③	$\dfrac{1}{2}$	0.5
④	$\dfrac{1}{2}$	1.0
⑤	$\dfrac{2}{3}$	0.5

33

다음의 주식가치평가 방법 중 가중평균자본비용(WACC)을 사용하는 방법만을 <u>모두</u> 고르면?

> a. 주주잉여현금흐름모형(FCFE)
> b. 기업잉여현금흐름모형(FCFF)
> c. 경제적 부가가치 모형(EVA)

① a   ② b

③ c   ④ a, b

⑤ b, c

34

만기가 5년인 채권 A의 액면이자율(coupon rate), 경상수익률(current yield)과 만기수익률(yield to maturity)이 각각 10%, 9.09%, 그리고 7.56%이다. 다음 중 가장 적절하지 <u>않은</u> 것은?(단, 이 채권은 채무불이행위험이 없고, 옵션적 특성이 없는 채권(일반채권)으로 가정하며, 경상수익률 $= \dfrac{\text{연간 액면이자}}{\text{채권가격}}$ 이다)

① 채권 A의 액면가는 10,000원이다. 이 채권이 반년마다 액면이자를 지급한다면, 6개월마다 지급하는 액면이자는 500원이다.

② 채권 A의 액면이자율과 경상수익률이 동일하다면, 이 채권의 가격은 액면가와 동일하다.

③ 다른 조건이 변하지 않는다면, 시간이 경과하여도 채권 A의 가격은 변하지 않을 것이다.

④ 다른 조건이 변하지 않는다면, 채권 A의 만기수익률이 상승하면 듀레이션은 작아진다.

⑤ 투자자가 만기수익률을 실현하기 위해서는 채권 A를 만기까지 보유하여야 하고, 지급받은 모든 액면이자를 만기수익률로 재투자하여야 한다.

35

증권시장선(SML)에 관한 설명으로 가장 적절하지 <u>않은</u> 것은?

① 위험자산의 기대수익률은 베타와 선형관계이다.

② 개별 위험자산의 베타는 0보다 작을 수 없다.

③ 개별 위험자산의 위험프리미엄은 시장위험프리미엄에 개별 위험자산의 베타를 곱한 것이다.

④ 균형상태에서 모든 위험자산의 $\dfrac{E(R_j) - R_f}{\beta_j}$ 는 동일하다. 단, $E(R_j)$와 β_j는 각각 위험자산 j의 기대수익률 과 베타이며, R_f는 무위험수익률이다.

⑤ 어떤 위험자산의 베타가 1% 변화하면, 그 자산의 위험프리미엄도 1% 변화한다.

36

다음은 세 가지 위험자산(A, B, C)의 기대수익률과 표준편차이다.

구 분	A	B	C
기대수익률	10%	15%	20%
표준편차	5%	?	15%

지배원리를 적용하였을 때, 옳은 것만을 <u>모두</u> 고르면?(단, 투자자는 위험회피형이고, 투자자의 효용함수는 2차함수의 형태를 가지며, 수익률은 정규분포를 따른다고 가정한다)

 a. B의 표준편차가 3%이면, A가 B를 지배한다.
 b. B의 표준편차가 18%이면, B가 C를 지배한다.
 c. B의 표준편차가 13%이면, A, B, C 사이에는 지배관계가 성립하지 않는다.

① a
② b
③ c
④ a, b
⑤ b, c

37

옵션에 관한 설명으로 가장 적절하지 <u>않은</u> 것은?

① 위험헤지를 위하여 콜옵션 1단위 매도에 대하여 매입하여야 할 주식수를 헤지비율(hedge ratio)이라고 한다.

② 주식과 무위험채권을 적절히 이용하면 콜옵션과 동일한 손익구조를 갖는 복제포트폴리오를 구성할 수 있다.

③ 다기간 이항모형은 단일기간 이항모형과 달리 기간별로 헤지비율이 달라질 수 있으므로 옵션의 만기까지 지속적인 헤지를 원하는 경우 지속적으로 헤지포트폴리오의 구성을 재조정해야 하며 이를 동적헤지(dynamic hedge)라고 한다.

④ 이항모형에 의하면 옵션의 가치를 구하는 식에서 투자자의 위험에 대한 태도는 고려하지 않는다.

⑤ 옵션탄력성(option elasticity)이 1보다 작다는 의미는 옵션이 기초자산보다 훨씬 위험이 크다는 것을 나타낸다.

38

포트폴리오 보험(portfolio insurance)에 관한 설명으로 가장 적절하지 <u>않은</u> 것은?

① 보유하고 있는 포트폴리오의 가치가 일정수준 이하로 하락하는 것을 방지하면서 가치상승시에는 이익을 얻도록 하는 전략이다.

② 기초자산을 보유한 투자자가 풋옵션을 매도하여 기초자산의 가치가 행사가격 이하가 되지 않도록 방지하는 포트폴리오 보험전략을 실행할 수 있다.

③ 주식포트폴리오에 대해 선물계약이 존재하는 경우 포트폴리오 보험은 선물계약과 무위험순수할인채권의 매입으로 합성될 수 있다.

④ 보유한 자산에 대한 풋옵션이 존재하지 않거나 투자기간과 풋옵션의 만기가 일치하지 않는 경우 풋옵션 대신 주식과 채권으로 복제된 합성풋옵션을 이용하여 보호풋전략을 실행할 수 있다.

⑤ 시간이 흐름에 따라 풋옵션 델타가 변하는 경우 기초자산 투자액과 무위험대출액을 계속적으로 조정해야 하므로 합성풋옵션을 이용한 포트폴리오 보험전략은 동적헤지전략의 일종으로 볼 수 있다.

39

현재 (주)다라 주식의 가격은 200,000원이다. (주)다라 주식을 기초자산으로 하고 행사가격이 200,000원인 풋옵션의 현재가격은 20,000원이다. 풋옵션의 델타가 −0.6일 때 (주)다라 주식의 가격이 190,000원이 되면 풋옵션의 가격은 얼마가 되겠는가?

① 6,000원
② 12,000원
③ 14,000원
④ 26,000원
⑤ 60,000원

40

현재 옵션시장에서는 (주)마바 주식을 기초자산으로 하고 만기가 동일하게 1년씩 남은 콜옵션과 풋옵션이 각각 거래되고 있다. 행사가격이 200,000원인 콜옵션의 가격은 20,000원이고 행사가격이 180,000원인 풋옵션의 가격은 10,000원이며 무위험이자율은 연 10%이다. 무위험이자율로 차입하여, 위의 콜옵션과 풋옵션을 각각 1개씩 매입한 투자자가 만기에 손실을 볼 수 있는 (주)마바 주식가격(P)의 범위로 가장 적절한 것은?

① P < 147,000원
② P < 169,000원
③ P > 233,000원
④ 11,000원 < P < 33,000원
⑤ 147,000원 < P < 233,000원

할 수 있다고 믿어라.
그러면 이미 반은 성공한 것이다.

− 시어도어 루즈벨트 −

정답 및 해설편

✓ 문제편 004p

01	02	03	04	05	06	07	08	09	10	11	12	13	14	15	16	17	18	19	20
③	②	③	④	⑤	①	④	⑤	④	③	①	②	④	③	⑤	①	①	③	④	⑤
21	22	23	24	25	26	27	28	29	30	31	32	33	34	35	36	37	38	39	40
⑤	②	②	①	②	②	①	④	②	①	①	⑤	③	④	⑤	②	④	②	③	③

01

답 ③

┃정답해설┃

선지의 내용은 수단적 가치관에 대한 것이다. 궁극적 가치관은 개인이 궁극적으로 달성하고자 하는 최종적인 목표를 말한다.

┃오답해설┃

① 감성지능이란 감정적 단서나 정보를 파악, 관리하는 개인의 능력을 말하며 감성지능이 높은 사람이라면 타인의 정서를 보다 잘 이해할 수 있고, 외부의 정서를 보다 잘 관리할 수 있다.
④ 자존적 편견은 성공하면 내부로 귀인하고, 실패하면 외부로 귀인하는 것을 말한다.

02

답 ②

┃정답해설┃

피들러는 상황이 유리하거나 불리한 경우에는 과업지향적 리더가 효과적이고, 유리하지도 불리하지도 않은 경우에는 관계지향형 리더가 효과적이라고 하였다.

┃오답해설┃

① 준거적 권력과 전문적 권력은 개인적 특성에 기인한 권력이고, 강압적 권력, 보상적 권력, 합법적 권력은 사회지위와 관련된 공식적 권력이다.
③ 미시간 대학의 리커트는 리더십 스타일을 직무(생산)중심형과 종업원 중심형으로 나누었다.
⑤ 서번트 리더십이란 조직의 변화나 성장에 적극적으로 대응하는 구성원들의 주인의식과 참여를 고취하여 구성원의 성장과 계발에 초점을 두는 리더십이다.

03

┃정답해설┃

b. 아담스의 공정성 이론에 의하면 개인이 불공정을 느끼게 되면 투입이나 산출을 변경하거나 자신이나 타인에 대한 지각을 왜곡시키거나, 준거인물을 변경하거나, 해당되는 상황을 이탈하여 불공정한 상태를 벗어나려고 한다.

c. 명목집단법은 대인적 커뮤니케이션을 제한하는 방법이다. 하지만 필요한 경우 보충설명 및 토론이 가능하다는 선지가 옳은 것으로 출제된 적이 있으므로 상대적으로 접근하기 바란다.

┃오답해설┃

a. 선지의 내용은 Y이론에 대한 것이다. X이론에 의하면 인간은 이기적이어서 타율적 동기부여를 통해 욕구를 충족시킨다.

d. 분배적 공정성은 결과에 대한 공정성이며, 절차적 공정성은 과정에 대한 공정성이다.

더 살펴보기 **명목집단법**

• 의미 : 대인 커뮤니케이션이 제한된 명목상의 임시집단을 통한 의견 수렴

• 절차 : 문제 제시 → 대화 없이 해결책을 각자 기록 → 자신의 해결책을 사회자에게 제시 → 사회자가 기록, 공유 → 보충설명 및 토론 → 비밀투표를 통한 최종안 선정

04

┃정답해설┃

적응문화란 변화와 적응 및 학습을 장려하는 문화로서 종업원들의 유연성과 혁신 추구를 강조하며, 관료문화란 공식화와 집권화가 높아 업무처리가 기계적인 문화로서 차별화 전략과는 어울리지 않는다. 한편, 파스칼과 피터스는 7S모형을 제시하여 조직문화의 구성요소로 공유가치, 조직구조, 전략, 구성원, 관리기술, 리더십 스타일, 제도 등을 제시했다.

05

┃정답해설┃

구조화 면접은 사전에 미리 정해진 질문만으로 진행되는 면접이므로 지원자들간 비교 가능한 자료를 획득하기가 수월하다.

┃오답해설┃

③ 사내공모제란 조직내부의 구성원에게 희망 직무를 지원할 수 있는 기회를 제공하여 기존 조직구성원들의 만족도를 높일 수 있는 방법이다.

06

┃정답해설┃

서열법은 종합적 성과수준별로 순서를 정하는 방법으로 평가대상이 소수일 때 활용가능한 방법이다.

┃오답해설┃

④ 도식평정척도란 일반적인 평정척도를 의미하는 것으로 직무 유형에 따라 직무기준을 구분하고, 각각의 직무기준별로 연속적으로 척도화된 평가양식지를 만들어 평가자로 하여금 종업원의 성과를 연속선상에 표시하는 방법이다.

> **더 살펴보기 평정척도법**
>
> • 고과대상을 평가구성요소와 달성정도로 평가하는 가장 대중적인 평가방법
> • 적절한 고과요소 선정시 평가타당성 높음, 항상오류나 후광효과의 발생 가능성 있음

07

┃정답해설┃

외부의 전문화된 교육훈련은 OJT가 아니라 Off JT(사외교육)에 해당한다.

┃오답해설┃

③ 교차훈련이란 서로 다른 팀원의 역할을 이해하고 수행하는 것으로서 미래의 직무 이동이나 승진에 도움이 된다.

08

┃정답해설┃

이윤분배제란 책정된 보상을 기존의 기본급과 별개로 지급하는 보상제도이다.

> **더 살펴보기 럭커플랜과 스캔론플랜**
>
> 럭커 플랜에서는 부가가치를 기준으로 성과배분을 하지만, 스캔론 플랜에서는 생산제품의 판매가치, 즉 매출액을 기준으로 성과배분을 한다.

> 본서에서는 출제범위의 개편을 반영하여 9번~24번 문제들의 해설을 생략하고 정답만 수록합니다. 참고하시기 바랍니다.

25

┃정답해설┃

10년 만기정기적금의 현재가치는 10년 후 5,000만원의 현재가치와 같으므로 다음의 관계가 성립한다.

$x \times PVIFA(6\%, 10년) = 5,000만 \times PVIF(6\%, 10년) + [7,000만 \times PVIF(4\%, 5년) \times PVIF(6\%, 10년)]$

$x \times 7.3601 = 5,000만 \times 0.5584 + (7,000만 \times 0.8219 \times 0.5584)$

$\therefore \ x = 815.84만원$

26

┃오답해설┃

a. 영구연금의 현재가치는 $\dfrac{CF}{r}$ 로 계산되는데, 분모와 분자가 0보다 크다면 현재가치 값은 일정한 값을 가지게 된다.

d. 성장연금의 현재가치는 $\dfrac{CF_1}{1+r} + \dfrac{CF_1 \times (1+g)}{(1+r)^2} + \ldots + \dfrac{CF_1 \times (1+g)^{n-1}}{(1+r)^n}$ 로 구할 수 있는데,

만약 g와 r이 동일하다면 $\dfrac{CF_1}{1+r} + \dfrac{CF_1}{1+r} + \ldots + \dfrac{CF_1}{1+r} = \dfrac{CF_1}{1+r} \times n$ 이 되어 무한대가 되지 않는다.

e. 영구성장연금의 현재가치는 $\dfrac{CF_1}{r-g}$ 로 계산되는데, g가 0보다 작을 경우에 상수 값으로 수렴하게 되므로 g가 r보다 같거나 클 경우 현재가치 공식을 사용할 수 없다.

27

┃정답해설┃

투자안 선택시 회수가 예상되는 비용은 투자안을 기각할 경우 회수할 수 없는 현금흐름이 되므로 의사결정시 고려되어야 한다.

28

┃정답해설┃

성장기업주가 $= \dfrac{EPS_1 \times (1-b)}{k_e - ROE \times b} = \dfrac{3,000 \times (1-0.6)}{0.2 - ROE \times 0.6} = 30,000$

$\therefore \ ROE = 26.67\%$

29

▌정답해설▌

구 분	0년차	1~5년차
신기계 구입	−250억	−
증분 OCF	−	85억

증분 OCF=증분 $EBITA \times (1-t)+($감가상각액$\times t)=[(5$억$\times 50)-150$억$] \times (1-0.3)+(250$억$/5) \times 0.3=85$억원

NPV=85억$\times PVIFA(10\%, \ 5$년$)-250$억$=72.218$억원

72.218억$=AEV \times PVIFA(10\%, \ 5$년$)$

$\therefore \ AEV=72.218$억$/3.7908=19.05$억원

30

▌정답해설▌

$$WACC=k_d \times (1-t) \times \frac{B}{V}+k_e \times \frac{S}{V}$$

$$=10 \times (1-0.2) \times \frac{4}{5}+25 \times \frac{1}{5}=11.4\%$$

$\therefore \ k_e=5+(15-5) \times 2=25\%$

31

▌정답해설▌

$$\frac{EBIT \times (1-0.4)}{10,000주}=\frac{(EBIT-1억 \times 0.1) \times (1-0.4)}{5,000주}, \quad \therefore \ EBIT=2,000만원$$

$$\therefore \ EPS=\frac{2,000만 \times (1-0.4)}{10,000주}=1,200원$$

32

▌정답해설▌

$$\beta_A=\frac{\rho_{Am} \times \sigma_A}{\sigma_m}$$

$$1.524=\frac{0.788 \times \sigma_A}{1.45}$$

$\therefore \ \sigma_A=2.80\%$

33

답 ③

┃정답해설┃

SML로 산출된 균형 기대수익률보다 낮은 수익률로 기대되는 자산은 과대평가되었다고 할 수 있다.

34

답 ④

┃오답해설┃

b. <u>상충이론에서는 법인세와 파산비용을 동시에 고려하여 이자비용의 법인세 절감효과로 인한 기업가치 증대효과와, 파산비용으로 인한 기업가치 감소효과를 동시에 고려한 기업가치를 극대화할 수 있는 최적자본구조가 존재한다고 본다.</u>

d. <u>MM(1958)은 부채사용으로 인한 절세효과가 없으므로 기업가치가 일정하다. 따라서 최적자본구조가 존재하지 않는다.</u>

35

답 ⑤

┃정답해설┃

배당이 증가하면 유보자금이 줄어들게 되며 이로 인해 외부로부터 조달해야 하는 자금이 늘게 되어 조달비용이 증가한다.

36

답 ②

┃정답해설┃

효율적시장가설은 이용가능한 정보의 범위에 따라 약형, 준강형, 강형의 세 가지 유형으로 구분된다.

37

답 ④

┃정답해설┃

$$w_X(MVP) = \frac{\sigma_Y^2 - \rho_{XY} \times \sigma_X \times \sigma_Y}{\sigma_X^2 + \sigma_Y^2 - 2 \times \rho_{XY} \times \sigma_X \times \sigma_Y}$$

b. 두 주식 수익률 간의 상관계수가 1일 경우에는 분모와 분자가 모두 0이 되어 $w_X(MVP)$를 구할 수 없다.

d. 만약 공매도가 허용되는 경우, 표준편차가 0인 포트폴리오를 구성할 수 있는 경우는 상관계수가 1과 −1인 경우 뿐이다.

┃오답해설┃

a. 두 주식 수익률 간의 상관계수가 0일 경우에는 $w_X(MVP)$값이 50%가 된다.

c. 두 주식 수익률 간의 상관계수가 −1일 경우에는 표준편차가 0인 무위험 포트폴리오를 구성할 수 있으며 이때의 주식에 대한 가중치는 50%가 된다.

e. $\sigma_P = \sqrt{0.6^2 \times 0.1^2 + 0.4^2 \times 0.1^2} = 7.21\%$

38

┃정답해설┃

영구채 듀레이션 $= \dfrac{1+R_M}{R_M} = \dfrac{1+0.2}{0.2} = 6$

┃오답해설┃

③ $\dfrac{\Delta P}{P_0} = -\dfrac{D}{1+R} \times \Delta R = -\dfrac{5}{1+0.2} \times 0.01 = -4.17\%$

④ 무이표채의 경우 만기 이전에는 발생하는 현금흐름이 없기 때문에 듀레이션과 만기가 같게 된다.

⑤ 영구채의 경우 만기와 상관없이 듀레이션이 일정하게 되며, 할인이표채의 경우 만기가 길어질수록 듀레이션이 짧아지는 경우가 존재할 수 있다.

39

┃정답해설┃

콜옵션의 델타는 외가격에서 내가격으로 갈수록 커지며 1로 수렴한다.

┃오답해설┃

④ 무위험이자율이 높아지면 행사가격의 현재가치가 작아지기 때문에 풋옵션의 가격은 하락하고 콜옵션의 가격은 상승한다.

⑤ 만기전 기초자산에 대한 배당지급은 콜옵션가격을 하락시키고, 풋옵션가격을 상승시키기 때문이다.

40

┃정답해설┃

현재주가	1년 후 주가	콜 만기가치	풋 만기가치
1,000	1,100	100	0
	900	0	100

위험중립확률 $= 1,100P + 900(1-P) = 1,000 \times 1.05$, ∴ $P = 0.75$

$C = \dfrac{100 \times 0.75}{1+0.05} = 71.43$원

$P = \dfrac{100 \times (1-0.75)}{1+0.05} = 23.81$원

✔ 문제편 024p

01	02	03	04	05	06	07	08	09	10	11	12	13	14	15	16	17	18	19	20
③	④	①	③	④	①	②	⑤	②	①	③	⑤	④	⑤	①	③	⑤	①	③	①
21	22	23	24	25	26	27	28	29	30	31	32	33	34	35	36	37	38	39	40
③	④	②	②	②	⑤	①	①	③	④	⑤	④	①	④	③	④	③	⑤	②	①

01

답 ③

┃정답해설┃

리더 – 구성원 교환이론은 리더의 영향력이 모든 구성원에게 동일한 정도로 적용된다는 전통적 관점을 비판한 것인데, 선지는 전통적 관점인 과업중심형 리더십 스타일에 해당하는 내용이다.

┃오답해설┃

① 리더십 특성이론은 성공한 리더들이 공통적으로 취하고 있는 남다른 특성(카리스마, 결단력, 열정, 용기 등)이 무엇인지를 연구하는 이론이다.

② 하우스는 리더십을 지시적, 후원적, 참여적, 성취지향적 측면의 네 가지 하위 차원의 행위양식으로 보았다.

④ 오하이오 주립대학의 스톡딜과 플래쉬맨은 리더십 스타일을 구조주도와 배려의 두 차원으로 구분하며, 양 측면 모두가 뛰어난 리더가 효과적인 리더라고 하였다.

⑤ 피들러에 의하면 리더는 크게 관계중심 스타일과 과업중심 스타일로 나뉘어지며 이를 파악하기 위해 고안한 것이 LPC 설문지이다.

더 살펴보기	하우스의 리더십 유형
유 형	내 용
지시적 리더십	통제와 감독을 강조, 규정준수 독려, 작업일정과 직무의 명확화
후원적 리더십	욕구와 복지에 관심, 상하간 동지적 관계를 중시
참여적 리더십	구성원들의 견해를 중시
성취지향적 리더십	도전적 목표의 설정, 최고의 성과를 달성할 수 있도록 독려

02

▌정답해설▌

데시가 제시한 인지평가이론에 따르면 내재적 동기가 존재할 때 외재적 보상이 개입하면 내재적 동기의 동기부여 효과가 줄어들게 된다.

▌오답해설▌

① 허쯔버그는 개인에게 만족감을 가져다주는 요인(동기요인)과 불만족을 가져다주는 요인(위생요인)을 구분하였다.
② 직무특성이론에 따르면 높은 성장욕구를 가진 종업원들은 충실성이 높은 직무가 주어졌을 때 긍정적인 심리상태를 겪게 되고, 내재적 동기도 증가하게 된다. 반면, 낮은 성장욕구를 가진 종업원들은 충실성이 낮은 직무가 주어졌을 때 그와 같은 반응을 보인다.
③ 반두라에 의해 창안된 자기효능감은 어떤 업무를 잘해낼 수 있을 것으로 믿는 개인의 성향을 뜻한다.
⑤ 마이어와 알렌이 제시한 조직몰입 중 규범적 몰입은 조직의 구성원으로 남는 것이 도덕적으로 올바른 행동이라는 판단에 근거한 것이다.

03

▌정답해설▌

a. 집단사고는 집단 내에서 대안에 대하여 비판적인 평가를 하지 못하는 현상이다.
d. 감정노동은 직무상의 대인간 상호작용 과정에서 자신이 실제로 느낀 감정(인지된 감정)이 아니라 조직차원에서 바람직하게 여기는 감정(표현된 감정)을 표현하는 것을 말한다.

▌오답해설▌

b. 사회적 태만은 사람은 혼자 일 때보다 집단으로 함께 일할 때 노력의 투입을 줄이는 경향을 말한다.
c. 사이먼에 의하면 인간은 현실적인 제약들로 인해 모든 대안을 검토하지 못하고 최적의 대안이 아닌 의사결정자가 만족하는 대안을 선택한다.
e. 사회적 관계 속에서 편안함을 느끼는 정도는 외향성이며, 정서적 안정성이란 스트레스에 얼마나 잘 견뎌내는지를 나타내는 특성이다.

04

▌정답해설▌

자원기반 관점에 의하면 기업이 지속적으로 경쟁우위를 창출하기 위해서는 가치있고, 희소하며, 모방불가능하고, 대체불가능한 자원을 보유해야 한다.

▌오답해설▌

① 호손 실험은 비공식 조직의 중요성과 사회적 인간관이 생산성에 미치는 영향을 설명한다.
② 통제의 범위란 감독자가 직접적으로 지휘, 통솔하는 부하의 수를 의미한다.
④ 로렌스와 로쉬에 의하면 환경의 불확실성이 커지고 복잡성이 증가할수록 분화(차별화)의 압력이 증가한다.
⑤ 권력간 거리는 권력이 어느정도로 불균등하게 분포되어 있는지 사회가 인식하는 정도를 의미한다.

05

▮정답해설▮

a. 태도는 어떠한 대상에 대해 호의적인지의 여부를 의미하며, 정서, 인지, 행위의도의 세 가지 구성요소로 구성된다.

c. 마키아벨리즘 성향이 강한 사람은 속임수와 조작을 사용하는 성향, 냉소적 성향, 도덕과 윤리를 무시하는 성향을 지닌다.

e. 피그말리온 효과는 다른 대상들에 대한 기대가 그들의 행위를 결정한다는 것이다.

▮오답해설▮

b. 선지의 내용은 경력경로에 대한 설명이다. 직무만족은 직무에 대해 호의적인 태도를 가지고 있는 것으로서, 직무에 대한 종합적 평가로부터 도출되는 것이다.

d. 켈리는 귀인의 결정요인으로 특이성, 합의성, 일관성을 제시하고 있다.

더 살펴보기	켈리의 귀인결정요인

종 류	내 용
특이성	특정 상황에서만 다르게 행동하는 것
합의성	다른 사람들이 같은 상황에서 비슷하게 행동하는 것
일관성	한 사람이 정기적이고 지속적으로 동일하거나 비슷하게 행동하는 것

06

▮정답해설▮

평가센터법은 주로 상위 관리직 채용에 활용되는 방법으로, 복수의 지원자들을 일정 기간 동안 특정한 장소에 머무르게 하면서 다수의 평가자가 다양한 방식의 도구를 활용하여 지원자들을 종합적으로 판단할 때 사용하는 방식이다.

▮오답해설▮

② MBO는 부하가 직속상사와 협의하여 목표량을 정한 후, 실제 성과달성도를 부하와 직속상사가 함께 측정하고 평가하는 방법이다.

③ 후광효과란 외모 등의 어느 한 가지 특성을 통해 대상 전체를 평가함으로써 발생하는 오류이다.

④ 360도 피드백 평가는 상사와 본인, 동료, 하급자와 외부이해관계자까지 포함한 사람들에 의해서 이루어지는 평가 및 피드백 방법이다.

⑤ 행위기준척도법은 평정척도법과 주요사건기술법을 결합한 것으로, 작업의 결과가 아닌 과정, 즉 관찰가능한 행동을 평가기준으로 삼는다.

07

┃ 정답해설 ┃

직무급에서는 직무몰입이나 직무만족과 같은 인적요소가 배제되고 오로지 직무가 조직 내에서 갖는 상대적 가치와 중요도만이 반영된다.

┃ 오답해설 ┃

① 선도정책은 경쟁기업보다 상대적으로 더 높은 수준의 임금을 지급하여 유능하고 생산성이 높은 인재를 확보하고 유지하려는 정책이다.
③ 개인공정성은 동일조직 내에서 동일직무를 담당하고 있는 구성원들간의 연공, 성과수준 등과 같은 개인적 차이가 임금격차와 관련이 있는지의 여부에 의해 지각되는 공정성이다.
④ 임금수준의 상한선은 지불능력, 하한선은 생계비, 적정선은 노동시장의 임금수준에 의해 영향을 받는다.
⑤ 근속연수가 올라갈수록 능력과 성과가 향상되는 경우에는 연공급을 적용하는 것이 적절하며 이를 통해 장기근속을 유도할 수 있다.

> **더 살펴보기 │ 직무급**
>
> • 개념 : 직무평가로 도출된 각 직무의 상대적 가치에 따라 지급되는 임금
> • 특징 : 동일노동 동일임금의 원리가 적용, 직무가치와 종업원의 능력이 일치하는 채용이 이루어질 때 효과적임
> • 장점 : 인사관리의 합리화, 노동생산성과 작업능률 향상
> • 단점 : 시행절차 복잡, 연공중심 풍토에서의 저항, 공동체 지향문화와 충돌

08

┃ 정답해설 ┃

챈들러는 '구조는 전략을 따른다'는 명제를 제시하였으며, 이후 마일즈 등에 의해 전략이 조직구조에 미치는 영향에 관한 구체적인 연구를 수행하였다.

┃ 오답해설 ┃

① 레윈의 세력장 이론에 의하면 조직은 해빙, 변화, 재결빙의 순서를 거쳐 변화한다.
② 이 중에서 경력지향은 능력을 중시하는 베버의 관료제 공개경쟁채용 방식으로 관료를 선발하므로 특정 분야에서의 경력 즉, 전문성을 강조한다는 것이다.

> 본서에서는 출제범위의 개편을 반영하여 9번~24번 문제들의 해설을 생략하고 정답만 수록합니다. 참고하시기 바랍니다.

25

답 ②

▌정답해설▌

$n=1$ 인 경우 $FVIFA(r,\ n)=n$

$n>1$ 인 경우 $FVIFA(r,\ n)=(1+r)^{n-1}+(1+r)^{n-2}+\cdots+1>n$

▌오답해설▌

① $PVIFA(r,\ n)=\dfrac{1}{1+r}+\dfrac{1}{(1+r)^2}+\cdots+\dfrac{1}{(1+r)^n}<n$

③ $n=1$ 인 경우 $(1+r)^n=(1+r\times n)$

  $n>1$ 인 경우 $(1+r)^n>(1+r\times n)$

④ $PVIF(r,\ n)=\dfrac{1}{(1+r)^n}$

  $FVIF(r,\ n)=(1+r)^n$

  $PVIF(r,\ n)=\dfrac{1}{FVIF(r,\ n)}$

⑤ $PVIFA(r,\ n)\times(1+r)^n=\left\{\dfrac{1}{1+r}+\dfrac{1}{(1+r)^2}+\cdots+\dfrac{1}{(1+r)^n}\right\}\times(1+r)^n$

$=(1+r)^{n-1}+(1+r)^{n-2}+\cdots+1=FVIFA(r,\ n)$

26

답 ⑤

▌정답해설▌

먼저 각각의 상황에 대한 확률을 구하면

사고가 발생하지 않아 가치가 3,000만원인 경우 : 0.95

사고가 발생하여 가치가 1,000만원인 경우 : $0.05\times0.4=0.02$

사고가 발생하여 가치가 100만원인 경우 : $0.05\times0.6=0.03$

확실성등가 : $(\sqrt{3,000만}\times0.95+\sqrt{1,000만}\times0.02+\sqrt{100만}\times0.03)^2=2.805만원$

최대보험료 : 3,000만원$-2,805$만원$=195$만원

27

▌정답해설▌

구 분	0년차	1~4년차	5년차
증분OCF		100만+0.08x	100만+0.08x
신기계 구입	x		
구기계 처분	250만		
신기계 처분			300만

증분OCF=(200만×0.6)+($\frac{x}{5}$×0.4)−(50만×0.4)=100만+0.08x

구기계 처분액 : 500만−$\frac{500만}{10}$×5=250만

신기계 처분액 : 500만−(500만−0)×0.4=300만

(100만+0.08x)×3.7908+300만×0.6209−(x−250만)=0

∴ x=1,170.24만원

28

▌정답해설▌

※ 만원단위 생략

$VaR_A=500×0.05×1.65=41.25$

$VaR_B=300×0.08×1.65=39.6$

∴ $VaR_P=\sqrt{41.25^2+39.6^2+(2×41.25×39.6×0.4)}=67.65$

29

▌정답해설▌

선지의 내용은 잔액인수에 대한 것이다. 총액인수는 인수기관이 공모액 전액을 자신의 명의로 인수하여 투자자들에게 판매하는 것이다.

30

┃ 정답해설 ┃

b. $k_0 = \rho(1 - t\frac{B}{V}) = 20(1 - 0.4 \times \frac{50억}{220억}) = 18.18\%$

d. $\beta_L = \beta_U\left\{1 + (1-t)\frac{B}{S}\right\} = 2\left\{1 + (1-0.4)\frac{50억}{170억}\right\} = 2.35$

┃ 오답해설 ┃

a. $k_e = \rho + (\rho - k_d)(1-t)\frac{B}{S} = 20 + (20-5)(1-0.4) \times \frac{50억}{170억} = 22.65\%$

c. $V_L = V_U + B \times t = 200억 + 50억 \times 0.4 = 220억원$

e. $\beta_A = \beta_U(1 - t\frac{B}{V}) = 2(1 - 0.4 \times \frac{50억}{220억}) = 1.82$

31

┃ 정답해설 ┃

선지의 내용은 그린메일에 대한 것이다. LBO는 인수대상기업의 자산이나 수익력을 담보로 인수대금을 차입으로 조달하여 인수하는 것이다.

┃ 오답해설 ┃

② 합병대가를 현금으로 지급할 경우에는 인수가격에 변화가 없으나, 주식으로 지급하는 경우에는 합병의 성과에 따라 인수가격이 달라지기 때문이다.

③ 만약 공개매수에 참여하지 않는 것이 더 유리한 경우 피인수기업 주주들이 공개매수에 참여하는 주주들에게 무임승차해서 이익을 얻으려 할 수 있다.

④ 적대적 M&A가 발생할 가능성이 있다면 경영자 입장에서는 주주의 이익을 극대화하여 주주들을 우군으로 만든 후 자신의 지위를 유지하려 할 수 있다.

32

┃ 정답해설 ┃

$ER = \frac{P_{감마}}{P_{알파}} = \frac{400 \times 20}{1,000 \times 10} = \frac{8,000}{10,000} = 0.8$

$V_{합병} = (10,000 \times 100) + (8,000 \times 50) = 1,400,000원$

$V_{합병} = (1,000 \times 100) + (400 \times 50) = 120,000원$

$\therefore PER_{합병} = \frac{P_{합병}}{EPS_{합병}} = \frac{1,400,000}{120,000} = 11.67$

33

┃정답해설┃

a. $w_A = \dfrac{\sigma_B}{\sigma_A + \sigma_B} = \dfrac{8\%}{4\% + 8\%} = \dfrac{2}{3}$

  $\therefore E(R_p) = (\dfrac{2}{3} \times 12\%) + (\dfrac{1}{3} \times 15\%) = 13\%$

b. 주식 수익률의 기댓값이 서로 다르고 공매도가 가능한 상황이므로 포트폴리오의 기대수익률이 0%가 될 수 있다.

┃오답해설┃

c. 포트폴리오의 기대수익률은 투자비율의 영향을 받을 뿐이며, 상관계수의 영향을 받지 않는다.

d. $w_A = \dfrac{\sigma_B^2 - \sigma_{AB}}{\sigma_A^2 + \sigma_B^2 - 2\sigma_{AB}} = \dfrac{8^2 - 1 \times 4 \times 8}{4^2 + 8^2 - 2(1 \times 4 \times 8)} = 2$

34

┃정답해설┃

$E(R_P) = (w_M \times 24) + (1 - w_M) \times 10 = 38\%$

$w_M = 2$

$\therefore 5,000만 \times 2 \times 0.4 = 4,000만원$

┃오답해설┃

① $E(R_M) = 0.6 \times E(R_A) + 0.4 \times E(R_B) = 0.6 \times 30 + 0.4 \times 15 = 24\%$

② $\sigma_P = w_M \times \sigma_M = 0.5 \times 27 = 13.5\%$

③ 시장포트폴리오 샤프비율 $= \dfrac{E(R_M) - R_f}{\sigma_M} = \dfrac{24 - 10}{27} = 0.52$

  $\therefore$ 갑 샤프비율 $= \dfrac{E(R_P) - R_f}{\sigma_P} = \dfrac{17 - 10}{13.5} = 0.52$

⑤ $\sigma_P = w_M \times \sigma_M = w_M \times 27 = 21.6\%, \quad \therefore w_M = 0.8$

  $\therefore 1억 \times 0.8 \times 0.6 = 4,800만원$

35

┃정답해설┃

$E(R_P) = 4.6\% + 5\% \times \beta_P = 14\%, \quad \therefore \beta_P = 1.88$

$\beta_P = \left(\dfrac{300억}{300억 + 450억} \times 1.1 \right) + \left(\dfrac{450억}{300억 + 450억} \times x \right) = 1.88, \quad \therefore x = 2.4$

36

┃ 정답해설 ┃

$\beta_X = 1.8 w_A + 0.8(1 - w_A) = 1.3$

$w_A = 0.5, \quad w_B = 0.5$

$Var(e_A) = Var(R_A) - \beta_A^2 \cdot Var(R_M) = 0.3^2 - 1.8^2 \times 0.0225 = 0.0171$

$Var(e_B) = Var(R_B) - \beta_B^2 \cdot Var(R_M) = 0.2^2 - 0.8^2 \times 0.0225 = 0.0256$

$\therefore \ Var(e_X) = 0.5^2 \times 0.0171 + 0.5^2 \times 0.0256 = 0.010675$

┃ 오답해설 ┃

① $\sigma_{AB} = 1.8 \times 0.8 \times Var(R_M) = 0.0324, \quad \therefore \ Var(R_M) = 0.0225$

$\quad \beta_A^2 \cdot Var(R_M) = 1.8^2 \times 0.0225 = 0.0729$

② $R^2(B) = \dfrac{\beta_B^2 \cdot Var(R_M)}{Var(R_B)} = \dfrac{0.8^2 \times 0.0225}{0.2^2} = 0.36$

③ $\rho_{AB} = \dfrac{\sigma_{AB}}{\sigma_A \cdot \sigma_B} = \dfrac{0.0324}{0.3 \times 0.2} = 0.54$

⑤ $Var(R_X) = \beta_X^2 \cdot Var(R_M) + Var(e_X) = 1.3^2 \times 0.0225 + 0.010675 = 0.0487$

37

┃ 정답해설 ┃

수익률 차이가 커지면 신용등급이 낮은 채권의 수익률은 더 높아져서 가격이 하락하고, 신용등급이 높은 채권의 수익률은 더 낮아져서 가격이 상승하기 때문이다.

┃ 오답해설 ┃

① 이자율이 하락할 것으로 예상될 때에는 표면이자율이 낮은 채권을 매입하는 것이 유리하다.

② 채권가격이 하락할 것으로 예상될 때에는 만기가 짧고 표면이자율이 높은 채권을 매입하는 것이 유리하다.

④ 불황에서 호황으로 전환되면 스프레드가 감소하기 때문이다.

⑤ 동종채권들이 다른 가격으로 거래된다는 것은 수익률이 높은 채권이 과소평가되어있고, 수익률이 낮은 채권이 과대평가되어있는 것이기 때문이다.

공인회계사 1차 2023년 제58회

2023년 | 제58회 **221**

38

┃정답해설┃

$$P_C = \frac{12,000}{1.1} + \frac{112,000}{1.12^2} = 100,195원$$

┃오답해설┃

① $\frac{100,000}{1+{_0}S_1} = 90,909, \quad \therefore {_0}S_1 = 10\%$

② $\frac{100,000}{(1+{_0}S_2)^2} = 79,719, \quad \therefore {_0}S_2 = 12\%$

$(1+12\%)^2 = (1+10\%)(1+{_1}f_2), \quad \therefore {_1}f_2 = 14.04\%$

③ $F_0^1 = \frac{100,000}{1+{_1}f_2} = \frac{100,000}{1+0.14} = 87,719원$

④ $(100,194.36 - 100,000) \times 100 = 19,436원$

39

┃오답해설┃

① 신주인수권의 기초자산은 신주인수권 행사 후의 주가이다.

③ 전환사채의 만기일에 전환가치가 일반사채의 가치보다 크다면 전환권을 행사하게 되며, 이 경우 전환사채의 가치는 일반사채의 가치보다 크게 된다.

④ 전환사채의 현재가치는 일반사채의 가치에 전환권의 가치를 더한 것인데, 전환권의 가치는 항상 0보다 크거나 같다. 따라서 전환사채의 현재가치는 일반사채의 가치보다 크거나 같다.

⑤ 상환청구권부사채의 가치는 일반사채의 가치에 상환청구권 가치인 풋옵션의 가치를 더한 것과 같다.

40

┃정답해설┃

선물의 균형가격은 $30,000 \times 1.1^2 = 36,300$원이므로 선물의 시장가격이 과대평가된 상태이다. 따라서 30,000원을 차입해서 현물주식을 매입한 후, 선물을 매도하는 차익거래를 할 경우 $37,000 - 36,300 = 700$원의 이익을 얻게 된다.

문제편 044p

01	02	03	04	05	06	07	08	09	10	11	12	13	14	15	16	17	18	19	20
②	④	②	①	④	⑤	①	③	⑤	⑤	⑤	②	②	②	③	④	⑤	⑤	③	④
21	22	23	24	25	26	27	28	29	30	31	32	33	34	35	36	37	38	39	40
④	②	④	③	②	③	①	①	③	④	③	④	⑤	③	④	②	①	①	④	①

01

답 ②

정답해설

선지의 설명은 권력욕구에 대한 설명이다.

오답해설

③ 긍정적 강화는 바람직한 결과물을 제공하여, 부정적 강화는 바람직하지 못한 결과물을 제거하여 바람직한 행동의 빈도를 증가시키는 것이다.

④ 불공정성을 느끼는 경우 투입이나 산출의 변경, 자기 자신이나 타인에 대한 인지의 왜곡, 준거대상의 변경, 상황의 변경 등을 통해 불균형 상태를 줄일 수 있다.

⑤ 알더퍼는 인간의 욕구를 크게 존재욕구, 관계욕구, 성장욕구의 세 유형으로 구분하였는데, 이는 매슬로우의 생리적 욕구, 안전욕구, 사회적욕구, 존경욕구, 자아실현욕구의 다섯 가지 욕구를 세 가지의 범주로 묶은 것이라 할 수 있다.

더 살펴보기	맥클리랜드의 욕구단계설
종류	**내용**
성취욕구	도전적인 목표를 설정하면서 동시에 이를 달성하고자 하는 욕구를 의미한다. 지나치게 쉽거나 지나치게 어려운 과업의 경우 성취욕구를 저해할 수 있다.
권력욕구	다른 사람들에 대한 영향력과 통제력에 대한 욕구를 의미한다. 권력욕구가 높은 사람은 책임지는 역할을 맡는 것을 좋아하고, 타인에 대한 영향력 행사나 경쟁의 상황을 즐기는 특성을 보이며, 신분이나 지위상승에도 높은 관심을 보인다.
친교욕구	대인관계와 인정에 대한 욕구를 말한다. 협력적 상황을 상대적으로 선호하며, 우정을 중시하고 친밀감을 유지하고자 한다.

02

┃정답해설┃

반대로 된 설명이다. 위인이론은 리더의 개인특성을 살펴보는 이론이다.

┃오답해설┃

② 리더 – 구성원 교환이론에서는 리더와 부하간에 형성되는 관계의 질에 따라 내집단과 외집단으로 나누며, 내집단의 부하들과 질 높은 교환관계를 가진다고 본다.

③ 피들러에 따르면 가장 같이 일하고 싶지 않은 사람을 선택한 후, 그에 대한 점수를 합산하여 점수가 높을수록 관계지향형 리더, 낮을수록 과업지향형 리더로 판단한다.

03

┃정답해설┃

c. 상동적 태도는 사람이나 대상이 소속된 집단의 특성을 통해 상대방을 평가함으로써 발생하는 오류를 뜻한다.

┃오답해설┃

b. 교차기능팀에 대한 설명이다. 기능팀은 같은 분야의 구성원들이 모여있는 팀이다.

d. 내재적 강화요인에 대한 설명이다. 외재적 강화요인은 경제적인 지원 등 직무 외적인 요인을 의미한다.

04

┃정답해설┃

변화가 큰 환경 하에서는 유기적 구조가 형성되는데, 유기적 구조의 특징으로는 탄력적인 과업과 수평적인 의사소통구조, 낮은 수준의 공식성과 권한의 분권화를 들 수 있다.

┃오답해설┃

③ 저원가(원가우위) 전략은 집중성과 공식성이 높은 기계적 구조에 적합하다.

⑤ 부문별 구조(사업부제 구조)는 제품이나 시장에 따라 분권화된 조직으로 구성되었기 때문에 고객과 시장의 요구에 대응하기 쉽다.

05

┃정답해설┃

친족주의는 족벌주의 내지는 친족중용주의를 의미하므로 반대되는 내용이다.

┃오답해설┃

① 내부노동시장을 통한 모집은 주로 승진의 형태로 이루어지므로 종업원들에게 희망과 동기를 더 많이 부여한다.

② 평등고용기회는 적극적 고용개선조치의 일환으로서, 장애여부 및 종교나 국적 등으로 인하여 고용과정과 근로환경의 제반영역에서 차별이 발생하지 않도록 하는 것이다.

06

▌정답해설▐

선지의 내용은 기술다양성에 대한 것이다. <u>과업중요성은 직무가 조직의 목표달성이나 타인의 삶에 영향을 주는 정도를 의미</u>한다.

▌오답해설▐

③ 직무순환은 여러 직무를 일정 주기로 순환하여 수행하는 것이다. 직무 순환을 통해 스트레스와 매너리즘의 감소, 종업원의 능력 신장과 같은 효과를 얻을 수 있다.

④ 공식적 교육훈련은 교육훈련 부서에서 계획되고 진행되는 교육을 의미하며, 비공식 교육훈련은 평소 업무수행의 과정에서 구성원간에 발생하는 상호작용과 피드백을 의미한다.

> **더 살펴보기** | **액션러닝과 블렌디드 러닝**
>
> • 액션러닝 : 경영현장에서 실제로 겪을 수 있는 다양한 사례들에 대한 문제해결절차를 경험하게 함으로써 다양한 문제에 대한 대응능력을 키우는 교육훈련기법
> • 블렌디드 러닝 : 학습 경험을 극대화하기 위하여 다양한 학습방법과 전달방식을 결합하여 최대의 학습효과를 추구하는 방법

07

▌정답해설▐

부진한 성과는 비자발적 이직의 원인이다.

▌오답해설▐

② 이직 원인을 파악하는데 방법 중 하나인 퇴직자 인터뷰는 타당성에 의문이 제기되기도 하지만, 현실적으로 이직사유를 파악하는데 가장 많이 활용되고 있다.

08

▌정답해설▐

직무평가는 직무의 상대적 가치를 결정하는 과정이다.

▌오답해설▐

① 기본급은 성과급과 같이 변동급의 형태로 주어지는 것이 아닌 형태의 보상을 의미한다.

② 강제할당법은 사전에 정해진 특정분포에 따라 고과대상의 서열을 정하는 방법으로서 평가자의 항상오류를 방지할 수 있다. 평가자 인플레이션은 항상오류 중 하나에 해당한다.

⑤ 다면평가와 같은 대안적 평가방법이 도입되고 있으나 아직까지는 직속상사에 의한 평가가 주를 이룬다.

> 본서에서는 출제범위의 개편을 반영하여 9번~24번 문제들의 해설을 생략하고 정답만 수록합니다. 참고하시기 바랍니다.

25

┃정답해설┃

1안 : $2,000,000,000 \times 0.1 = 200,000,000$원

2안 : 연간원리금상환액 : $2,000,000,000/9.4269 = 212,158,822$원

1차년도말 원금상환액 : $212,158,822 - 200,000,000 = 12,158,822$원

1차년도말 차입금 잔액 : $2,000,000,000 - 12,158,822 = 1,987,841,178$원

2차년도말 이자지급액 : $1,987,841,178 \times 0.1 = 198,784,118$원

1안과 2안의 차이 : $200,000,000 - 198,784,118 = 1,215,882$원

26

┃정답해설┃

보수적인 회계처리를 할 경우 주당이익이 작아지기 때문이다.

┃오답해설┃

① 요구수익률이 낮을수록 주가가 높아지므로 PER이 높게 나타난다.

② 무성장 기업의 주가는 $\dfrac{EPS}{K_e}$ 이므로, $PER = \dfrac{P_0}{EPS_1} = \dfrac{1}{K_e}$ 이다.

④ $PBR = \dfrac{P_0}{BPS_0} = \dfrac{P_0}{EPS_1} \times \dfrac{EPS_1}{BPS_0} = PER \times ROE$

27

┃정답해설┃

$\beta_{변경후} = 1.12 - (0.04 \times 0.8) + (0.04 \times 2.3) = 1.18$

28

┃정답해설┃

$k_e = R_f + [E(R_M) - R_f]\beta = 0.03 + (0.1 - 0.03) \times 1.5 = 0.135$

$P_0 = \dfrac{D_0 \times 1.05}{0.135 - 0.05} = 50,000$원

$\therefore D_0 = 4,047.62$원

29

답 ③

▎정답해설▎

a. 포트폴리오 A와 포트폴리오 B는 CML상에 위치하는 포트폴리오이므로 상관계수가 1이다. 따라서 A와 B의 사전적 수익률은 항상 같은 방향으로 움직인다.

c. $\beta_P = \dfrac{1 \times \sigma_P}{\sigma_M}$, $\sigma_P = \beta_P \times \sigma_M$, $\sigma_A = 0.6\sigma_M$, $\therefore$ $\sigma_B = 0.4\sigma_M$

d. CML 상에 존재하는 포트폴리오의 시장포트폴리오에 대한 투자비중은 베타와 동일하다.

▎오답해설▎

b. $\dfrac{E(R_M) - R_f}{\sigma_M} = \dfrac{0.15 - 0.04}{0.1} = 1.1$

30

답 ④

▎정답해설▎

수요분석을 위해 지출된 시장조사비용은 매몰비용에 해당하므로 고려해서는 안 된다.

31

답 ③

▎정답해설▎

1기의 확실성 등가 $= \{(\sqrt{4,000,000} \times 0.6) + (\sqrt{1,000,000} \times 0.4)\}^2 = 256$만원

2기의 확실성 등가 $= \{(\sqrt{9,000,000} \times 0.7) + (\sqrt{4,000,000} \times 0.3)\}^2 = 729$만원

1기의 기대현금흐름 $= (4,000,000 \times 0.6) + (1,000,000 \times 0.4) = 280$만원

2기의 기대현금흐름 $= (9,000,000 \times 0.7) + (4,000,000 \times 0.3) = 750$만원

$\dfrac{280만}{1+k} + \dfrac{750만}{(1+k)^2} = \dfrac{256만}{1.1} + \dfrac{729만}{1.1^2}$, $\therefore$ $k = 13\%$

32

답 ④

▎정답해설▎

무부채 기업은 재무레버리지도가 0이어서 영업레버리지도와 결합레버리지도가 같은 값을 가진다. 따라서 매출액이 250억원에서 275억원으로 10% 증가하였을 때 EPS가 100원에서 150원으로 50% 증가하였으므로 결합레버리지도는 5가 된다.

33

┃정답해설┃

MM에 의하면 <u>법인세가 존재하는 경우 부채비율(B/S)의 증가에 따라 가중평균자본비용은 $\rho(1-t)$로 수렴한다.</u>

34

┃정답해설┃

$k_e = 0.05 + (0.2 - 0.05) \times 1.5 = 27.5\%$

$k_0 = (0.5 \times 0.275) + 0.5 \times 0.05(1 - 0.4) = 15.25\%$

┃오답해설┃

① $\beta_L = \dfrac{\rho_L \times \sigma_L}{\sigma_M} = \dfrac{0.6 \times 0.5}{0.2} = 1.5$

② $\beta_U = \dfrac{\rho_U \times \sigma_U}{\sigma_M} = \dfrac{0.4 \times 0.2}{0.2} = 0.4$

$\therefore \rho = 0.05 + (0.2 - 0.05) \times 0.4 = 11\%$

④ $V_U = \dfrac{EBIT(1-t)}{\rho} = \dfrac{2억(1-0.4)}{0.11} = 10.91억원$

⑤ $V_L = \dfrac{EBIT(1-t)}{k_0} = \dfrac{5억(1-0.4)}{0.1525} = 19.67억원$

$\therefore 19.67억 - 10.91억 = 8.76억원$

35

┃오답해설┃

a. 주식배당 및 주식분할 후 자기자본가치는 불변이다.

c. 주식배당 및 주식분할 후 EPS는 감소한다.

e. 현금배당 및 자사주 매입 후 주주의 부는 불변이다.

36

┃정답해설┃

a. $(1 + 0.08)^2 = (1 + 0.06)(1 + {}_1f_2)$, $\therefore {}_1f_2 = 10.04\%$

b. 기대가설에 의하면 ${}_1f_2 = {}_1r_2 = 10.04\%$의 관계가 성립하므로 1년 후 단기이자율은 현재의 1년 만기 현물이자율(6%)보다 상승할 것이다.

┃오답해설┃

c. 유동성선호가설에 의하면 1년 후 단기이자율은 선도이자율과 유동성 프리미엄의 합으로 계산되어 ${}_1f_2 - {}_1L_2 = {}_1r_2$의 관계가 성립하므로, 1년 후 단기이자율은 10.04 - 3 = 7.04%가 되어 1년 만기 현물이자율(6%)보다 상승할 것이다.

37

답 ①

정답해설

목표시기 면역전략에 의하면 채권의 듀레이션이 목표투자기간보다 짧은 경우에는 이자율 변동에 따른 투자자의 재투자 위험이 가격위험보다 크다.

38

답 ①

정답해설

현재주가	1년 후 주가	콜 만기가치	풋 만기가치
10,000	12,000	2,000	0
	8,000	0	2,000

위험중립확률 : $12,000P + 8,000(1-P) = 10,000 \times 1.1, \quad \therefore P = 0.75$

$P = \dfrac{2,000 \times 0.25}{1.1} = 454.55$원

오답해설

② $C = \dfrac{2,000 \times 0.75}{1.1} = 1,363.63$원

③ 헤지비율 $= \dfrac{4,000}{2,000} = 2$

④ $\delta_P = \dfrac{0-2,000}{12,000-8,000} = -0.5$

⑤ $\delta_C = \dfrac{2,000-0}{12,000-8,000} = 0.5$

39

답 ④

정답해설

선지의 내용은 콘탱고 가설에 대한 것이다. 정상적 백워데이션 가설은 선물가격이 미래의 기대현물가격보다 낮게 형성되었다가 만기일에 접근하면서 기대현물가격에 일치해간다는 가설이다.

40

답 ①

정답해설

$P_{AB}^B = PER_{AB} \times \dfrac{(2,500 \times 10,000) + (2,000 \times 10,000)}{10,000 + (10,000 \times ER)} \times ER \geq 30,000$원

$\therefore ER \geq 0.5$

✓ 문제편 064p

01	02	03	04	05	06	07	08	09	10	11	12	13	14	15	16	17	18	19	20
②	④	⑤	②	④	①	③	③	①	③	②	⑤	①	⑤	④	②	④	④	②	⑤
21	22	23	24	25	26	27	28	29	30	31	32	33	34	35	36	37	38	39	40
①	③	⑤	①	②	④	③	②	⑤	①	③	③	①	④	①	⑤	③	②	④	④

01

답 ②

┃정답해설┃

c. 반두라는 '사회적 학습'을 주변 사람들의 행위를 보고 관찰하고, 직접 경험하면서 행동을 학습해 가는 과정이라고 하였는데, 이는 행동주의적 학습관점과 인지주의적 학습관점을 통합한 것이다.

┃오답해설┃

b. 욕구가 아닌 동기에 대한 설명이다.

d. 개인의 의무, 권한, 책임이 명료하지 않은 상태는 역할모호성(role ambiguity)이다.

02

답 ④

┃정답해설┃

집단사고는 대안에 대한 비판적 검토를 억압하여 사고의 다양성을 저해하는 부작용이며, 이로 인해 집단의사결정의 효과성이 떨어진다.

┃오답해설┃

① 권력(power)은 자신의 의지대로 상대방의 행동을 변화시키는 힘이며, 이의 원천이 공식적인 제도나 규정에 근거하는 경우를 특별히 권한이라 부른다.

더 살펴보기	진성 리더십의 구성요소
• 자아인식 : 자신에 대한 솔직한 파악	
• 진성행동(자기규제) : 내면화된 도덕적 시각과 균형잡힌 정보처리	
• 진정성에 기반한 인간관계	

03

정답해설

기능중심의 전문성 확대와 일관성 있는 통제는 테일러의 집권형 조직에 어울리는 설명이다.

오답해설

② 조직사회화는 개인이 조직에 소속되기 전의 시점부터 조직에 들어와 그 조직의 문화 등을 습득함으로써 조직의 구성원으로 변화해가는 과정을 의미한다.

③ 유기적 조직에서는 높은 수준의 자발적 조직몰입 즉, 조직에 대한 일체감이 중요시 된다.

④ 강한 문화란 구성원들 간에 공통된 의사결정기준이 존재하여 결속력이 강한 문화를 뜻한다. 이 경우 조직에 대한 충성과 몰입도가 향상되어 이직률이 낮아진다.

04

정답해설

1차 집단은 구성원의 감정적인 상호작용이 이루어지고 인위적 노력이 필요하지 않은 집단인 가족, 또래집단 등이며, 2차 집단은 구성원간의 이성적, 계약적 상호작용이 이루어지는 인위적 집단으로서 회사, 학교, 시민단체 등이다.

오답해설

① 터크만의 5단계 모형에서 형성기는 불확실성하에서 구성원들이 상호간에 알아가는 단계이다.

③ 규범은 구성원들이 집단 내에서 수용 가능한 행동의 표준을 의미한다.

④ 비정형화된 상황에서는 기존에 생각하지 못했던 새로운 대안을 탐색하고 평가해야 하므로 다양한 업무수행경험과 창의성이 필요하게 된다. 따라서 보다 정확한 판단을 위해서는 시간이 걸리더라도 여러 사람의 의견을 모을 필요가 있다.

05

정답해설

직무가치에 의해 결정되는 임금은 직무급인데, 이는 기본급(예, 직무급, 직능급, 연공급)의 일종이며 변동급과는 무관하다. 변동급은 인센티브(성과급)를 총칭하여 부르는 명칭이다.

오답해설

① 중요사건법은 특별히 효과적이거나 또는 비효과적인 행동을 토대로 업무수행의 핵심성공 요인을 추출하여 평가에 적용하는 기법이다.

② 법정 복리후생에는 사회보험(의료보험, 산업재해보상보험, 연금보험, 고용보험)에 대한 지원과 법정퇴직금 및 유급 휴일(휴가)제도가 있다.

③ 성과평가란 개인이 전체 성과에 기여하는 정도를 평가하는 것이다. 평가는 개별 구성원의 성과가 팀조직의 성과에 기여할 수 있는 방향으로 나갈 수 있도록 관리하는 것이기도 하므로 성과평가와 성과관리는 같은 의미이다.

06

┃정답해설┃

Training은 현재 수행하고 있는 직무에 대한 지식과 기술을 제공하는 것이고, 미래의 직무에 대한 지식과 기술을 제공하는 것은 Development이다. 영어단어가 잘못 표기되어 틀린 선지로 처리되었는데, 이와 같은 출제는 가급적 지양되어야 할 것이다.

┃오답해설┃

③ 교육훈련이 조직 내부에서 이루어지면 OJT(on the job training. 사내교육훈련), 조직 외부에서 이루어지면 Off JT(off the job training. 사외교육훈련)라 한다.

④ 오리엔테이션이란 신입사원이 조직생활을 하면서 알아야 할 기본적인 규칙 등에 친숙하도록 하는 대표적 조직사회화 프로그램이다.

⑤ 사내공모제도는 조직 내에서 공석이 발생할 경우 사내 게시판에 지원공고를 내고, 내부의 직원이 지원하는 제도를 말한다. 대개 승진의 형태를 취하므로 사기진작 및 동기부여 효과가 발생하며, 회사사정을 잘 아는 내부인이 지원하므로 잘못된 정보로 인해 이직할 가능성이 낮다. 그리고 내정자가 있는 형식이 아닌 공모의 형식을 취하므로 최소한의 절차적 투명성을 담보할 수 있다.

07

┃정답해설┃

직무기술서에는 직무의 명칭과 내용, 직무수행방법과 절차, 작업조건, 성과판단의 기준 등이 기록되며, 직무명세서에는 직무분석의 결과에 의거하여 직무수행에 필요한 종업원의 능력과 각종자격조건을 기록한다.

┃오답해설┃

⑤ 직무공유제는 인력의 공급이 과잉인 경우에 시행된다. 이 경우 원칙적으로는 인력감축을 실시해야겠지만 경기위축 등의 부작용을 방지하기 위해서 해고없는 인력량 감소 전략(직무공유 등)을 모색하게 된다.

08

┃정답해설┃

지식과 기술이 비슷하더라도 성과가 다르면 임금도 달라져야 하는 것이 임금공정성이다.

┃오답해설┃

② 이 밖에 보상동결 및 삭감, 신규채용 억제, 희망퇴직과 해고 등이 있다.

④ 우리나라에서는 남녀고용평등과 일·가정 양립지원에 관한 법률에 근거하여 2006년 3월에 도입되었다.

> 본서에서는 출제범위의 개편을 반영하여 9번~24번 문제들의 해설을 생략하고 정답만 수록합니다. 참고하시기 바랍니다.

25

▌정답해설▐

투자안 A와 B의 NPV 곡선을 그려보면 할인율 15%인 점에서 서로 교차하며 투자안 A가 더 가파른 곡선으로 나타난다.

▌오답해설▐

① 투자안 A의 NPV가 4억원이고 B의 NPV가 3억원이어서 A가 B보다 더 크므로 자본비용은 15%보다 작은 점에서 도출될 수밖에 없다.

③ 내부수익률이 15%이므로 피셔수익률도 15%이다.

⑤ 두 투자안의 NPV가 모두 양수이므로 두 투자안 모두를 선택하는 것이 바람직하다.

26

▌정답해설▐

$\rho = 0.05 + (0.1 - 0.05) \times 1 = 10\%$

$k_0 = \rho\left(1 - t\dfrac{B}{V}\right) = 0.1\left(1 - 0.3 \times \dfrac{1}{2}\right) = 8.5\%$

$\dfrac{500억}{1 + 0.085} = \dfrac{CEQ_1}{1 + 0.05}$

$\therefore CEQ_1 = 483.9억원$

27

▌정답해설▐

A채권을 2개 매입하고, B채권을 1개 매도하면 현재 시점의 차액 현금흐름은 5,000원이고, 4년 후의 차액 현금흐름은 10,000원이 된다. 따라서 $\dfrac{10,000}{(1 + {}_0i_4)^4} = 5,000$의 관계가 성립해야 하므로 $(1 + {}_0i_4)^4$는 2가 된다.

28

▌정답해설▐

이자율이 변화할 경우 채권의 듀레이션이 바뀌게 된다. 따라서 이자율이 변화한 뒤의 듀레이션과 목표투자기간이 같아지도록 채권 포트폴리오를 조정할 필요가 있다.

29

▌정답해설▌

$$\beta_L = \beta_U \left[1 + (1-t) \times \frac{B}{S} \right]$$

$$2 = 1 \left[1 + (1-0.3) \times \frac{B}{S} \right]$$

$\frac{B}{S} = \frac{1}{0.7}$ 이므로 $\frac{B}{V_L} = \frac{1}{1.7}$ 이 된다. 따라서, $V_L = 1.7B$ 의 관계가 성립한다.

또한, $V_L = V_U + B \cdot t$ 이므로 $V_L = 50$억$+0.3B$ 임을 알 수 있다. 이를 통해 V_L은 60.71억원으로 계산되며, A기업의 이자비용 절세효과의 현재가치는 60.71억$-$50억$=$10.71억원이 된다.

30

▌정답해설▌

d. 재무레버리지도가 4이고, 결합레버리지도가 8이면 영업레버리지도는 2이다. 따라서 매출액이 10% 증가하면 영업이익은 20% 증가한다.

▌오답해설▌

b. 영업레버리지도가 크다는 것은 매출액 변화율에 비해 영업이익 변화율이 크다는 것을 의미한다.

c. 레버리지효과가 없을 경우 영업레버리지도와 재무레버리지도는 모두 1이다.

31

▌오답해설▌

a. 전액 배당하는 무성장 영구기업의 주가수익배수(PER)는 요구수익률과 음($-$)의 관계를 갖는다.

b. $P_0 = \dfrac{D_0(1+g)}{k_e - g} = \dfrac{D_0(1+0.02)}{0.1-0.02} = 10,000$원, $\therefore D_0 = 784.31$원

d. 항상(일정)성장모형을 통해 주가 추정시 주주 요구수익률이 성장률보다 클 경우에 한해 현재 이론주가(P_0)가 추정된다.

32

▌오답해설▌

b. EVA는 영업에 투자된 자본의 양적, 질적 측면만을 고려한다.

c. EVA는 세후영업이익률과 가중평균자본비용의 차이에 투하자본을 곱해서 산출한다.

d. 투하자본의 기회비용을 반영해 추정한 경제적 이익의 현재가치의 합은 시장부가가치(MVA)이다.

33

답 ①

▌정답해설▐

$V_L = V_U + B \times t = 10억 + 5억 \times 0.3 = 11.5억원$

$V_L = \dfrac{0.7}{k_0} = 11.5억원, \quad \therefore k_0 = 6.09\%$

34

답 ④

▌정답해설▐

주식배당은 주가를 하락시킴으로써 주식거래에 있어 유동성을 증가시킨다.

35

답 ①

▌오답해설▐

② 시장포트폴리오의 위험프리미엄은 항상 양(+)의 값을 가진다.

③ 표준편차가 더 크더라도 체계적 위험이 작을 경우 기대수익률이 낮을 수 있다.

④ 자본시장선 상에 존재하는 포트폴리오는 모두 효율적 포트폴리오이다. 따라서 비체계적 위험을 가진 자산이 자본시장선 상에 존재할 수 없다.

⑤ 베타가 0인 위험자산 Z가 최소분산포트폴리오보다 아래에 위치한 경우 위험자산 Z와 시장포트폴리오를 조합하여 위험자산 Z보다 기대수익률이 높고 수익률의 표준편차가 작은 포트폴리오를 구성할 수 있다.

36

답 ⑤

▌정답해설▐

a. 자산 A를 2만큼 공매도하고, 자산 B를 3만큼 매입하는 경우 포트폴리오의 젠센지수가 1%가 된다.

b. 샤프지수와 젠센지수 사이에는 일정한 관계가 없으므로 어떤 경우든 가능하다.

c. 트레이너지수는 상대적 척도이고 젠센지수는 절대적 척도이므로 두 자산간의 순위는 다를 수 있다.

37

답 ③

▌정답해설▐

$\lambda_0 + \lambda_1 + \lambda_2 = 7\%$

$\lambda_0 + 2\lambda_1 + \lambda_2 = 10\%$

$\lambda_0 + 2\lambda_1 + 2\lambda_2 = 12\%$

$\lambda_0 = 2\%, \quad \lambda_1 = 3\%, \quad \lambda_2 = 2\%$

$0.2 = 0.02 + 0.03 \times b_{D1} + 0.02 \times 3, \quad \therefore b_{D1} = 4$

38

┃정답해설┃

채권 A는 할인채이므로 경상수익률은 10%보다 작다. 하지만 채권 B는 액면채이므로 경상수익률과 액면수익률 모두 10%이다. 따라서 채권 A의 경상수익률은 채권 B에 비해 낮다.

┃오답해설┃

① 채권 A는 할인채, 채권 B는 액면채이므로 채권 A의 현재가격이 채권 B의 현재 가격보다 작다.
③ 할인채는 시간이 경과하면 가격이 상승하므로 1년 후 경상수익률은 현재에 비해 낮다.
④ 할증채는 시간이 경과하면 가격이 하락하므로 1년 후 경상수익률은 현재에 비해 높다.
⑤ 채권의 잔존기간이 줄어들수록 듀레이션도 줄어들게 된다. 따라서 1년 후 듀레이션은 현재의 듀레이션에 비해 작다.

39

┃정답해설┃

1년 후 주가가 5,000원이 될 경우에 1원의 성과가 발생하는 순수증권의 가치를 a, 3,000원인 순수증권의 가치를 b라 하자.
그렇다면 주식 A로부터 $5,000a + 3,000b = 4,000$원의 관계를 끌어낼 수 있으며, 풋옵션으로부터 $0 + 500b = 200$원의 식을 유도해 낼 수 있다. 이를 연립하면 a는 0.56, b는 0.4로 계산된다.
따라서, 1년 후 항상 10,000원을 지급하는 무위험자산의 현재 가격은 $10,000(0.56 + 0.4) = 9,600$원이다.

40

┃정답해설┃

주식 A의 현재 가격이 $10 \times 1,100 = 11,000$원이므로 선도가격은 $11,000 \times (1 + 0.03) = 11,330$원이다.

✔ 문제편 084p

01	02	03	04	05	06	07	08	09	10	11	12	13	14	15	16	17	18	19	20
①	④	②	⑤	②	⑤	③	④	②	③	①	③	①	④	①	①	④	④	②	⑤
21	22	23	24	25	26	27	28	29	30	31	32	33	34	35	36	37	38	39	40
②	③	⑤	③	⑤	③	②	④	②	①	⑤	④	⑤	①	⑤	③	④	②	③	①

01
답 ①

정답해설

외재론자는 외부의 영향력이 운명을 결정한다고 믿는 사람이고, 내재론자는 상황을 스스로 통제할 수 있다고 믿는 사람이다.

오답해설

② A형 성격은 적은 시간에 많은 것을 성취하기 위해 끊임없이 노력하고, 여가시간에 대해 죄책감을 느끼며 조급하고, 성과와 타인의 업적에 예민하게 반응하는 경쟁적 태도를 보인다. B형 성격은 정반대로 여유가 있고 성과보다는 여가를 선호한다.
⑤ 선택적 지각은 정보 가운데 자신의 배경 등에 기반하여 상대방이나 대상을 선택적으로 해석함으로써 발생하는 지각오류의 유형이다.

02
답 ④

정답해설

준거적 권력은 개인의 성격이나 매력 등에 기반한 권력이며, 전문적인 기술이나 지식 또는 독점적 정보에 바탕을 두는 것은 전문적 권력이다.

오답해설

① 서번트 리더십은 위에서 아래로 지시하는 리더가 아니라 구성원과 같은 위치에서 그들의 업무를 적극적으로 헌신하고 뒷받침하며 돕는 리더십스타일이다.
② 리더십 특성이론은 리더가 가지는 고유한 특징을 찾으려는 이론이다.

03

▌정답해설▌

스키너의 조작적 조건화는 반응의 결과에 대한 피드백과정에서 원하는 보상이 주어지는지의 여부에 따라 반응이 강화된다고 보는 관점이다.

▌오답해설▌

① 교환관계를 통하여 동기부여를 설명하는 이론은 아담스의 공정성이론이다.

③ 매슬로우의 욕구단계론에서 가장 상위의 욕구는 자아실현의 욕구이다.

④ X이론에서는 수동적 인간을 상정하며 수직적이고 명령과 통제가 중요하지만, Y이론에서는 능동적 인간을 상정하며 수평적이고 자율적인 행태가 중요하다.

⑤ 형식지는 전달과 설명이 가능하게 정리된 지식을 말하며, 암묵지란 개인이 체화하여 가지게 된 것으로 공유가 쉽지 않은 지식을 말한다.

04

▌정답해설▌

레윈의 단계이론(세력장 이론)에 따르면 구성원의 변화 필요성 인식, 주도세력 결집, 비전과 변화전략의 개발 등이 이루어지는 단계는 '해빙'단계이다. '변화'단계는 새로운 관점과 태도를 형성하는 과정이며 구성원들은 다양한 스트레스와 고통을 받게 된다.

▌오답해설▌

④ 코터와 헤스켓에 의하면, 조직문화가 적응과 변화 및 학습을 장려하는 속성을 가지고 있다면 높은 성과를 낼 수 있으며, 이러한 문화를 적응적 문화라 한다. 반면, 그렇지 않은 문화를 비적응적 문화라 한다.

05

▌정답해설▌

기본급과 변동급은 임금의 일종이므로 직접적 보상에 속하나, 복리후생은 간접적 보상에 속한다.

▌오답해설▌

① 연공급이란 개인의 경력 등을 고려하여 근속연수에 따라 임금을 결정하는 임금체계유형이며, 연공요소가 증가함에 따라 숙련도가 상승된다는 논리에 근거를 두고 있다.

③ 임금피크제도는 동일한 인건비 체계 하에서 고용안정을 중시하는 제도로서, 근로자의 계속고용을 위해 일정 연령을 기준으로 생산성과 임금을 연계시켜 점진적으로 임금을 줄여나가는 제도이다.

⑤ 연봉제는 종업원의 전년도의 능력, 직무, 실적, 연공, 공헌도를 평가하고 이를 기준으로 매년 계약에 의해 연봉을 차별화하는 성과급의 성격을 갖는 임금결정체계이다. 따라서 종업원간의 경쟁을 유발할 수 있으나 단기적 실적에 치우치는 분위기를 조장할 수 있다.

06

답 ⑤

▌정답해설▌

선지의 내용은 상동적 태도이며, 대조오류란 비교나 평가되는 대상끼리 비교했을 때 상대적으로 더 돋보이거나 반대로 열등해보이는 효과를 뜻한다.

▌오답해설▌

③ 설문지법은 설문지에 응답을 적게하여 직무관련 정보를 수집하는 방법으로서 글로 실시하는 면접이라 할 수 있다. 이 방법은 면접담당자가 필요하지 않으며 적은 비용으로 단시일 내에 자료를 수집할 수 있다는 장점이 있다.

07

답 ③

▌정답해설▌

선택지의 내용은 구조화 면접에 대한 것이며, 비구조적 면접은 지원자의 다양한 측면에 대해 중요하다고 판단되는 내용을 자유롭게 질문하고 그에 대해 지원자가 답할 수 있도록 하는 면접이다.

▌오답해설▌

① 현실적 직무소개는 모집시점에서 지원자에게 회사와 직무에 대한 긍정적, 부정적 측면을 모두 알려주는 것이다.
② 시험의 방법으로는 지원자의 다양한 과업수행능력을 측정하는 능력검사, 지원자의 직무태도나 조직인화력을 살펴보기 위한 성격검사, 대표과업을 수행하게 하고 그 성취도를 측정하는 실무능력검사 등이 있다.

08

답 ④

▌정답해설▌

선지의 내용은 경력개발에 대한 것이며, 승계계획은 조직의 핵심적 직책에 대해 후임자를 사전에 선정하고 필요한 자질을 육성하는 체계적인 관리법을 의미한다.

▌오답해설▌

② 직무순환은 구성원들이 부서나 회사 내의 여러 직무를 돌아가면서 번갈아 수행하도록 하는 직무설계 방법이며 구성원의 경력개발에 도움이 된다.
③ 교차훈련이란 다른 팀원의 역할을 수행하거나 관련 지식 등을 교육받음으로써 팀 동료에 대한 이해의 폭을 넓히는 것이다.

> 본서에서는 출제범위의 개편을 반영하여 9번~24번 문제들의 해설을 생략하고 정답만 수록합니다. 참고하시기 바랍니다.

25

┃정답해설┃

원리금 상환액 : $1,000,000 \div PVIFA(5\%, 3)=1,000,000 \div 2.7232=367,215$원

말일 이자지급액 : $1,000,000 \times 0.05 = 50,000$원

말일 원금상환액 : $367,215 - 50,000 = 317,215$원

비율 : $50,000/317,215 = 15.76\%$

26

┃정답해설┃

$k_e = r_f + [(E(r_M) - r_f] \times \beta = 0.02 + 0.06 \times \beta = 12.2\%, \quad \therefore \ \beta = 1.7$

┃오답해설┃

① $d_1 = d_0(1+g) = 5,000(1-0.6)(1+0.02) = 2,040$원

② $k_e = \dfrac{d_1}{P_0} + g = \dfrac{2,040}{20,000} + 0.02 = 12.2\%$

④ 시장위험프리미엄이 6%로 양(+)이므로 베타가 상승하면 자기자본비용은 상승한다.

⑤ $P_0 = \dfrac{2,040}{0.1475 - 0.02} = 16,000$원

27

┃정답해설┃

[시점별 현금흐름]

구입시 : $(-3,000만) + (-300만) = -3,300$만원

3년간의 영업현금흐름 : $(2,000만 - 500만)(1-0.3) + \dfrac{3,000만}{3} \times 0.3 = 1,350$만원

처분시 : $500만 \times (1-0.3) + 300만 = 650$만원

[NPV]

$-3,300만 + 1,350만 \times 2.4868 + 650만 \times 0.7513 = 5,455,250$원

28

┃정답해설┃

$\beta_L = \beta_U \left[1 + (1-t) \times \dfrac{B}{S} \right]$

$2.3 = \beta_U \left[1 + (1-0.4) \times \dfrac{20}{80} \right], \quad \therefore \ \beta_U = 2$

부채를 추가로 조달한 후의 베타 $\beta_L = 2[1 + (1-0.4) \times 1] = 3.2$

29

정답해설

$k_d = 5\%$

$$k_e = \frac{d_1}{P_0} + g = \frac{1,000 \times 1.02}{10,000} + 0.02 = 12.2\%$$

$$k_0 = 0.122 \times \frac{S}{V} + 0.05 \times (1-0.4) \times (1 - \frac{S}{V}) = 8.98\%, \quad \therefore \ \frac{S}{V} = 65\%, \ \frac{B}{V} = 35\%, \ \frac{B}{S} = 53.85\%$$

30

정답해설

잠식비용은 어떠한 경제적 대안의 결과로 음(−)의 결과를 가져오는 효과를 말하는 것으로 대리인 문제와는 무관한 개념이다.

31

오답해설

e. 현금배당 시 주당순이익은 변동하지 않으나 자기자본의 가치가 하락하여 부채비율은 증가한다. 자사주매입 시에는 주당순이익과 부채비율 모두 증가한다.

32

정답해설

자본구조 변경 전 합병기업의 베타(β_U^{AB})

$$\beta_U^A \times \frac{V_A}{V_A + V_B} + \beta_U^B \times \frac{V_B}{V_A + V_B} = 0.4 \times 1.5 + 0.6 \times 1.1 = 1.26$$

자본구조 변경 후 합병기업의 베타(β_L^{AB})

$$\beta_U + (\beta_U - \beta_B)(1-t)\frac{B}{S} = 1.26 + (1.26-0.3)(1-0.3) \times 1.5 = 2.268$$

합병기업의 자기자본비용

$$k_e = r_f + [E(r_M) - r_f]\beta_L^{AB} = 0.05 + (0.1-0.05) \times 2.268 = 16.34\%$$

33

❙정답해설❙

e. $D_A \times A_0 = D_L \times L_0$

    $2.5 \times 1,400억 = D_L \times 1,000억,$ $\therefore$ $D_L = 3.5$

❙오답해설❙

d. 수익상환채권, 상환청구권부채권의 듀레이션은 일반사채의 듀레이션보다 작다.

34

❙정답해설❙

$(1+0.09)^2 = (1+0.06)[1+E(_1i_2)+0.015],$ $\therefore$ $E(_1i_2) = 10.58\%$

35

❙정답해설❙

a. 공매도가 불가능하므로 포트폴리오의 기대수익률($E(R_P)$)은 A의 수익률($E(R_A)$)과 B의 수익률($E(R_B)$) 사이에 존재한다.

b. $w_A = \dfrac{\sigma_B^2 - \sigma_{AB}}{\sigma_A^2 + \sigma_A^2 - 2\sigma_{AB}} = \dfrac{\sigma_B^2 - \sigma_{AB}}{\sigma_B^2 + \sigma_B^2 - 2\sigma_{AB}} = \dfrac{\sigma_B^2 - \sigma_{AB}}{2(\sigma_B^2 - \sigma_{AB})} = \dfrac{1}{2}$

c. 공매도가 불가능하면 두 자산에 대한 상관계수가 작아질수록 포트폴리오의 표준편차도 작아진다.

36

❙정답해설❙

$E(R_A) = 0.8E(R_m) + 0.2R_f = 0.8 \times 20\% + 0.2 \times 5\% = 17\%$

$\sigma_A = \omega_m \times \sigma_m = 0.8 \times 15\% = 12\%$

$\dfrac{E(R_m) - R_f}{\sigma_m} - \dfrac{E(R_A) - R_f}{\sigma_A} = \dfrac{20\% - 5\%}{15\%} - \dfrac{17\% - 5\%}{12\%} = 0$

37

답 ④

┃정답해설┃

(a) $\beta_B = \dfrac{\rho_{BM} \times \sigma_B}{\sigma_M} = \dfrac{0.8 \times 20}{10} = 1.6$

(b) $\beta_P = (1-\omega_B) \times 0.4 + w_B \times 1.6 = 0.76, \quad \therefore \ w_B = 30\%$

38

답 ②

┃정답해설┃

$E(R_A) = R_f + [E(R_M) - R_f] \times \beta = 0.05 + [E(R_M) - 0.05] \times 0.8 = 15\%, \quad \therefore \ E(R_M) = 17.5\%$

$E(R_B) = 0.05 + (0.175 - 0.05) \times 1.2 = 20\%$

39

답 ③

┃정답해설┃

외가격 상태에서의 옵션의 내재가치는 0이다.

┃오답해설┃

①, ⑤ 행사가격 50,000원에 주식을 살 수 있는 권리가 부여되었으므로 매도한 옵션은 콜옵션이다.

② 행사가격보다 현재주가가 낮기 때문에 외가격 상태이다.

④ 시간가치는 옵션가격에서 내재가치를 차감한 값이므로 7,000원이다.

40

답 ①

┃정답해설┃

현재 주가	1년 후 주가	콜 만기가치
10,000	12,000	2,000
	8,000	0

$p = \dfrac{(1+r_f) - d}{u - d} = \dfrac{1.1 - 0.8}{1.2 - 0.8} = 0.75$

$C = \dfrac{p \times C_u + (1-p) \times C_d}{r} = \dfrac{0.75 \times 2,000 + (1-0.75) \times 0}{1.1} = 1,363.63원$

✔ 문제편 104p

01	02	03	04	05	06	07	08	09	10	11	12	13	14	15	16	17	18	19	20
②	④	①	⑤	④	⑤	①	③	④	②	⑤	③	⑤	①	①	③	④	②	⑤	②
21	22	23	24	25	26	27	28	29	30	31	32	33	34	35	36	37	38	39	40
②	①	⑤	③	②	①	⑤	①	④	④	④	②	③	③	③	②	④	④	①	③

01

답 ②

▌정답해설▐

직무특성이론에서는 종업원의 심리상태를 직무의 의미감, 작업에 대한 책임감, 활동결과에 관한 지식 등으로 구분한다. 그중 직무의 의미감은 기술의 다양성, 과업의 정체성, 과업의 중요성 등의 특성과 연관된다.

▌오답해설▐

① 아담스의 공정성이론은 분배적 공정성에 관한 이론이며, 절차적 공정성과 상호작용적 공정성은 고려하지 않는다.
③ 수단성은 성과와 보상간의 관계를 의미하는 개념이고, 유의성은 보상에 대한 개인의 선호도를 의미한다. 둘은 서로에게 영향을 주는 관계가 아니라 독립적인 관계이다.
④ 인지적 평가이론에 따르면 내재적 보상에 의해 동기부여가 된 사람에게 외재적 보상을 제공하면 내재적 동기가 오히려 감소한다.
⑤ 위생요인은 불만족의 증가원인이며, 동기요인은 만족의 증가원인이다.

02

답 ④

▌오답해설▐

① 선지의 내용은 규범적 몰입에 해당한다. 지속적 몰입이란 경제적인 측면에 기반한 몰입을 지칭하는 용어이다.
② 변동비율법은 강화를 제공하는 기준량을 변화시키는 방식으로서 동기부여 효과가 가장 오래 지속된다.
③ 감정지능, 조직몰입, 감정노동, 감정소진은 상호간에 인과관계가 존재하지 않는다.
⑤ 조직시민행동은 이타적 행동, 예의바른 행동, 신사적 행동, 성실한 행동, 시민덕목행동의 다섯 변수로 구성된다.

더 살펴보기	감성지능	
구 분	자기 자신	다른 사람
인식과 표현	자기정서의 이해	타인정서의 이해
규제와 관리	내부정서의 관리	외부정서의 관리

03

┃ 정답해설 ┃

합스테드는 국가간의 문화를 분류하는 기준을 네 가지로 제시하였다. 이에는 권력거리(권력의 불균등성), 개인주의
– 집단주의, 남성성(성취지향) – 여성성(관계지향), 불확실성 회피성향 등이 포함된다. 후속연구에서는 장기지향성(미
래중시) – 단기지향성(현재중시)이라는 새로운 가치관이 추가되었으며, 최근에는 자적(indulgence) – 자제(restraint)
문화의 유형이 추가되었다. 고맥락 – 저맥락은 합스테드가 아닌 홀이 제시한 개념으로서 언어 자체가 중요한지(저맥락)
아니면 상황에 대한 이해가 중요한지(고맥락)를 뜻하는 개념이다.

04

┃ 정답해설 ┃

LMX 이론에 의하면 리더와 부하와의 관계가 좋아서 높은 수준의 상호작용을 할 때 그 부하직원은 내집단에 속하며,
리더와 부하와의 관계가 업무상의 소통에만 국한될 경우 그 부하직원은 외집단이 된다.

┃ 오답해설 ┃

① 설득형 리더십 스타일의 리더가 참여형 리더십 스타일의 리더보다 과업지향적 행동을 더 많이 한다.
② 피들러에 따르면 리더십 스타일은 고정되어 있으므로 상황이 변경될 경우 그에 맞게 리더 자체를 교체해야 한다.
③ 관리격자이론은 리더십의 행동이론에 해당한다.
④ 예외에 의한 관리는 업무수행 중 문제가 발생할 경우 이의 해결을 위해 개입하는 방식을 뜻하며, 조건적 보상은
  만족스러운 업무수행에 대해 보상을 제공하는 것이다.

05

┃ 정답해설 ┃

애드호크라시는 조직구조 유형가운데 공식화와 집권화의 정도가 가장 낮은 조직구조이다.

┃ 오답해설 ┃

③ 수평적 조직은 의사결정의 권한을 현장관리자나 고객을 응대하는 직원에게 부여함으로써 빠른 대응이 가능하고,
  협력 역시 촉진되는 경향이 있다.
⑤ 네트워크 조직은 특정한 역량을 가진 여러 조직들이 연결되는 형태의 조직구조이다. 따라서 모든 기능을 구축할
  필요성이 적으므로 대규모 투자가 필요하지 않다.

06

| 정답해설 |

커크패트릭은 교육훈련을 평가하는 기준으로 반응(교육에 대한 느낌이나 만족도), 학습(교육 참가자들의 역량향상 정도), 행동(교육참가자들의 업무수행 방식 변화), 결과(조직성과 증가 정도)의 네 가지를 제시하였다.

07

| 오답해설 |

② 선지의 방법들은 모두 직무평가, 즉 직무가치의 상대적 평가에 활용되는 기법들이다.
③ 선지의 내용은 직무명세서에 대한 것이다. 직무기술서는 직무의 내용. 주요과업, 작업조건, 수행방법과 절차 등의 직무요건을 기록한 것이다.
④ 선지의 방법들은 모두 직무분석에 활용되는 기법들이며 직무평가의 방법에는 서열법, 분류법, 점수법, 요소비교법 등이 있다.
⑤ 수행하는 과업의 수와 다양성을 증가시키는 수직적 직무확대를 직무충실화라 한다.

08

| 정답해설 |

선발도구의 타당성은 기준관련타당성(선발시험 성적과 입사 후 근무성과간의 관계), 내용타당성(선발시험의 내용과 업무수행간의 관련성), 구성타당성(선발시험의 측정내용들이 이론적이고 논리적인 특성을 갖는지의 여부) 등을 통하여 측정할 수 있다.

| 오답해설 |

① 새로운 아이디어를 도입하거나 조직변화 및 혁신에 유리한 방법은 외부모집이다.
② 선발과정에서 나타나는 통계적 오류는 1종 오류와 2종 오류이며, 최근효과와 중심화 경향은 비통계적 오류이다.
④ 선지는 목표관리법(MBO)에 대한 내용이다.
⑤ 360도 피드백은 상사, 부하, 동료, 고객 등 다양한 평가자의 의견을 반영한다.

본서에서는 출제범위의 개편을 반영하여 9번~24번 문제들의 해설을 생략하고 정답만 수록합니다. 참고하시기 바랍니다.

25

┃정답해설┃

a. $(1+{_0}S_2)^2=(1+{_0}S_1)(1+{_1}f_2)$

$1.105^2=1.08\times(1+{_1}f_2)$, ∴ ${_1}f_2=13.06\%$

b. $(1+R)=(1+r)(1+p)$

$(1+R)=1.1\times1.02$, ∴ $R=12.2\%$

c. $EAR=\left(1+\dfrac{APR}{n}\right)^n-1=\left(1+\dfrac{0.12}{4}\right)^4-1=12.55\%$

26

┃정답해설┃

$$NPVGO=\frac{d_1}{k_e-g}-\frac{EPS_1}{k_e}=\frac{1,500\times(1-0.6)}{0.15-0.12}-\frac{1,500}{0.15}=10,000원$$

27

┃정답해설┃

PI가 1보다 크면 투자안을 채택하고, 1보다 작으면 투자안을 기각한다.

28

┃정답해설┃

$892,857=\dfrac{1,000,000}{1+k_d}$, $k_d=\dfrac{1,000,000}{892,857}-1=12\%$

$k_e=R_f+[E(R_M)-R_f]\beta_L=0.02+(0.1-0.02)\times1.2=11.6\%$

∴ $k_0=k_d(1-t)\times\dfrac{B}{V}+k_e\times\dfrac{S}{V}=0.12\times0.6(1-0.3)+0.116\times0.4=9.68\%$

29

답 ④

┃정답해설┃

밀러는 법인세율과 개인소득세율이 같은 점에서 경제전체의 균형부채량이 존재하지만 이 상황에서 최적자본구조는
존재하지 않는다고 하였다.

30

답 ④

┃정답해설┃

$$ER = \frac{P_Y}{P_X} = \frac{8,000}{20,000} = 0.4$$

$$\therefore \ EPS = \frac{NI}{n} = \frac{2,000 \times 3,000,000 + 1,000 \times 1,200,000 + 0}{3,000,000 + 1,200,000 \times 0.4} = 2,069원$$

31

답 ④

┃정답해설┃

$$E(R_A) = R_f + [E(R_M) - R_f] \times 0.8 = 0.06$$
$$E(R_B) = R_f + [E(R_M) - R_f] \times 0.4 = 0.04$$
$$\therefore \ E(R_M) = 7\%, \ R_f = 2\%$$

┃오답해설┃

② A의 베타가 B의 베타보다 2배 크기 때문에, A의 위험프리미엄도 B의 위험프리미엄보다 2배 크다.

③ $\beta_A = \dfrac{\sigma_{Am}}{\sigma_m^2} = \dfrac{\sigma_A}{\sigma_m} \times \rho_{Am} = 0.80$이며, 같은 논리로 B의 베타는 0.4로 계산된다. 시장포트폴리오의 수익률과 최적포트

폴리오 사이의 상관계수는 1이므로 σ_A는 σ_B의 2배가 된다.

⑤ $E(R_A) = R_f + [E(R_M) - R_f]\beta_A = 0.05 + 0.05 \times 0.8 = 9\%$

32

답 ②

┃정답해설┃

$$P_0 = \frac{E(C)}{1+k} = \frac{140 \times 0.5 + 80 \times 0.5}{1+k} = 100, \quad \therefore \ k = 10\%$$

33

답 ③

▌정답해설▌

공매도가 허용된다면 주식 A와 B 수익률의 상관계수가 1인 경우 표준편차가 0인 포트폴리오를 구성할 수 있으며, 상관계수가 −1인 경우는 공매도 허용여부와 무관하게 구성할 수 있다.

34

답 ③

▌정답해설▌

(a) 갑과 을의 시장포트폴리오에 대한 투자금액 중 주식 A에 투자하는 비중은 같다. 따라서 을의 투자비중은 10%이다.

(b) 각 주식이 시가총액에서 차지하는 비중은 갑이 각각의 주식에 대해 투자한 비중과 같다. 따라서 주식 A의 시가총액은 B의 절반이다.

35

답 ③

▌정답해설▌

$$\frac{\Delta P}{P} = -D_m \times \Delta r + \frac{1}{2} \times \left(\frac{d^2 P}{dy^2} \times \frac{1}{P} \right) \times \Delta r^2$$

$$= -4 \times 0.001 + \frac{1}{2} \times 50 \times 0.001^2 = -0.3975\%$$

36

답 ②

▌오답해설▌

① 수익률 곡선은 수평, 우하향의 형태도 가능하다.

③ 유동성프리미엄 이론에 의하면 투자자는 위험회피형이며 선도이자율은 기대 단기이자율에서 유동성프리미엄을 가산한 값과 동일하다.

④ 선지의 내용은 선호영역이론에 관한 것이다.

⑤ 선지의 내용은 시장분할이론에 관한 것이다.

37

답 ④

▌정답해설▌

$$\sigma_P = \sqrt{(0.4^2 \times 5^2) + (0.6^2 \times 10^2) + (2 \times 0.4 \times 0.6) \times (-0.5 \times 5 \times 10)} = 5.2915\%$$

$$VaR = 2.33 \times 0.052915 \times 10,000,000 = 1,232,920원$$

38

┃정답해설┃

$PF = NS - 20C + 10P$

$\dfrac{\Delta PF}{\Delta S} = N - 20 \times 0.5 + 10 \times (-0.3) = 0, \quad N = 13$

$13 \times 100 = 1,300$주를 매수한다.

39

┃정답해설┃

$_{0.5}f_{1.5} = \dfrac{0.9535}{0.8551} - 1 = 0.11507426$

구 분	0.5년 후	1.5년 후
이자수취(고정금리)	8,000,000	8,000,000
이자지급(변동금리)	(10,500,000)	(11,507,426)
순CF	−2,500,000	−3,507,426

스왑의 현재가치 = −2,500,000 × 0.9535 − 3,507,426 × 0.8551 = −5,382,950원

40

┃정답해설┃

$S + P - C = 10,000 + 500 - 1,500 = 9,000$원(과소평가)

$PV(E) = \dfrac{11,000}{1.1} = 10,000$원(과대평가)

$S + P - C$가 $PV(E)$보다 1,000원 작으므로 이들을 이용한 차익거래를 통해 1,000원의 이익을 얻을 수 있다.

✔ 문제편 124p

01	02	03	04	05	06	07	08	09	10	11	12	13	14	15	16	17	18	19	20
④	①	③	⑤	②	⑤	③	④	③	②	①	⑤	③	③	④	②	①	③	④	③
21	22	23	24	25	26	27	28	29	30	31	32	33	34	35	36	37	38	39	40
④	⑤	①	②	④	②	③	④	①	③	③	②	③	④	②	②	①	③	⑤	⑤

01

답 ④

┃정답해설┃

허쉬와 블랜차드는 부하의 성숙도가 가장 낮은 M1 상황(능력과 의지 모두 낮은 경우)에는 지시형 리더십, 부하의 성숙도가 가장 높은 M4 상황(능력과 의지 모두가 높은 경우)에는 위임형 리더십이 효과적이라고 하였다.

┃오답해설┃

① 상황에 따른 보상과 예외에 의한 관리는 거래적 리더십의 특징이다.
② 과업의 구조가 잘 짜여져 있고, 리더와 부하의 관계가 긴밀하고, 부하에 대한 리더의 지위권력이 큰 것과 같이 상황변수가 모두 좋은 경우는 과업지향적 리더의 성과가 높다.
③ 스톡딜과 플라이시먼의 연구에서는 부하의 직무능력이나 감성지능과 같은 상황변수를 고려하지 않는다.
⑤ '리더와 부하의 교환'은 LMX이론과, '명확한 비전의 제시'는 변혁적 리더십과, '적절한 보상과 벌'은 거래적 리더십과 연관되는 개념이다.

02

답 ①

┃정답해설┃

통제의 범위는 1명의 상사가 거느리는(통솔하는) 부하직원의 수를 의미한다.

┃오답해설┃

② 부문별 조직은 기능별 담당자들이 각 주문별로 흩어지게 되므로 기능식조직에 비해 더 많은 인적자원을 필요로 한다.
④ 기능별 조직은 서로 다른 기능부서들 간의 조정이 어렵고, 제품이나 지역 및 고객별로 부서가 편성된 것이 아니라 기능별로 편성이 되어있으므로 시장변화에 대응하기가 쉽지 않다.
⑤ 매트릭스 조직에서는 1명의 직원이 2인 이상의 상사에게 보고를 해야하므로 역할갈등을 느낄 가능성이 크고 업무혼선도 유발될 수 있다.

공인회계사 1차 2018년 제53회

03

┃정답해설┃

도전적인 목표설정을 통해 성장욕구와 성취감을 경험하게 하는 것은 로크의 목표설정이론이다.

┃오답해설┃

⑤ 과업 중요성이란 '나의 직무수행이 다른 사람의 삶에 영향을 미치는 정도'를 말하는데, 이것이 높은 직무를 수행할수록 자신의 직무가 가지는 의미를 깨닫게 되는 즉, 의미감을 경험하게 된다.

04

┃오답해설┃

① 승진, 권한의 확대, 도전적 과제의 부여, 인정은 동기요인이고, 작업환경의 개선, 안전욕구의 충족, 급여, 감독, 회사의 정책은 위생요인이다.

② 강화이론에서 바람직하지 못한 행동의 빈도를 감소시키는데 사용되는 것은 벌과 소거이고, 바람직한 행동의 빈도를 증가시키는데 사용되는 것은 긍정적 강화와 부정적 강화이다.

③ 자기효능감은 보상의 가치에 대한 선호도(유의성)나 성과보상간의 상관성(수단성)과는 관련이 없다.

④ 매슬로우의 욕구단계는 생리욕구 – 안전욕구 – 친교욕구 – 존경욕구 – 자아실현욕구의 순서다.

05

┃정답해설┃

특이성과 합의성이 높은 경우에는 외적귀인을, 일관성이 높은 경우에는 내적귀인을 하게된다. 반대로 특이성과 합의성이 낮은 경우에는 내적귀인을, 일관성이 낮은 경우에는 외적귀인을 하게 된다.

┃오답해설┃

① 면접관이 직전에 누구를 면접보았는지도 중요하므로 최근효과와 관련이 있고, 다른 누군가와 비교하여 판단할 수 있으므로 대비효과와도 관련이 있다.

③ 자신이 행동을 하는 사람일 경우에는 자신의 행동에 영향을 주는 다양한 외적 변수를 잘 이해하고 있으므로 상대적으로 외적귀인을 하게 되지만, 자신이 남의 행동을 관찰하는 경우에는 그 사람이 처한 상황에 대한 이해도가 낮으므로 상대적으로 내적귀인을 하게 된다.

④ 제한된 합리성 하에서 사람은 적당히 만족할 만한 수준의 대안을 선택하게 된다.

06

┃ 정답해설 ┃

지문의 방법들은 타당성이 아니라 선발의 일관성을 판단하는 신뢰성을 판단하는 것들이다.

더 살펴보기	신뢰성을 판단하는 방법

- 양분법 : 평가항목을 반으로 나누어 각각 독립된 방식으로 시험을 실시한 이후 그 결과의 유사성을 검증
- 시험 재시험법 : 동일한 시험을 시차를 두고 동일집단에 실시하여 유사성을 검증
- 대체형식 검증법 : 유사한 문제나 방법으로 구성된 대체형식 시험을 실시하여 유사성을 검증

07

답 ③

┃ 정답해설 ┃

전혀 관련없는 단어들을 연결해놓은 선지이다. 내재적 보상은 직무를 수행하는 과정에서 느끼게 되는 만족감이며, 외재적 보상은 급여나 작업 조건 등을 의미한다. 한편, 보상의 내부공정성은 조직 내의 다른 구성원과 비교할 때 느껴지는 공정성이며, 보상의 외부공정성은 같은 산업의 다른 업체와 비교하여 임금의 차이가 있는지를 따지는 것이다.

┃ 오답해설 ┃

② 직무의 상대적 가치를 판단하는 직무평가 방법으로는 단순하게 직무들의 순위를 결정하는 서열법. 등급에 따라 직무들을 분류하는 분류법, 평가항목을 세분화하고 등급별 점수를 매겨 직무가치를 판단하는 점수법, 평가항목별로 직무들의 서열을 매겨 이를 점수화하는 요소비교법의 4가지가 있다.

08

답 ④

┃ 정답해설 ┃

선지의 내용은 경쟁형에 대한 것이다. 회피형은 나와 상대방 주장 모두를 받아들이지 않는 유형이다.

┃ 오답해설 ┃

② 통합적 협상은 윈 – 윈에 초점을 두므로 당사자 사이에 정보를 많이 공유하는 경향이 있다.
③ BATNA가 매력적이라면 협상력이 크겠지만, BATNA의 매력도가 떨어진다면 협상력이 낮을 것이다.
⑤ 분배적 협상에서는 각자의 입장에만 중심을 두고 협상에 임하지만, 통합적 협상에서는 각자의 입장보다는 당사자들의 관심사에 초점을 둔다는 점에서 차이가 있다.

본서에서는 출제범위의 개편을 반영하여 9번~24번 문제들의 해설을 생략하고 정답만 수록합니다. 참고하시기 바랍니다.

25

▌정답해설▐

2019년 1월 1일 차입금 잔액 : 81,537×1.04−22,463=62,235원

2019년 이자지급액 : 62,235×0.04=2,489원

▌오답해설▐

① $x \times PVIFA(4\%, \ 5)=100,000, \quad \therefore \ x=22,463$원
② 2018년 1월 1일 차입금 잔액 : 100,000×1.04−22,463=81,537원
③ 2018년 이자지급액 : 81,537×0.04=3,261원
　2018년 원금상환액 : 22,463−3,261=19,202원
⑤ 매년 이자비용이 감소하므로 원리금상환액 중 원금상환액이 차지하는 부분은 만기가 다가올수록 커진다.

26

답 ②

▌정답해설▐

매년 영업현금흐름=$(6,000만-3,000만)(1-0.3)+\dfrac{x}{3}\times0.3=2,100만+0.1x$

처분가치 회수액=$1,000만-(1,000만-0)\times0.3=700만$원

$NPV=(2,100만+0.1x)\times2.4869+700만\times0.7513-x=0, \quad \therefore \ x=7,651.17만$원

27

답 ③

▌정답해설▐

a. $V_L = V_U + B\left[1-\dfrac{(1-t)(1-t_s)}{1-t_d}\right]$

　$t_d=t_s$라면, $V_L=V_U+B\cdot t$이므로 기업가치는 (주)관악이 (주)도봉보다 더 크다.

c. 이자소득세의 (−)효과로 인해 두 기업의 가치의 차이는 법인세만 고려했을 때의 차이보다 작게 된다.

▌오답해설▐

b. 이 경우는 균형부채이론이 성립하는 경우이므로 두 기업의 가치는 동일하다.

28

답 ④

▌정답해설▐

현금배당 시에는 배당락으로 인해, 시장가격으로 자사주 매입 시에는 주당이익의 증가로 인해 주가이익비율이 감소한다.

29

┃정답해설┃

$1.44 = \beta_U[1+(1-0.4)\times1], \quad \therefore \ \beta_U = 0.9$

$\rho = R_f + [E(R_M) - R_f]\beta_U = 0.02 + (0.1-0.02)\times0.9 = 9.2\%$

$k_0 = \rho\left(1 - t\times\dfrac{B}{V}\right) = 9.2(1 - 0.4\times\dfrac{1.5}{1.5+1}) = 6.992\%$

$\therefore \ NPV = \dfrac{EBIT(1-t)}{K_0} - C = \dfrac{360억(1-0.4)}{0.06992} - 3,000억 = 89.24억원$

30

┃정답해설┃

선지의 내용은 군중심리에 대한 내용이다. 과신은 자신의 능력을 과대평가하여 잘못된 결과에 빠지는 것을 말한다.

31

┃정답해설┃

a. $3,200 = 800\times PVIFA(10\%, \ 5) + x\times PVIF(10\%, \ 6)$
$\quad\quad\ = 800\times3.7908 + x\times0.5645, \quad \therefore \ x = 296.47원$

b. $110\times PVIFA(10\%, \ 5)\times PVIF(10\%, \ 3) = 110\times3.7908\times0.7513 = 313.28원$

c. $70 + 70\times PVIFA(10\%, \ 4) = 70 + 70\times3.1699 = 291.893원$

32

┃정답해설┃

$D_A = \dfrac{100억}{1,000억}\times0 + \dfrac{500억}{1,000억}\times1.2 + \dfrac{400억}{1,000억}\times6 = 3년$

듀레이션갭 $= D_A - D_L\times\dfrac{L}{A} = 3 - 2.5\times\dfrac{900억}{1,000억} = 0.75년$

┃오답해설┃

① $D_L = \dfrac{600억}{900억}\times1 + \dfrac{300억}{900억}\times5.5 = 2.5년$

③ 금리가 상승하면 자산가치가 더 크게 감소하여 자기자본가치가 하락한다.

④ 금리가 하락하면 자산가치가 더 크게 증가한다.

⑤ 듀레이션갭이 0이 되면 순자산가치 면역전략과 같은 결과가 나온다.

33

┃정답해설┃

국채 C 투자원금 $=\dfrac{1,000}{1.152^3}=654.0976$원

국채 C 매도액 $=\dfrac{1,000}{1.155^2}=749.6111$원

투자수익률 $=\dfrac{749.6111-654.0976}{654.0976}=14.6\%$

┃오답해설┃

① $P_0=\dfrac{200}{1.15}+\dfrac{1,200}{1.15^2}=1,081.29=\dfrac{200}{1+{}_0S_1}+\dfrac{1,200}{(1+{}_0S_2)^2}=\dfrac{200}{1+0.1}+\dfrac{1,200}{(1+{}_0S_2)}, \quad \therefore\ {}_0S_2=15.5\%$

② 수익률 곡선은 우상향하다가 일정시점에서 우하향하게 된다.

④ $1.155^2=1.1\times(1+{}_1f_2), \quad \therefore\ {}_1f_2=21.275\%$

⑤ $1.155^3=1.155^2\times(1+{}_2f_3), \quad \therefore\ {}_2f_3=14.6\%$

34

┃정답해설┃

$Var(e_B)=0.4^2-0.0576=0.1024$

┃오답해설┃

① $\sigma_{AB}=\beta_A\times\beta_B\times\sigma_m^2=0.4\times1.2\times0.2^2=0.0192$

② $\sigma_{BM}=\beta_B\times\beta_M\times\sigma_m^2=1.2\times1\times0.2^2=0.048$

③ $\beta_B^2\times\sigma_m^2=1.2^2\times0.2^2=0.0576$

⑤ $\beta_P=0.8\times0.4+0.2\times1.2=0.56$

35

┃오답해설┃

① 옵션가를 계산하기 위해 주식의 현재 가격, 행사가격, 이자율, 옵션의 만기 등이 필요하나 베타는 필요하지 않다.

③ $N(d_2)$는 만기에 유럽형 콜옵션이 행사될 위험중립확률이다.

④ $N(d_1)$은 유럽형 콜옵션 한개의 매도 포지션을 동적헤지하기 위해 보유해야 할 주식의 갯수이다.

⑤ 이 모형은 모든 순간의 주가가 로그 정규분포를 따른다고 가정한다.

36

┃ 정답해설 ┃

옵션의 행사가격 차액은 5이고, 옵션가격 차액은 5.5이므로 후자가 더 크다. 따라서 110풋을 매도하고 105풋을 매입하는 차익거래가 가능하다.

┃ 오답해설 ┃

① 무위험이자율이 제시되지 않은 상태이므로 행사가격 차액의 현재가치와 옵션가격 차액의 대소를 비교할 수 없다. 따라서 차익거래 가능성을 판단할 수 없다.

③, ④ 나비형 스프레드의 현재가치를 구해보면 ③이 $9-2 \times 5.2 + 2 = 0.6$, ④가 $3-2 \times 6 + 11.5 = 2.5$여서 둘 다 0보다 크다. 따라서 두 경우 모두 차익거래가 불가능하다.

⑤ 행사가격이 동일한 차익거래를 위해서는 기초자산의 현재가격 등과 같은 추가 정보가 필요하므로 여기서는 판단할 수 없다.

37

┃ 정답해설 ┃

현재의 현물환율이 주어져 있지 않으므로 둘의 대소관계를 비교할 수 없다.

┃ 오답해설 ┃

② $1,800 = 1,900 \times P + 1,500(1-P)$, ∴ $P = 0.75$

③ $C = \dfrac{0.75 \times (1,900-1,800) + (1-0.75) \times 0}{1+R_f} = \dfrac{75}{1+R_f}$

   $P = \dfrac{0.75 \times 0 + (1-0.75) \times (1,800-1,500)}{1+R_f} = \dfrac{75}{1+R_f}$

④ $C = \dfrac{0.75 \times (1,900-1,600) + (1-0.75) \times 0}{1+R_f} = \dfrac{225}{1+R_f}$

   $P = \dfrac{0.75 \times 0 + (1-0.75) \times (1,600-1,500)}{1+R_f} = \dfrac{25}{1+R_f}$

⑤ $C = \dfrac{0.75 \times (1,900-1,570) + (1-0.75) \times 0}{1+0.1} = 225$원

38

▌정답해설▌

$\sigma_P = w_A \times \sigma_A = 0.6 \times 6\% = 3.6\%$

▌오답해설▌

① CAPM이 성립하므로 기대수익률과 베타의 크기는 비례한다. 따라서, 자산 A의 기대수익률이 자산 B보다 큰 것과 같이, 자산 A의 베타도 자산 B보다 크다.

② 자산 A의 총위험이 자산 B보다 작은 상황인데, 자산 A의 체계적 위험이 더 크다. 따라서 비체계적 위험은 자산 A가 자산 B보다 작다.

④ $\dfrac{E(R_A) - R_f}{\sigma_A} = \dfrac{0.12 - 0.045}{0.06} = 1.25$

⑤ $\beta_A = \dfrac{\rho_{AM} \times \sigma_A}{\sigma_M} = \dfrac{\rho_{AM} \times 6}{5} = 1.2 \times \rho_{AM}$인데, ρ_{AM}이 1보다 크지 않으므로 β_A는 1.2보다 크지 않다.

39

▌정답해설▌

시장이 균형상태라고 가정하였으므로 자본시장선보다 아래에 존재하는 자산이라도 증권시장선 상에 놓인다.

40

▌정답해설▌

$w_A = \dfrac{\sigma_B^2 - \sigma_{AB}}{\sigma_A^2 + \sigma_B^2 - 2\sigma_{AB}} = \dfrac{0.2^2 - 0}{0.1^2 + 0.2^2 - 2 \times 0} = 0.8$, 따라서 위험회피적 투자자라면 A를 최소 80%의 비율로 보유하게 된다.

▌오답해설▌

① 자산 A의 기대수익률이 더 크고 표준편차가 더 작으므로 위험회피적 투자자는 자산 A를 선택한다.

② 위험중립적 투자자의 판단기준은 기대수익률인데, 자산 A의 기대수익률이 가장 크므로 위험중립적 투자자는 자산 A를 선택한다.

③ 기대수익률은 자산 A가 더 크고, 표준편차는 자산 B가 더 큰 상황이므로 위험선호적 투자자는 두 자산 모두를 선택할 수 있다.

④ 만약 자산 A를 음의 비율로 투자한다면 이 포트폴리오의 기대수익률은 5%보다 작아지고, 표준편차는 20%보다 커지기 때문에 오히려 자산 A나 자산 B만 각각 선택한 것보다 못한 결과를 가져온다. 따라서 자산 A를 양의 비율로 보유해야 한다.

✓ 문제편 144p

01	02	03	04	05	06	07	08	09	10	11	12	13	14	15	16	17	18	19	20
③	②	④	②	①	②	⑤	④	①	④	⑤	②	①	③	①	③	①	③	⑤	②
21	22	23	24	25	26	27	28	29	30	31	32	33	34	35	36	37	38	39	40
④	③	④	②	③	②	⑤	①	⑤	④	③	④	③	⑤	①	①	①	⑤	⑤	②

01 답 ③

┃오답해설┃

① 일반적인 목표보다 적당히 어렵고 구성원들이 수용가능한 구체적인 목표를 제시하는 것이 동기부여에 더 효과적이다.

② 분배공정성, 절차공정성, 상호작용공정성 사이에는 달성순서나 위계관계가 없다.

④ 앨더퍼는 좌절퇴행의 원리를 제시했는데, 이것은 욕구충족이 좌절될 경우 그 보다 하위욕구를 달성하기 위해 노력한다는 것이다.

⑤ 자신이 잘하는 한 가지 기능만 사용하는 직무보다 다양한 기능을 사용할 수 있는 기술다양성이 있는 경우에 동기부여 수준이 더 높다.

02 답 ②

┃정답해설┃

허쉬와 블랜차드의 상황적 리더십 이론에서는 과업특성이 아니라 부하직원의 성숙도에 따라 리더십 스타일의 유효성이 달라진다고 본다.

┃오답해설┃

④ 리더십 대체이론은 집단의 높은 응집력과 같은 변수들이 리더십의 효과를 가져올 수 있다고 보는 이론이다.

⑤ 리더십 귀인이론에 따르면 상사의 리더십은 부하들이 성과나 실패의 원인을 귀인하는 과정 내지는 결과이다.

03

┃정답해설┃

b. 브레인스토밍은 자유롭게 의견을 내게끔 제한을 두지 않지만, 명목집단법은 의견이 충분히 도출될 때까지 상호작용을 제한한다.

c. 분배적 협상은 제로섬의 관점에서 자신의 몫을 극대화하기 위한 협상방식이다.

┃오답해설┃

a. 준거적 권력은 개인의 특성에 기반을 둔 권력인 반면, 강압적·합법적·보상적 권력은 조직의 특성에 기반을 둔 권력이다.

d. 몰입상승은 잘못된 의사결정에 집착한다는 의미이므로 의사결정의 질을 떨어뜨린다.

04

답 ②

┃정답해설┃

동일노동의 의미가 곧 동일한 직무이므로, '동일노동 동일임금'의 원칙을 실시하기 위해서는 직무급이 적합하다.

┃오답해설┃

① 초기와 성장기에는 성과급을 강조하며, 안정기와 쇠퇴기에는 복리후생을 중시한다.

③ 임금조사를 통한 경쟁사 임금파악은 외적 공정성을 제고하기 위함이다.

④ 직무의 상대가치를 반영하는 임금은 직무급이며, 직능급은 직무수행 능력에 따라 보상을 지급하는 임금체계이다.

⑤ 스캔론 플랜과 럭커 플랜은 개인의 업무성과가 아니라 집단의 성과에 따라 성과급을 지급하는 제도이다.

05

답 ①

┃정답해설┃

측정의 일관성을 의미하는 용어는 신뢰성이며, 타당성은 평가목적에 적합한 평가항목을 선정하였는지의 여부를 말한다.

더 살펴보기	신뢰성과 타당성
• 신뢰성 : 작년에 합격한 사람과 올해 합격한 사람의 능력이 비슷한가?	
• 타당성 : 점수가 높은 사람이 일을 잘하나?	

06

▌정답해설▌

경제적 복리후생은 위생요인에 해당하므로 직원의 동기부여가 아니라 불만의 감소에 영향을 미친다.

▌오답해설▌

① 임금은 직접적 보상이며, 복리후생은 간접적 보상이다.

07

▌정답해설▌

a. 기능별 구조는 기능별로 분업화된 부서들로 구성되는 조직이다. 따라서 같은 기능부서 내의 소통은 활성화되지만 기능부서간의 소통은 원활하지 않다는 단점이 있다.
b. 네트워크 조직이 아니라 매트릭스 조직에 해당하는 설명이다.
c. 단순 구조는 분화의 정도도 낮고, 공식화의 정도도 낮다.

08

▌정답해설▌

기업전략은 기업이 보유하고 있는 사업단위들이 적절한지를 평가하는 사업포트폴리오 분석을 뜻하고, 사업전략은 특정한 사업분야의 경쟁력 확보방법인 원가우위나 차별화를 의미한다. 따라서 포터의 본원적 전략인 차별화는 사업전략에 해당된다.

▌오답해설▌

② 주활동에는 생산, 물류, 마케팅, 서비스 등이 포함되며 보조활동에는 기술개발(R&D), 조달, 인사조직, 회계·재무기획 등이 포함된다.

공인노무사 1차 2017년 제52회

본서에서는 출제범위의 개편을 반영하여 9번~24번 문제들의 해설을 생략하고 정답만 수록합니다. 참고하시기 바랍니다.

25

답 ③

▌정답해설▌

$$ROE = \frac{순이익}{자기자본} = \frac{순이익}{총자산} \times \frac{총자산}{자기자본}$$

$$= \frac{순이익}{매출액} \times \frac{매출액}{총자산} \times \frac{총자산}{자기자본} = 매출액순이익률 \times 총자산회전율 \times 자기자본비율의\ 역수$$

$$= 2\% \times 3 \times \frac{1}{0.5} = 12\%$$

26

답 ②

▌정답해설▌

두 투자안의 순현가를 같게 하는 할인율 즉, 피셔의 수익률은 7%보다 높다.

▌오답해설▌

① 피셔의 수익률은 7%보다 크므로 자본비용이 7%보다 클 때 투자안 A의 순현가가 투자안 B의 순현가보다 항상 높은 것은 아니다.

③ 자본비용이 5%라면, 투자안 A의 순현가가 투자안 B의 순현가보다 높다.

④ 투가기간 후기에 현금유입이 많은 투자안의 NPV곡선의 기울기가 더 크므로 투자안 A가 투자기간 후기에 현금유입이 더 많다.

⑤ 투자안 B의 순현가가 0이 되도록 하는 자본비용은 IRR인 20%이다.

27

답 ⑤

▌정답해설▌

소유경영자의 지분율이 100%라면 지분의 대리인비용이 나타나지 않으며, 소유경영자 지분율이 낮아지고 외부주주 지분율이 높아질수록 지분의 대리인 비용은 증가한다.

28

답 ①

▌정답해설▌

$P_0 = 0.1 \times 909.09 + 1.1 \times 783.15 = 952.374$원

29

답 ⑤

▌정답해설▌

$$k_0 = \rho\left(1 - t \times \frac{B}{V}\right) = 12\left(1 - 0.4 \times \frac{3억}{6.2억}\right) = 9.68\%$$

▌오답해설▌

① $V_U = \dfrac{EBIT(1-t)}{\rho} = \dfrac{1억(1-0.4)}{\rho} = 5억원$, $\therefore \ \rho = 12\%$

② 채권발행 전 주가 $= \dfrac{5억}{10,000} = 50,000원$

공시 직후 주가 $= \dfrac{5억 + 3억 \times 0.4}{10,000} = 62,000원$, $\therefore$ 주가상승률 $= \dfrac{62,000 - 50,000}{50,000} = 24\%$

③ $\dfrac{3억}{62,000원} = 4,838.71주$

④ $k_e = \rho + (\rho - k_d)(1-t) \times \dfrac{B}{S} = \dfrac{NI}{S} = \dfrac{(1-0.3)(1-0.4)}{3.2} = 13.125\%$

30

답 ④

▌정답해설▌

수익성 있는 투자기회를 많이 가지고 있는 기업이라면 배당을 줄여서 생긴 재원으로 더 많은 투자를 하려는 유인이 작용하므로 저배당정책을 선호한다.

31

답 ③

▌정답해설▌

$$E(R_P) = R_f + \left[\frac{E(R_M) - R_f}{\sigma_M}\right] = 0.05 + \left[\frac{E(R_M) - 0.05}{0.15}\right] \times 0.12 = 0.1, \quad \therefore \ E(R_M) = 11.25\%$$

32

답 ④

▌정답해설▌

기대수익률이 동일하므로 베타가 동일해야 하는데, $\beta_i = \dfrac{\rho_{iM} \times \sigma_i}{\sigma_M}$ 에서 주식 A의 상관계수가 주식 B의 2배이므로, B의 표준편차는 A의 2배인 20%가 되어야 한다.

33

┃정답해설┃

$$k_e = \frac{d_1}{P_0} + g = \frac{d_1}{P_0} + 8\% = 14\%, \quad \therefore \frac{d_1}{P_0} = 6\%$$

34

┃정답해설┃

$$DCL = DOL \times DFL = DOL \times 2 = 6, \quad \therefore DOL = 3$$

$$DOL = \frac{공헌이익}{영업이익} = \frac{공헌이익}{20억}, \quad \therefore 공헌이익 = 60억원$$

고정영업비용 = 공헌이익 − 영업이익 = 60억 − 20억 = 40억원

35

┃정답해설┃

그룹 A : 다른 조건이 동일할 때 만기가 길어질수록 듀레이션이 길어진다. 따라서 '가'의 듀레이션이 작다.

그룹 B : 다른 조건이 동일할 때 액면이자율이 높아질수록 듀레이션이 짧아진다. 따라서 '다'의 듀레이션이 작다.

그룹 C : 다른 조건이 동일할 때 만기수익률이 높아질수록 듀레이션이 짧아진다. 따라서 '마'의 듀레이션이 작다.

36

┃정답해설┃

a. 다른 조건이 일정할 때, 위험자산 A의 기대수익률이 높을수록 위험자산 A에 대한 투자비중을 높여야 효용이 증가한다.

┃오답해설┃

b. 다른 조건이 일정할 때, 투자자 갑의 위험회피도가 클수록 위험자산 A에 대한 투자비중을 낮추어야 효용이 증가한다.

c. 다른 조건이 일정할 때, 위험자산 A의 표준편차가 클수록 위험자산 A에 대한 투자비중을 낮추어야 효용이 증가한다.

37

┃정답해설┃

$$1{,}020원 = F < S \times \frac{1+R_k}{1+R_a} = 1{,}000 \times \frac{1.05}{1.02} = 1{,}029.41원$$

과소평가된 선물을 매수하고, 미국에서 차입한 달러를 원화로 환전하여, 무위험이자율이 높은 한국에서 원화로 대출하면 차익거래를 얻을 수 있다.

38

┃ 정답해설 ┃

다른 조건이 동일할 때, 행사가격이 낮은 콜옵션의 가격은 행사가격이 높은 콜옵션의 가격보다 높거나 같다.

39

┃ 정답해설 ┃

현재주가	1년 후 주가	풋 만기가치
9,500	11,000	0
	9,000	$10,000-9,000=1,000$

위험중립확률$=11,000P+9,000(1-P)=9,500\times1.1, \quad \therefore P=0.725$

$P=\dfrac{1,000\times0.275}{1.1}=250$원

40

┃ 정답해설 ┃

달러화 차입금에 대하여 3%의 이자를 지급해야 하고, 엔화 차입금에 대하여 1.5%의 이자를 지급해야 하므로 달러화와 엔화 환위험에 노출된다.

┃ 오답해설 ┃

① 자신의 차입금에 대한 달러화 이자율과 지급받는 달러화 이자율이 동일하기 때문에 달러화 환위험에 노출되지 않는다.
③ 스왑계약을 하게 되면 엔화 이자율이 5.5%가 되는데, 스왑계약을 하지 않은 상태에서의 엔화 이자율이 6%이므로, 엔화차입비용을 0.5%p 줄일 수 있게 된다.
④ 스왑계약을 하게 되면 달러화 이자율이 3%가 되는데, 스왑계약을 하지 않은 상태에서의 달러화 이자율이 5%이므로, 달러화차입비용을 2%p 줄일 수 있게 된다.
⑤ 스왑계약을 하게 되면 엔화 이자율이 7%가 되는데, 스왑계약을 하지 않은 상태에서의 엔화 이자율이 5.5%이므로, 오히려 엔화 차입비용이 1.5%p 늘어나게 된다.

문제편 164p

01	02	03	04	05	06	07	08	09	10	11	12	13	14	15	16	17	18	19	20
③	②	④	⑤	②	①	⑤	③	⑤	①	②	①	③	④	③	②	④	①	③	①
21	22	23	24	25	26	27	28	29	30	31	32	33	34	35	36	37	38	39	40
④	⑤	①	②	④	③	②	①	②	④	③	②	⑤	④	③	②	③	⑤	⑤	①

01

답 ③

┃오답해설┃

① 내적 귀인은 특정 사건의 원인을 행위자의 성격이나 역량에 있는 것으로 보는 것이고, 외적 귀인은 운이나 과업의 성격 탓으로 보는 것이다.

②, ⑤

- 합의성은 같은 상황에 놓여있는 다른 사람들이 비슷한 행동을 보이는 것을 말한다. 합의성이 높다면 그 행동의 원인은 상황요인 때문인 것으로 볼 수 있다.
- 특이성은 개인이 특정 상황에서 평소와 다르게 행동하는 것을 말한다. 특이성이 높다면 그 행동은 상황요인 때문인 것으로 볼 수 있다.

④ 자존적 편견은 성공한 경우에는 자신의 능력이나 노력과 같은 내재적 요인 탓으로 보는 반면, 실패한 경우에는 외재적 요인 탓으로 보는 경향이다.

02

답 ②

┃정답해설┃

긍정적 강화는 바람직한 결과물을 제공하는 것이고, 부정적 강화는 바람직하지 못한 결과물을 제거하는 것이다.

┃오답해설┃

① ERG 이론과 2요인 이론은 내용이론에 속한다.

③ 유의성은 보상에 대한 개인의 선호도인데, 특정한 욕구와 선형적 비례관계에 있지는 않다.

④ 좌절 – 퇴행의 과정은 앨더퍼의 ERG 이론에 해당한다.

⑤ 세 종류의 공정성은 위계나 순서가 존재하지 않는다.

03

▌오답해설▐

① 지적인 자극과 이상적 영향력의 행사는 거래적 리더십이 아니라 변혁적 리더십의 특징이다.

② 피들러의 상황변수는 부하와의 관계, 과업의 구조, 리더의 권력의 3가지이다.

③ 브룸과 예튼에 따르면 리더십 스타일은 부하직원을 어느 정도로 의사결정에 참여시키는지에 따라 순수독단형, 참고적 독단형, 개별참여형, 집단참여형, 위임형의 다섯 가지로 구분된다.

⑤ 블레이크와 머튼은 (9.9)형 리더를 가장 이상적 리더인 리더로 보았다.

04

답 ⑤

▌정답해설▐

균형성과표(BSC)의 4가지 관점은 재무적 관점. 고객 관점, 내부 프로세스 관점, 종업원의 학습과 성장 관점이다.

05

답 ②

▌정답해설▐

과업 간 집합적 상호의존성이 존재하는 경우는 중개형 기술이 사용된다. 이 경우 부문간 조정은 주로 표준화나 절차 등에 의하여 수행된다. 한편, 집약형 기술은 교호적 상호의존성이 존재하는 경우 사용하는 기술이다.

06

답 ①

▌정답해설▐

직무평가의 방법은 서열법, 분류법. 점수법, 요소비교법 등이며 중요사건기술법, 행동기준평가법, 체크리스트법은 '직무평가'가 아닌 '인사평가' 기법이다. 강제할당법은 평가자의 관대화 내지는 가혹화 경향을 막기 위해 사용하는 기법이다.

더 살펴보기	직무평가의 방법
• 서열법 : 직무의 상대적 가치를 평가자가 주관적으로 판단하여 순서를 매김	
• 분류법 : 직무를 사전에 설정해 둔 여러 가지 수준이나 등급에 따라 분류	
• 점수법 : 직무를 구성하는 평가요소별 중요도에 따라 등급표를 만들고 그 표를 통해 점수 산정	
• 요소비교법 : 직무를 구성하는 평가요소별로 서열을 매기고 이를 기준으로 직무평가점수를 부여	

07

▌정답해설▌

임금이 해당 기업의 지불능력(임금수준의 상한선), 생계비 수준(임금수준의 하한선), 노동시장에서의 임금수준(업계 평균임금수준)에 의해 결정된다는 것은 임금의 외부공정성에 대한 내용이다.

08

▌오답해설▌

① 선지의 내용은 후광효과에 대한 것이며 중심화경향은 전체 점수분포의 중간 범위에 가깝게 평가점수를 주려는 경향을 말한다.

② 관대화경향, 중심화경향, 후광효과, 최근효과, 대비효과를 지표로 측정할 수 있는 것은 신뢰성에 대한 것이다. 실용성은 평가기법의 개발비 대비 효과가 얼마나 큰지에 대한 것이므로 비용편익 분석을 통해 측정할 수 있으며, 수용성은 피평가자에게 평가제도가 얼마나 공정하고 객관적으로 받아들여지는지를 파악하여 파악할 수 있다.

④ 신입사원의 입사 시험성적과 입사 후 일정기간이 지난 후의 직무태도를 비교하여 상관관계를 조사하는 방법은 선발도구의 예측 타당도를 조사하는 방법이다.

⑤ 선지의 내용은 타당성에 대한 것이며, 신뢰성은 평가에서 측정하고자 하는 내용이 얼마나 정확하고 제대로 일관성 있게 측정되었는지와 관련된 것이다.

본서에서는 출제범위의 개편을 반영하여 9번~24번 문제들의 해설을 생략하고 정답만 수록합니다. 참고하시기 바랍니다.

25

┃정답해설┃

비유동부채 상환액＝기초부채−기말부채＋신규차입액

$$=20,000-26,000+8,000=2,000원$$

┃오답해설┃

① 비유동자산 취득액＝기말 비유동자산−기초 비유동자산＋감가상각비

$$=30,000-25,000+10,000=15,000원$$

② 영업현금흐름＝$EBIT(1-t)+D=60,000(1-0.3)+10,000=52,000원$

③ 채권자의 현금흐름＝$I-\Delta B=2,000-(26,000-20,000)=-4,000원$

⑤ 순운전자본 증가액＝기말 순운전자본−기초 순운전자본

$$=(5,500-2,200)-(5,000-2,000)=300원$$

26

┃정답해설┃

할인채의 경우 시간이 경과함에 따라 듀레이션이 길어지는 경우도 존재한다.

27

┃정답해설┃

A : $\dfrac{255\times PVIFA(10\%,\ 6)}{1.1^4}=\dfrac{255\times4.3553}{1.1^4}=758.56원$

B : $96\times FVIFA(10\%,\ 6)=96\times7.7156=740.7원$

C : $\dfrac{\dfrac{45}{0.1-0.05}}{1.1^2}=743.8원$

28

┃정답해설┃

영업이익(EBIT)이 영(0)보다 작은 경우, 음(−)의 DOL은 매출액 증가에 따라 영업손실이 감소함을 의미한다.

29

┃정답해설┃

증분영업현금흐름$=\Delta EBIT(1-t)+\Delta D=(28억-0-24억)(1-0.3)+24억=26.8억원$

순운전자본 현금흐름$=3억원$

잔존가치 회수$=6억(1-0.3)=4.2억원$

3년후 시점 증분현금흐름$=26.8억+3억+4.2억=34억원$

30

┃정답해설┃

$$k_0=\rho(1-t\times\frac{B}{V})=0.1(1-0.3\times\frac{1}{2})=0.085$$

$$V_L=\frac{EBIT(1-t)}{k_0}=\frac{10(1-0.3)}{0.085}=82.35억원$$

┃오답해설┃

① $V_U=\dfrac{EBIT(1-t)}{\rho}=\dfrac{10억(1-0.3)}{0.1}=70억원$

② $V_L=V_U+B\cdot t=70억+70억\times0.5\times0.3=80.5억원$

③ $V_L=V_U+B\cdot t=70억+70억\times0.3=91억원$

⑤ $k_0=\rho(1-t\times\dfrac{B}{V})=0.1(1-0.3\times1)=0.07$

$V_L=\dfrac{EBIT(1-t)}{k_0}=\dfrac{10억(1-0.3)}{0.07}=100억원$

31

┃정답해설┃

a. 투자자의 효용을 극대화시키는 최적포트폴리오는 자본시장선 상에 존재하는 포트폴리오이며, 자본시장선 상에 존재하는 포트폴리오의 베타는 시장포트폴리오에 대한 투자비율과 같다.

b. 투자자의 위험회피성향이 높아질수록 시장포트폴리오에 대한 투자비율이 낮아지고 무위험자산에 대한 투자비율이 높아진다.

┃오답해설┃

c. 시장포트폴리오의 위험프리미엄은 항상 0보다 크지만, 개별 위험자산은 베타가 음(−)인 경우 위험프리미엄이 0보다 작다.

32

┃ 정답해설 ┃

$$E(R_P) = R_f + \left[\frac{E(R_M) - R_f}{\sigma_M} \right] \times \sigma_P = 0.05 + \left[\frac{0.1 - 0.05}{0.25} \right] \times \sigma_P = 0.12, \quad \therefore \ \sigma_P = 35\%$$

33

┃ 정답해설 ┃

a. 주식 A의 샤프비율 $= \dfrac{0.1 - 0.05}{0.2} = 0.25$

　　주식 B의 사프비율 $= \dfrac{0.1 - 0.05}{0.4} = 0.125$

b. 주식 A와 주식 B로 구성된 포트폴리오의 기대수익률은 투자비율과 관계없이 10%로 일정하고, 표준편차는 주식 B에 대한 투자비율이 높아질수록 커진다. 따라서 주식 B에 대한 투자비율이 높아질수록 위험포트폴리오의 샤프비율은 하락한다.

c. 주식 A와 주식 B로 구성된 포트폴리오의 기대수익률은 투자비율과 관계없이 10%로 일정하므로, 표준편차가 가장 작은 최소분산포트폴리오의 샤프비율이 가장 크다.

34

┃ 정답해설 ┃

다른 조건은 일정하고 재투자수익률(ROE)이 요구수익률보다 낮을 때, 내부유보율을 증가시키면 주가는 하락한다.

35

┃ 정답해설 ┃

$$\sigma_K = \sqrt{w_B^2 \sigma_B^2 + w_C^2 \sigma_C^2 + 2 w_B w_C \sigma_{BC}} = \sqrt{0.5^2 \times 15^2 + 0.5^2 \times 10^2 + 0} = 9.01\%$$

36

┃ 정답해설 ┃

주식 A가 과소평가되어 있으므로 증권시장선 위에 존재한다. 따라서 주식 A의 위험보상률은 시장위험프리미엄보다 크다.

① 주식 A의 균형수익률 : $0.05+(0.1-0.05)\times0.5=7.5\%$

　주식 A의 기대수익률(8.5%)이 균형수익률(7.5%)보다 크므로 과소평가되어 있다.

③, ④ B주식은 균형수익률이 9%인데 현재 기대수익률은 7%이므로 기대수익률이 균형수익률보다 작아 증권시장선 아래에 위치한다.

⑤ 주식 균형수익률과 기대수익률이 동일하므로 젠센지수(알파값)는 0이다.

37

답 ③

■ 정답해설 ■

현재주가	1년 후 주가	콜 만기가치	풋 만기가치
100,000	120,000	$120,000-90,000=30,000$	0
	80,000	0	$90,000-80,000=10,000$

풋옵션 델타 $=\dfrac{0-10,000}{120,000-80,000}=-0.25$

콜옵션 델타 $=\dfrac{30,000-0}{120,000-80,000}=0.75$

38

답 ⑤

■ 정답해설 ■

- 독약 조항 : 적대적 M&A 시도가 있을 때 이사회 의결만으로 신주를 발행해 M&A를 시도하는 세력 이외의 모든 주주들에게 시가의 절반 이하 가격에 인수권을 부여함으로써 M&A를 저지하는 방어 장치이다.
- 황금 낙하산 : 인수대상 기업의 이사가 임기 전에 물러나게 될 경우 일반적인 퇴직금 외에 거액의 특별 퇴직금이나 보너스, 스톡옵션 등을 주도록 하는 제도이다.
- 초다수결 조항 : 적대적 M&A에 대한 기업의 경영권 방어수단 가운데 하나로서 상법상의 특별결의 요건보다 더 가중된 결의 요건을 정관으로 규정하는 것이다.
- 백기사 : 적대적 M&A의 목표대상이 된 기업이 모든 방어수단을 동원해도 공격을 막을 수 없을 경우 우호적인 기업인수자에게 경영권을 넘기게 되는데, 이 우호적인 기업인수자를 백기사라고 한다.

39

답 ⑤

■ 정답해설 ■

스트립(strip) 전략은 만기와 행사가격이 동일한 콜옵션을 1개 매입하고 풋옵션을 2개 매입하는 전략이다.

40

답 ①

■ 정답해설 ■

$$P_0=\frac{20,000}{1.02}+\frac{20,000}{1.04^2}+\frac{1,020,000}{1.05^3}=919,213원$$

✔ 문제편 184p

01	02	03	04	05	06	07	08	09	10	11	12	13	14	15	16	17	18	19	20
①	②	⑤	②	③	①	③	④	③	①	②	①	④	③	④	⑤	②	①	④	⑤
21	22	23	24	25	26	27	28	29	30	31	32	33	34	35	36	37	38	39	40
③	④	⑤	⑤	⑤	②	①	③	④	①	④	④	⑤	③	②	③	⑤	②	④	⑤

01 답 ①

┃오답해설┃

② 관련다각화는 규모의 경제가 아니라 범위의 경제와 연결된다.

③ 기획은 지원활동에 해당한다.

④ 구매자와 공급자의 교섭력이 약하고 대체재가 적을수록 수익성이 높아진다.

⑤ 상대적 시장점유율이 1보다 크다는 것은 업계 1위임을 뜻하지만 그것이 시장점유율이 50% 이상이라는 것을 의미하는 것은 아니다.

02 답 ②

┃오답해설┃

① 보상에 대한 선호도는 수단성이 아니라 유의성을 의미한다.

③ 브룸의 기대이론에서 기대란 객관적 확률이 아니라 주관적 확률이다.

④ 연공급은 근속기간에 의해 결정되는 임금이므로 기대를 높이지 못한다.

⑤ 과다보상을 받았다고 느끼는 경우 심리적 불편함을 해소하기 위한 행동을 하게된다.

03

▌오답해설▌

① 상황이 호의적이거나 비호의적인 경우에는 LPC 점수가 낮은 과업지향적 리더십이 적합하다.
② 리더 – 구성원 교환관계이론에서는 상사와 부하간 관계가 이질적이라고 가정하고 있다.
③ 부하의 성숙도가 매우 낮은 경우에는 지시적 리더십, 성숙도가 매우 높은 경우에는 위임형 리더십이 적합하다.
④ 관리격자모형에서는 상황변수를 고려하지 않는다.

04

답 ②

▌정답해설▌

자신이 실패했을 때는 외부적 요인에서, 성공했을 때에는 내부적 요인에서 원인을 찾는 것을 자존적 편견이라고 한다.

▌오답해설▌

④ 조직시민행동은 조직원들이 공식적으로 주어진 임무 이외의 일을 자발적으로 수행하는 것을 말한다.
⑤ 조직몰입은 크게 세가지 요소로 구성되는데 먼저 정서적 몰입은 조직과 스스로를 동일시하며 진정으로 충성심을 느끼는 정도이며, 지속적 몰입은 조직에 남아있는 것과 떠나는 것 사이의 경제적 비교를 통해 형성되는 몰입을 말하고, 규범적 몰입은 조직에 대해 느끼는 도덕적 · 윤리적인 의무감을 말한다.

05

답 ③

▌오답해설▌

① 직무가 변하지 않는 상태에서 직무급을 도입하는 경우 직무급은 현재와 동일하므로 장기근속을 유도하지 못한다.
② 임금수준은 전체 종업원의 평균적 임금액수이다.
④ 직무급은 직무담당자의 능력 등에 의해서가 아니라 직무가치에 따라 결정된다.
⑤ 럭커 플랜은 매출액이 아니라 부가가치를 기준으로 성과배분액을 계산한다.

06

답 ①

▌오답해설▌

② 직무특성이론에서 핵심직무특성에 '직무독립성'은 포함되지 않는다.
③ 직무의 수를 늘리는 것은 직무충실이 아니라 직무확대에 해당한다.
④ 서열법을 사용하여 직무평가를 할 때에 별도의 등급분류 기준을 설정하지 않는다.
⑤ 핵크만과 올드햄의 직무특성이론에서 중요심리상태에는 작업에 대한 의미감, 작업 결과에 대한 책임감, 직무수행 결과에 대한 지식이 포함된다.

07

┃오답해설┃

①, ④ 행위기준고과법은 성과목표의 달성정도가 아니라 수행의 과정을 평가하며, 평정척도법과 중요사건법을 결합한 것이다.

② 선지의 내용은 상동오류에 대한 설명이다.

⑤ 선지의 내용은 평가의 신뢰성에 대한 설명이다.

08

┃정답해설┃

델파이법은 참여자들이 면대면 토론이 아닌 비대면 상태에서 진행된다.

┃오답해설┃

①, ② 마코프체인 기법은 주어진 특정의 인사정책 하에서 종업원이 미래의 어떤 시점에 현 직위에 존재. 이동. 이직할 확률을 추정한 인력전이행렬을 통하여 인력 니즈를 파악하는 모델을 말한다. 이는 기존의 인력이동확률이 앞으로도 유지된다는 전제 하에서 의미를 가지는 것이므로, 환경이 급변할 경우에는 적합하지 않다.

③ 기능목록 또는 기술목록은 종업원 개인의 자격요건을 정리한 자료이다.

⑤ 조직규모가 급격하게 성장할 경우에는 내부에서 필요인력을 충당하는 것이 어려워지므로 외부모집이 적절하다.

본서에서는 출제범위의 개편을 반영하여 9번~24번 문제들의 해설을 생략하고 정답만 수록합니다. 참고하시기 바랍니다.

25

┃정답해설┃

지분율$\times(V_B-V_A)=0.01\times(11,600만-11,000만)=6만원$

┃오답해설┃

①, ②, ③ $S_A=\dfrac{NI}{K_e}=\dfrac{2,000만-0.1\times2,000만}{0.2}=9,000만원$

$\qquad V_A=S+B=9,000만+2,000만=11,000만원$

$\qquad S_B=\dfrac{NI}{K_e}=\dfrac{2,000만-0.1\times6,000만}{0.25}=5,600만원$

$\qquad V_B=S+B=5,600만+6,000만=11,600만원$

따라서 A기업이 과소평가되어 있다.

26

┃정답해설┃

증분현금흐름$=(\Delta S-\Delta O)(1-t)+\Delta D\cdot t$

$\qquad\qquad\quad=(300만+100만)(1-0.3)+200만\times0.3=340만원$

27

┃정답해설┃

$x\times3.1699\times\dfrac{1}{1.1}=3,000만\times3.7908\times0.6209,\quad\therefore\ x=2,450만원$

28

┃정답해설┃

$\rho=R_f+[E(R_m)-R_f]\beta_U=0.1+(0.15-0.1)\times1.5=0.175$

$k_0=\rho\left(1-t\dfrac{B}{V}\right)=0.175(1-0.4\times\dfrac{1}{2})=14\%$

29

┃정답해설┃

수익성이 높은 기업은 파산비용 등 재무적 곤경비용의 부담이 작기 때문에 수익성이 낮은 기업보다 낮은 부채비율을 가질 것으로 예측된다.

30

답 ①

┃정답해설┃

다른 조건이 일정할 때, 재투자수익률이 상승하면 이익과 배당의 성장률이 높아져 주가는 상승할 것이다.

┃오답해설┃

③ $d_1 = d_0(1+g) = 1,000 \times 0.6(1+0.04) = 624$원

④ $P_0 = \dfrac{d_1}{k-g} = \dfrac{600 \times 1.04}{0.09 - 0.04} = 12,480$원

⑤ 주가와 EPS의 증가율이 이익성장률과 동일하기 때문에 주가수익비율은 매년 동일하다.

31

답 ④

┃정답해설┃

$$w_A = \frac{\sigma_B^2 - \sigma_{AB}}{\sigma_A^2 + \sigma_B^2 - 2\sigma_{AB}} = \frac{\sigma_B^2}{\sigma_A^2 + \sigma_B^2} = \frac{1}{2}$$

32

답 ④

┃정답해설┃

$$E(R_A) = R_f + [E(R_M) - R_f]\beta_A = 0.05 + (0.15 - 0.05)\beta_A = 10\%, \quad \therefore \ \beta_A = \frac{1}{2}$$

$$\beta_A = \frac{\rho_{AM} \times \sigma_A}{\sigma_M} = \frac{\rho_{AM} \times 0.1}{0.2} = \frac{1}{2}, \quad \therefore \ \rho_{AM} = 1$$

33

답 ⑤

┃정답해설┃

주주잉여현금흐름모형(FCFE)은 가중평균자본비용이 아니라 자기자본비용을 사용한다.

34

답 ③

┃정답해설┃

채권 A는 할증채이므로 시간이 경과하면 채권 A의 가격은 하락하여 만기에는 액면가로 수렴할 것이다.

35

답 ②

┃정답해설┃

베타란 시장포트폴리오 수익률에 대한 개별 위험자산 수익률의 민감도이다. 따라서 시장포트폴리오의 수익률과 역행하는 개별 위험자산 수익률의 베타는 음(−)이 된다.

36

답 ③

▌정답해설▌

c. 자산 B의 표준편차가 13%라면 A와 B, B와 C, A와 C 어느 경우에도 둘중 하나의 자산의 기대수익률이 크고 표준편차는 작은 경우가 존재하지 않는다. 따라서 지배관계가 성립하지 않는다.

▌오답해설▌

a. 자산 B의 기대수익률은 자산 A보다 크지만 표준편차는 자산 B가 더 작으므로 B가 A를 지배한다.
b. 자산 C의 기대수익률은 자산 B보다 크지만 표준편차는 자산 C가 더 작으므로 C가 B를 지배한다.

37

답 ⑤

▌정답해설▌

옵션탄력성이 1보다 크다는 의미는 옵션의 위험이 기초자산보다 훨씬 크다는 것을 나타낸다.

38

답 ②

▌정답해설▌

기초자산을 보유한 투자자가 풋옵션을 매입하여 기초자산의 가치가 행사가격 이하가 되지 않도록 방지하는 포트폴리오 보험전략을 실행할 수 있다.

39

답 ④

▌정답해설▌

$\Delta P = \Delta S \times \delta_P = -10,000 \times -0.6 = 6,000$원
$\therefore P = 20,000 + 6,000 = 26,000$원

40

답 ⑤

▌정답해설▌

옵션 만기일의 주식가격에 따른 손익을 계산하면 다음과 같다.

$P < 180,000$원 : $-33,000 + 180,000 - P = 147,000 - P$

$180,000 \leq P < 200,000$원 : $-33,000$원

$P \geq 200,000$원 : $-33,000 + P - 200,000 = P - 233,000$원

$147,000 - P < 0$인 경우와 $P - 233,000 < 0$인 경우에 만기에 손실을 볼 수 있으며, 이를 정리하면 $147,000$원$< P <$ $233,000$원인 경우에 손실을 볼 수 있다.

2025 SD에듀 공인회계사 1차 경영학 10개년 기출문제해설

초 판 발 행	2024년 05월 30일(인쇄 2024년 04월 29일)
발 행 인	박영일
책 임 편 집	이해욱
편 저	SD공인회계연구회
편 집 진 행	김현철 · 서정인
표 지 디 자 인	김도연
편 집 디 자 인	표미영 · 남수영
발 행 처	(주)시대고시기획
출 판 등 록	제10-1521호
주 소	서울시 마포구 큰우물로 75 [도화동 538 성지 B/D] 9F
전 화	1600-3600
팩 스	02-701-8823
홈 페 이 지	www.sdedu.co.kr
I S B N	979-11-383-7008-0 (13320)
정 가	23,000원

※ 이 책은 저작권법의 보호를 받는 저작물이므로 동영상 제작 및 무단전재와 배포를 금합니다.
※ 잘못된 책은 구입하신 서점에서 바꾸어 드립니다.

자격증 · 공무원 · 금융/보험 · 면허증 · 언어/외국어 · 검정고시/독학사 · 기업체/취업
이 시대의 모든 합격! SD에듀에서 합격하세요!
www.youtube.com → SD에듀 → 구독

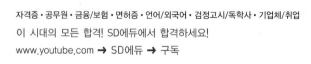